张广杰 著

日本国际私法研究

商务印书馆
The Commercial Press

编委会

主 任
郭为禄　叶　青　何勤华

副主任
张明军　王　迁

委 员
（以姓氏笔画为序）

马长山　朱应平　刘　伟　刘宪权　孙万怀
杜　涛　杜志淳　李　峰　李秀清　杨忠孝
肖国兴　何益忠　冷　静　沈福俊　张　栋
陆宇峰　陈金钊　陈晶莹　范玉吉　林燕萍
金可可　屈文生　胡玉鸿　贺小勇　徐家林
高　汉　高奇琦　高富平　唐　波

本书受上海市高水平地方高校建设项目资助
和华东政法大学校出版资助

总　序

以心血和智慧服务法治中国建设

　　华东政法大学成立 70 周年了！70 年来,我国社会主义法治建设取得了一系列伟大成就;70 年来,华政缘法而行,尚法而为,秉承着"笃行致知,明德崇法"的校训精神,与共和国法治同频共振,与改革开放辉煌同行,用心血和智慧服务共和国法治建设。

　　执政兴国,离不开法治支撑;社会发展,离不开法治护航。习近平总书记强调,没有正确的法治理论引领,就不可能有正确的法治实践。高校作为法治人才培养的第一阵地,要充分利用学科齐全、人才密集的优势,加强法治及其相关领域基础性问题的研究,对复杂现实进行深入分析、作出科学总结,提炼规律性认识,为完善中国特色社会主义法治体系、建设社会主义法治国家提供理论支撑。

　　厚积薄发 70 载,华政坚定承担起培养法治人才、创新学术价值、服务经济社会发展的重要职责,为构建具有中国特色的法学学科体系、学术体系、话语体系,推进国家治理体系和治理能力现代化提供学理支撑、智力支持和人才保障。砥砺前行新时代,华政坚定扎根中国大地,发挥学科专业独特优势,向世界讲好"中国之治"背后的法治故事,推进中国特色法治文明与世界优秀法治文明成果交流互鉴。

　　"宛如初升的太阳,闪耀着绮丽的光芒"——1952 年 11 月 15 日,华东政法学院成立之日,魏文伯院长深情赋诗——"在这美好的园地上,让我们做一个善良的园工,勤劳地耕作培养,用美满的收获来酬答人民的期望"。1956年6月,以"创造性地提出我们的政治和法律科学上的成就"为创刊词,第一本法学专业理论性刊物——《华东政法学报》创刊,并以独到的思想观点和扎实的理论功力,成为当时中国法学研究领域最重要的刊物之一。1957年2月,《学报》更名为《法学》,坚持"解放思想、不断进步"的治学宗旨,紧贴时代发展脉搏,跟踪社会发展前沿,及时回应热点难点问题,不断提升法学研究在我国政治体制改革中的贡献度,发表了一大批高水平的作品,对我国立法、执法和司法实践形成了重要理论支持,在学术界乃至全社会产生了巨大影响。

1978年12月,党的十一届三中全会确定了社会主义法制建设基本方针,法学教育、法学研究重新启航。1979年3月,华东政法学院复校。华政人勇立改革开放的潮头,积极投身到社会主义法制建设的伟大实践中。围绕"八二宪法"制定修订、土地出租问题等积极建言献策;为确立社会主义市场经济体制、加入世界贸易组织等提供重要理论支撑;第一位走入中南海讲课的法学家,第一位世界贸易组织争端解决机构专家组中国成员,联合国预防犯罪和控制犯罪委员会委员等,都闪耀着华政人的身影。

进入新世纪,在老一辈华政学人奠定的深厚基础上,新一代华政人砥砺深耕,传承中华优秀传统法律文化,积极借鉴国外法治有益成果,为中国特色社会主义法治建设贡献智慧。16卷本《法律文明史》陆续问世,推动了中华优秀传统法律文化在新时代的创造性转化和创新性发展,在中国人民代表大会制度、互联网法治理论、社会治理法治化、自贸区法治建设,以及公共管理、新闻传播等领域持续发力,华政的学术影响力、社会影响力持续提升。

党的十八大以来，学校坚持以习近平新时代中国特色社会主义思想为指导，全面贯彻党的教育方针，落实立德树人的根本任务，推进习近平法治思想的学习、研究、宣传、阐释，抓住上海市高水平地方高校建设契机，强化"法科一流、多科融合"办学格局，提升对国家和上海发展战略的服务能级和贡献水平。在理论法学和实践法学等方面形成了一批"立足中国经验，构建中国理论，形成中国学派"的原创性、引领性成果，为全面推进依法治国、建设社会主义法治国家贡献华政智慧。

建校70周年，是华政在"十四五"时期全面推进一流政法大学建设、对接国家重大战略、助力经济社会高质量发展的历史新起点。今年，学校将以"勇担时代使命，繁荣法治文化"为主题举办"学术校庆"系列活动，出版"校庆丛书"即是其重要组成部分。学校将携手商务印书馆、法律出版社、上海人民出版社、北京大学出版社等，出版70余部著作。这些著作包括法学、政治学、经济学、新闻学、管理学、文学等多学科的高质量科研成果，有的深入发掘中国传统法治文化、当代法学基础理论，有的创新开拓国家安全法学、人工智能法学、教育法治等前沿交叉领域，有的全面关注"人类命运共同体"，有的重点聚焦青少年、老年人、城市外来人口等特殊群体。

这些著作记录了几代华政人的心路历程，既是对华政70年来的学术成就、华政"创新、务实、开放"的学术文化的总结和展示；也是对更多后学以更高政治站位、更强政治自觉、更大实务作为，服务国家发展大局的激励；更是对华政这所大学应有的胸怀、气度、眼界和格局的展现。我们串珠成链，把一颗颗学术成果，汇编成一部华政70年的学术鸿篇巨作，讲述华政自己的"一千零一夜学术故事"，更富特色地打造社会主义法治文化引领、传承、发展的思想智库、育人平台和传播高地，更高水准地持续服务国家治理体系和治理能力现代化进程，更加鲜明地展现一流政法大学在服务国际一流大都市发展、服务长三角一体化、服务法治中国建设过程中的新作为、新担当、新气象,向学校 70 年筚路蓝缕的风雨征程献礼,向所有关心支持华政发展的师生、校友和社会贤达致敬!

七秩薪传,续谱新篇。70 年来,华政人矢志不渝地捍卫法治精神,无怨无悔地厚植家国情怀,在共和国法治历史长卷中留下了浓墨重彩。值此校庆之际,诚祝华政在建设一流政法大学的进程中,在建设法治中国、实现中华民族伟大复兴中国梦的征途中,乘风而上,再谱新章!

郭为禄　叶　青

2022 年 5 月 4 日

目　录

前　言 ·· 1

第一章　日本国际私法的历史沿革 ··· 4
第一节　日本国际私法的学术研究 ··· 4
第二节　日本国际私法的立法演进 ··· 26
本章小结 ·· 45

第二章　自然人民事能力的管辖权和法律适用问题 ················· 46
第一节　自然人民事权利能力和行为能力的法律适用 ········· 47
第二节　禁治产宣告的管辖权和法律适用 ····························· 57
第三节　宣告失踪的管辖权和法律适用 ································· 65
第四节　监护制度法律适用争议 ··· 73
本章小结 ·· 81

第三章　法律行为领域的法律适用问题 ································· 82
第一节　法律行为成立及效力的法律适用 ····························· 83
第二节　法律行为形式的法律适用 ··· 100
第三节　消费者合同和劳务合同的法律适用 ························· 106
本章小结 ·· 118

第四章 法定之债的法律适用问题 ·········· 120
 第一节 法定之债立法的现代化体现 ·········· 120
 第二节 无因管理及不当得利的法律适用 ·········· 123
 第三节 侵权行为的法律适用 ·········· 132
 本章小结 ·········· 154

第五章 婚姻家庭与继承关系的法律适用问题 ·········· 155
 第一节 婚姻关系的法律适用 ·········· 156
 第二节 涉外亲子关系与一般亲属关系的法律适用 ·········· 169
 第三节 涉外继承的法律适用问题 ·········· 187
 本章小结 ·········· 193

第六章 日本国际私法立法对我国的启示 ·········· 195
 第一节 日本国际私法立法的国际化 ·········· 197
 第二节 日本国际私法立法的本土化 ·········· 204
 第三节 《通则法》对我国的启示 ·········· 212

结 语 ·········· 224

附 录 ·········· 228
 附录1 日本《法例》修改对照表 ·········· 228
 附录2 日本《法例》与《通则法》对照表 ·········· 251
 附录3 关于遗嘱处分方式的准据法 ·········· 267

参考文献 ·········· 269

前　言

20世纪80年代以来,中国国际私法的理论研究取得了巨大成就,尤其在国际私法国别研究方面涌现出一大批成果。以韩德培先生为代表的前辈学者提出,介绍一些主要国家的国际私法或冲突法方面的情况,可以让我们开阔眼界,有所借鉴。之后,国内出现了一批国别研究成果,涵盖对美国、瑞士、荷兰、澳大利亚、加拿大、德国、比利时、英国等国家和欧盟等国际组织的国际私法理论与实践的介绍和评述。这些成果对我国国际私法的立法和司法具有重要的理论价值。但笔者发现,这些成果大多集中关注欧美发达国家,很少有亚洲国家的国际私法研究。日本是亚洲国家中法制比较健全的国家;中日既是近邻,又是贸易伙伴,我们在经济、科技、教育、学术和文化领域都有长期的合作关系。随着中日两国民商事交往越来越频繁,双方的民商事纠纷也在不断增加。因此,了解、熟悉日本国际私法的立法理念、法律规则和司法实践对我国国际私法立法的完善具有重要的理论价值和现实意义。

我们知道,日本是一个擅长吸收他国长处的国家。明治维新时期的日本在"脱亚入欧"思想的指导下,在法律领域全面继受了德国法、法国法和意大利法。"二战"后,日本在宪法等多个部门法领域又继受了美国法。近代以来的日本法大量继受了欧美各国的法律,形成了独具特色的现代化法律体系。[①] 日本国际私法立法所走过的路可以印证

---

① 参见华夏、赵立新、真田芳宪:《日本的法律继受与法律文化变迁》,中国政法大学出版社2005年版,第64页。

日本法的这种独特性,而这种独特性正是我们要学习和借鉴的,对我国国际私法的立法完善和司法实践具有启发意义。

国别研究易陷入翻译和介绍之嫌,之前的研究大受欢迎是因为我们急需了解域外法,从无到有地构建我国的国际私法体系。2010年我国颁布《中华人民共和国涉外民事关系法律适用法》之后,国别研究不再是热门选题。但从比较法的研究方法来看,国别研究依然有其理论价值,尤其是其比较的视角和方法论的运用。本书选择日本是基于以下三方面考虑:其一,日本与中国一衣带水,在古代曾大规模地继受中国的法律制度和法律思想,近代又全面继受西方国家的法律制度,从而使日本法在结构上或形式上完全切断了与传统法律制度的联系。这种"切断"是如何形成的?日本国际私法在继受西方国家法律制度时如何做到移植与本土化相结合?这些问题对同为法继受国的中国也非常重要。其二,日本国际私法立法较早,在历次修订中,日本国际私法理论与学说的大讨论为日本国际私法立法走向现代化做出了重要贡献。理论先行与实践检验是日本国际私法学界具有的开放理念,他们也将这些理论细化到条文的修订上。其三,我国国际私法立法也处在立法模式选择、现行法条修订的讨论中。2019年12月中国国际私法学会会长黄进教授在中国《国际私法法典》(学会建议稿)编纂工作会议上提出,"目前民法典正在紧锣密鼓的制定当中,民商事法律制度将出现重大调整,国际私法的立法也应当做出相应调整,予以积极的回应。……国际私法学界应提前做好基础研究工作,提出兼具科学化与现代化的法典建议稿"。我国民法学界和国际私法学界都在各自的领域内各抒己见、互不干涉,缺少法理上的论证和部门法之间的协调。在这方面,日本的修法经验值得我们学习和借鉴。

日本国际私法立法经历了漫长的修法过程,其立法理念和立法技术也在日臻完善,走向成熟。这些经验可以为我国国际私法立法与司法的完善提供很好的样板,值得我们学习和借鉴。这也是本书的意义所在。

我衷心感谢为这本书的问世做出过贡献的人。感谢我的导师华东政法大学副校长林燕萍教授,以及董开星、王骞宇两位学长,娄卫阳师弟,朱玥师妹和广州大学闻志强老师对我创作的热心帮助。感谢我在日本访学时的导师冈山大学法学研究科张红教授。在日本期间,冈山大学校长森田潔教授、副校长佐野宽教授、文学部姜克实教授等诸多老师给我各种帮助,我铭记于心,难以忘怀。

他山之石,可以攻玉。希望本书的出版能对我国学者了解日本国际私法立法的发展有所帮助,也希望对今后进一步完善 2010 年 10 月 28 日通过的《中华人民共和国涉外民事关系法律适用法》有所借鉴。但是,鉴于本人的学术研究能力仍然有所欠缺,对日本社会的法律发展机制缺乏社会、经济、文化等因素的综合考量,尤其是对日本法律文化与民族性的特点研究不够,本书的论述可能不够全面和深入,还需要进一步完善,这有待于在以后的学术研究和思考中不断提升和充实,也恳请广大读者予以宽容和赐教(电子邮箱:2278@ecupl.edu.cn)。

张广杰
2022 年 9 月

第一章
日本国际私法的历史沿革

在日本,国际私法也可谓学说法,[①]因此研究日本国际私法立法首先要了解其学说的发展过程,进而阐述和评析立法的历史沿革。日本国际私法主要体现于平成十八年(2006年)6月21日公布的《法律适用通则法》(法律第78号,以下简称《通则法》),该法于平成十九年(2007年)1月1日起开始施行。本章主要通过介绍日本国际私法学说的演进,以及学说对国际私法立法的影响,进而梳理日本国际私法立法的发展过程。

第一节　日本国际私法的学术研究

日本国际私法研究发端于明治时代,历经大正、昭和、平成几个历史阶段的发展,[②]不断丰富、完善、体系化、精细化。随着国际国内形势

[①] 樱田嘉章『国際私法(第6版)』(有斐閣,2012年)36頁。
[②] 日本国际私法学说研究的兴起与发展的时间分段依据的是日本著名国际私法学者川上太郎的《日本国际私法的产生与发展》一书,将日本国际私法学说研究一共分为四个阶段:日本国际私法研究的兴起为第一阶段;1889—1926年为第二阶段;1926—1945年为第三阶段;1945—1967年为第四阶段。川上太郎『日本国における国際私法の生成発展』(有斐閣,1967年)1—3頁。

的发展变化，日本国际私法立法也在与时俱进，顺应当代国际私法的发展趋势，接轨发达国家国际私法立法模式与经验，不断完善日本的国际私法司法实践。

一、国际私法研究的兴起

日本安政元年(1854年)3月，江户幕府被迫与美国缔结了《日美亲善条约》(又称《神奈川条约》)[①]，这是日美两国综合国力对比悬殊的产物，是日本近代历史上与西方列强签订的第一个不平等条约。该条约的签订使得日本发展产生了一系列新的变化，尤其是下田、箱馆两口岸的开放，一举突破了以长崎为唯一对外联系港口的闭关锁国政策和落后保守的举国体制，日本的国门从此被打开。该条约中规定："海上遇险的美国人和其他来自美国的公民，在日本开放的港口将享受不受限制、同等自由的待遇，但是要服从公正的法律。"[②]马休·佩里(Matthew Calbraith Perry)明确指出，"日本以前所实施的锁国法与习惯法都不是公正的法律"[③]。继《日美亲善条约》之后，日本又相继与英国、俄国、法国、荷兰等西方列强缔结了一系列不平等的"亲善"条约，每个条约中均出现了类似规定。这个所谓的"公正的法律"到底是什么，成为幕府当局迫切需要研究的一个问题。

---

① 由日本江户幕府的全权代表、大学头林复斋与美国东印度舰队司令官马休·佩里缔结，安政元年3月31日签订于神奈川。条约同意美国船只有权在下田、箱馆两港停泊和购买物品；日本有义务援救遭遇海难的美国船只及人员；日本保证向途径开放口岸的美国船舰提供煤炭、淡水、粮食及其他所需物资；日本同意美国外交官在18个月内进驻下田，设置领事；等等。条约同时规定日本给予美国最惠国待遇。

② Art. IV. "Those shipwrecked persons and other citizens of the limited States shall be free as in other countries and not subjected to confinement, but shall be amenable to just laws."

③ 参见『横浜市史(第2卷)』(横浜市,1959年)126页。

安政五年(1858年)江户幕府与欧美五国签订了《修好通商航海条约》,①每个条约均规定有所谓的领事裁判制度,即在外国人作为被告的案件中,日本没有裁判权,案件应交由该外国人所属国进行裁判。这样一来,对发生在横滨这几个开放港口的日本人和外国人之间的经济贸易纠纷甚至刑事案件,日本人都不得不接受外国的领事裁判。为了摆脱这种束缚,日本迫切需要拥有能与欧美列强先进的法律相匹敌的现代化法典。因此,幕府当局学习欧美列强的先进法律、掌握"万民之法"的愿望日渐迫切。终于,在幕府末期,公派留学荷兰的西周助、津田真一郎②将"万国公法"传到了日本。从此日本开始了对国际法及国际私法的研究。当然,西周等人去荷兰留学并不仅仅是学习"万国公法",还有当时日本急需的所有现代科学。③

1864年,美国传教士丁韪良(William Alexander Parsons Martin)④将美国人惠顿写的一本书翻译成中文,题名《万国公法》,并在中国出版。

---

① 1858年7月29日,日本与美国两国的全权代表签订了《日本国美利坚合众国修好通商航海条约》(「日米修好通商条約」),接着又以此为蓝本与英、俄、法、荷四国分别签订了条约。因为签订于日本安政年间,所以这五个条约被合称为安政五国条约。其余四个条约为《日本国荷兰国修好通商航海条约》(「日蘭修好通商条約」)、《日本国鲁西亚国修好通商航海条约》(「日露修好通商条約」)、《日本国大不列颠国修好通商航海条约》(「日英修好通商条約」)、《日本国法兰西国修好通商航海条约》(「日仏修好通商条約」)。

② 西周助为哲学研究的先驱者之一,是毋庸置疑的。津田真一郎可以说是和哲学研究的诞生有密切关联的人。1862—1865年他与西周助一起去荷兰留学,学习自然法、国际公法等。1869年他参加明六社,并在《明六杂志》(『明六雑誌』)上发表论文。

③ 西周助和津田真一郎去荷兰留学之际给荷兰莱顿大学的霍夫曼教授(Johann Joseph Hoffmann)的书信中写道:"我们此次留学的目的是掌握统计、法制、经济、政治、外交、哲学等一切学问。"

④ 美国基督教长老会传教士。除翻译有关基督教、自然科学、国际法方面书籍外,还著有《花甲忆记》《中国觉醒》等书。他对国际法的翻译被认为是近代西方人第一次正式、全面地将国际法著作介绍到中国的行动。

之后这本书传到日本,于庆应元年(1865年)在开成所①翻印出版,这是日本首次公开刊行国际法书籍。其中一部分内容被称作"公法私案",相当于现在的国际私法。庆应二年(1866年),已在开成所任职的西周助将自己在荷兰掌握的西蒙·卫斯林(Simon Vissering)博士的讲义翻译成了日语,题名为《万国公法》(『畢洒林氏万国公法』[官版書籍製本所,1868年])并出版。其中题为"万国私权通法"的内容相当于现在的国际私法。②

明治初期,日本主要是通过外国教师来进行国际私法教育的。明治五年(1872年)设立的司法省明法寮,③在以后的四年间由法国学者乔治·布斯凯(Georges Hilaire Bousquet)④和古斯塔夫·博瓦索纳德(Gustave Émile Boissonade)⑤利用法国法进行法学教育。⑥ 既然这样,他们在授课中一定会涉及法国民法典第3条规定的国际私法内容。当然,他们作为明治政府的法律顾问,主要关注点是立法工作与法学教育,因此对于国际私法并无特别专门的研究。当时除主打法国法的明法寮之外,还有重视英国法教育的东京开成学校。这里的国际私法教

---

① 后改名为开成学校。东京开成学校和东京医学校合并创建了法学、科学、文学和医学四个学部,加上一所大学预备学校(预备门;日本近代第一高等学校),这就是最初的东京大学。

② 明治元年(1868年)出版的《欧洲法概论》(津田真一郎訳『泰西国法論』[開成学校,1867年])中存有"列国庶民私法"。1874年,东京开成学校将其改为"列国交际私法"。1881年之前所有大学都称之为"列国交际私法",但该名称听起来好像是国与国之间交往时的私法准则,因此于1881年更名为"国际私法"。

③ 司法省明法寮是日本司法省在1871—1875年设置的学校,是专门培养以法国法为专业的司法官的教育机构。

④ 法国法学家,生于巴黎,毕业于巴黎大学法律系,1866年注册为律师。1872—1876年在日本居住,系日本政府雇佣的第一位外国人,参与了旧民法典草案的制定。

⑤ 法国法学家,28岁获得法学博士学位,后一直在法国任教。曾有多名日本留学生跟随他学习,其中包括在明治政府司法省任职的井上毅。博瓦索纳德后来接到了日本政府的邀请,并在1873年横渡大洋来帮助这个远东岛国起草法律。

⑥ 川上太郎『日本国における国際私法の生成発展』(有斐閣,1967年)9頁。

育是以"列国交际私法"的名称来讲授的,①由威廉·格雷斯比(William Ebenezer Grigsby)②和亨利·泰利(Henry Taylor Terry)③负责。他们在日本对国际私法的研究到何种程度不得而知,而且目前没有发现当时与国际私法相关的论文。由此来看,当时的工作还称不上真正的国际私法研究。

1881年以后,陆续设立的私立学校中虽说也有国际私法课,但这里授课的老师不是专门研究国际私法的学者,大部分是检察官、律师或者外交官。④ 因此,他们的活动称不上学术性研究。明治维新后,到旧《法例》制定的1890年之前的国际私法研究基本上停留在对外国学者推荐的法国和意大利国际法学做盲目引进的阶段,日本学者自己公开发表的国际私法著作一篇也没有,充其量只有两三篇翻译的文章。⑤ 翻译外国学者的文章和著作体现了当时日本政府急于立法的需要,也是不得不进行的一项工作。

旧《法例》是基于精通比较法学的民法学家博瓦索纳德的起草方案撰写的,由此可见旧《法例》的诞生不是日本各界人士一起完成的,

---

① 東京帝国大学『東京帝国大学五十年史』(東京帝国大学,1932年)569頁。
② 英国人,在明治时代以雇佣的外国人身份来到日本,在东京开成学校担任法学科本科的教师。
③ 美国律师,1876年以雇佣的外国人身份来到日本,至1877年在东京开成学校担任法学科本科的教师。1877—1884年及1894—1912年,在东京帝国大学法学科教授英法。
④ 明治法律学校里,从明治十五年(1882年)到明治十八年(1885年),由熊野敏三(司法省参事官)担任"万国公法"课教师,明治二十年(1887年)开始由帕特诺·斯特劳(Paterno Straw)接替。国际私法作为独立的一门课始于明治三十年(1897年),由野泽武之担任教师。在此之前,由杉村虎一(原驻德国大使)担任国际私法教师。明治十八年设立的英吉利法律学校里,第三学年设有"法律抵触论"这门课,由穗积陈重担任教师。以上内容参见中央大学七十年史編纂所『中央大学七十年史』(中央大学,1955年)17頁。
⑤ (米)ジョンストウン・ロベルト(Roberto Johnstown)(著)若山儀一(訳)『萬国通私法』(英蘭堂,1874年);(スイス)シャル・ブローシェー(Brocher Charles)(著)光妙寺三郎(訳)『国際私法講義』(司法省,1889年)。参见川上太郎『日本国における国際私法の生成発展』(有斐閣,1967年)38頁。

所以招来了各方的反对，以至于实施延期。① 这件事是日本国际私法立法或法学史上极为重要的事件。首先，旧《法例》的实施延期，使得重新制作更完善的《法例》成为可能。其次，旧《法例》的实施延期也体现了日本社会除了法意（法国和意大利）法学派，还有英美法学派。法意法学派属于自然法学派，而英美法学派属于历史法学派，正是自然法学派和历史法学派的对立才导致了日本历史上的"民法典论争"，这也是导致《法例》与其他法典实施延期的重要原因。可以说这也是日本人亲手研究国际私法学问的开端。② 在旧《法例》立法时提出的柯库德（William Montague Hammett Kirkwood）③的意见书是日本国际私法研究方向发生变化的契机。④ 值得一提的是，在旧《法例》实施延期争论的当时，亚历山大·蒂森（Alexander Tison）⑤在东京大学的"国际私法"课讲义和穗积陈重⑥于1887年以后在东京法学院⑦所做的讲义和评论，为日本国际私法学建设带来了重大影响并被高度评价。福原镣二郎、平冈定太郎的《国际私法》（『国際私法』[金港堂，1892版]）就是受其影响而诞生的，这是日本人最初的国际私法书之一。虽说旧《法例》实施延期，但旧《法例》的诞生让日本在国际私法立法上实现了由无到有，这也可以说是早期日本国际私法学者的伟绩。

---

① 关于旧《法例》实施延期的具体原因，见后述的"日本国际私法的立法演进"一节。
② 参见川上太郎『日本国における国際私法の生成発展』（有斐閣，1967年）62頁。
③ 日本明治政府外聘的英国籍法律顾问，他的意见书逐一举出并阐明了草案应该修正的原因，并以具体方案的形式表明了自己的修正意见。
④ 参见川上太郎『日本国における国際私法の生成発展』（有斐閣，1967年）62頁。
⑤ 美国人，哈佛大学学者，1889—1893年在东京帝国大学担任英国法律和国际私法的授课。
⑥ 日本最早的五位法学博士之一，帝国学士院会员（院士）、国家学会会员、法学协会会员，是日本民法学和法哲学（法理学）的权威泰斗，对以德国法为中心的欧洲大陆的法律制度和法学有很深的造诣，对明治中期以后日本继受大陆法系的过程发挥了重要作用，参与起草和编纂《民法》《民事诉讼法》《户籍法》。作为学者，在治学上倡导英国经验主义学风。
⑦ 即今中央大学。

二、国际私法研究的发展

大正时代、昭和时代与平成时代是日本国际私法研究迅速发展的阶段。昭和时代日本的国际私法研究可以以第二次世界大战为界,分成两个阶段来阐述。

(一) 大正时代的国际私法研究

明治三十一年(1898年)《法例》实施以后,日本国际私法学者的研究开始转向阐明《法例》条款的意思,构建适合日本的国际私法体系,这种倾向一直持续到昭和初期。昭和初期在迎来国际私法研究者代际更替的同时,也见证了研究态度和研究方法的变化。以下将通过对山田三良、迹部定次郎、山口弘一三位学者及其学说的介绍,来阐述《法例》制定以后到昭和初期日本国际私法学者的主要学说及研究概况。之所以选取这三位学者作为代表,是因为他们的学说不仅对该时期,而且对以后日本国际私法的立法修订以及学术研究也产生了较大的影响。

1. 山田三良的学说

山田三良(1870—1965)在东京大学开设国际私法讲座之后,于明治三十四年(1901年)担任该讲座的首位授课教师,所以被称作"日本国际私法始祖"。山田教授虽说是英国法学专业毕业,但他还曾留学德、法,且在德国和法国的时间较长,所以也深受大陆法系国际私法的影响。旧《法例》实施延期后,日本政府对旧《法例》进行修订时,他在帮助起草委员穗积陈重起草《〈法例〉修订案》时,以德国法为范本,大量参照了德国私法学者的学说。

山田教授受意大利学者孟西尼（Pasquale Stanislao Mancini）的国际私法理论①影响，认为国际私法是根据涉外法律关系来确定内外私法适用范围的法则总体。② 此外，他还认为国际私法和其他国内法一样，是一国领导者制定或认定的法则，所以是国内法；但又和其他国内法不同，是一部和国际法有着密切关系的法律。③ 很明显，这种国际私法属于国内法的观点和穗积陈重、德国法学家冯·巴尔（Christian von Bar）以及卡恩（Franz Kahn）的观点一样。但山田教授认为国际私法研究的范围除了法律冲突问题外，还涉及国籍的取得和丧失、外国人在私法上的地位等问题，这一点也许是受到了法国国际私法学的影响。④

山田教授的研究方法和穗积陈重、冯·巴尔、卡恩一样，是通过对诸国法律的比较研究，来发现内外立法的目的和协调冲突的规范。他的国际私法学说糅合了留学欧美时的指导老师——德国哥廷根大学冯·巴尔教授、法国著名国际私法学者彼得·魏斯（Peter Weiss）教授和牛津大学法学院戴雪（Albert Venn Dicey）教授等人的学说，表现出以国家主权为中心的倾向，采取了灵活而不偏颇的立场。这种比较法研究为日本以后的国际私法研究提供了研究方法，也为以后《法例》修订时进行各国国际私法立法的比较奠定了理论基础。

2. 迹部定次郎的学说

迹部定次郎（1878—1938）于明治三十二年（1899 年）毕业于东京

---

① 在孟西尼的理论中，适用外国法的根据不仅是国际礼让，而且是依国籍原则而普遍存在的各国承认属人法对所有内国人具有支配力的国际义务。
② 川上太郎『日本国における国際私法の生成発展』（有斐閣，1967 年）103 页。
③ 山田三良『国際私法』（有斐閣，1934 年）24 页。
④ 川上太郎『日本国における国際私法の生成発展』（有斐閣，1967 年）105 页。

大学法国法学专业,次年就职于京都大学。为了研究国际私法,1902年他去德国留学三年,回国后作为国际私法讲座教授在京都大学一直工作到昭和七年(1932年)。

迹部教授在《国际私法(上卷)》这部著作中排除了当时在国际私法学界已成定论的国内法主义,站在国际私法的性质是国际法的普遍主义立场上,说明既然国际私法是规定各国私法的范围的法规,那么只要各国的私法是基于各国主权的行使,国际私法就是规定各国主权行使范围的,也就属于规定国家间关系的国际法。既然国际私法是谋求私法性的国际交往的安全不可缺少的法规,各国当然都应服从这个法规。从迹部教授的著作①及论文来看,他主要参考了德国的萨维尼(Friedrich Carl von Savigny)和齐特尔曼(Ernst Otto Konrad Zitelmann),此外还有法国、瑞士、比利时、意大利等大陆法系诸国的国际私法学者的论著,以试图构建一个比较完善的国际私法体系。他的工作为日本的国际私法研究以及完善国际私法立法提供了理论基础。

3. 山口弘一的学说

山口弘一(1866—1945)②教授主要参考德国、法国的文献,从国际私法是国内法的观点出发,在广泛比较民商法的基础上,利用严正精细

---

① 迹部教授于1905年和毛户胜元一起将瑞士苏黎世大学教授麦莉(Friedrich Meili)的《国际民商法论》(Das internationale Civil-und Handelsrecht. Zürich: Orell Füssli, 1902)由德文翻译成了日文(マイリー[著]跡部定次郎、毛户勝元[纂訳]『國際民商法論[上、下]』[信山社,2006年])并发行。另外,他还著有《国际私法论(上)》(『國際私法論[上]』[信山社,1922年])。川上太郎『日本国における国際私法の生成発展』(有斐閣,1967年)107頁。

② 山口弘一于明治十八年毕业于德国协会学校,之后主要根据德国法律书籍学习国际私法。明治三十四年为了研究国际私法留学德国、法国,三年后回国,在东京高等商业学校(一桥大学前身)担任国际私法、亲属继承法课程教师直至昭和二年(1927年)。

的法理论树立了个人的国际私法学。

概括地说,发端于明治时代的日本国际私法研究,其研究目标是树立作为裁判标准的条理法。① 由于该阶段没有成文的国际私法,所以研究者的研究方向不一致,或是法国、比利时、意大利法系的国际私法学研究,或是英美国际私法学的研究。但到了大正时代,情形则与前阶段不同,研究者研究的目标是以已制定好的《法例》为中心,树立一个适合日本国家的国际私法体系。因此,此时日本国际私法研究者的研究必然以旧《法例》和《法例》为原型,参照意大利、法国、德国等欧洲大陆法系国家的国际私法学,几乎不再关注英美了,这可以说是该时期国际私法研究的一个显著特征。②

(二) 昭和时代的国际私法研究

1. 1926—1945 年的国际私法研究

和上个时期基本相同,本时期的日本国际私法研究主要目标,仍是构建一个包括解释和适用《法例》规定在内的日本国际私法体系。但在研究的深度和广度上都超越了上个时期,比如法律关系性质的决定、先决、准据法调整③等问题在前一时期没有提到。另外,分论的个别问题也得到了更深入的考察研究,如不法行为、婚姻、离婚、亲子、继承、遗言、票据行为等问题。④ 这一时期国际私法对于个别问题进行的更深入的考察研究促成了《法例》的第一次修订,即昭和十七年

---

① 当缺乏成文法,判例法也没有形成的时候,就不得不根据条理来处理事务。这里的条理法相当于"一般法理"。
② 川上太郎『日本国における国際私法の生成発展』(有斐閣,1967 年)113 頁。
③ 准据法调整问题,日语叫作"適応問題"或"調整問題",即当相互矛盾的多个国家的法律被确定为准据法时,如何协调的问题。
④ 川上太郎『日本国における国際私法の生成発展』(有斐閣,1967 年)115 頁。

(1942年)根据《民法》的修订将《法例》第18条中的"私生子女"改为"非婚生子女"。

在这一时期,几乎所有的日本的国际私法研究者不仅继承了前一时期的国内主义、普遍主义的理论,而且深受德国学者提倡的比较法学研究方法的影响。① 可以说比较法学的研究方法在这一时期得以确立。

2. 1945—1989年的国际私法研究

"二战"后,日本经济迅速崛起,日本的涉外民事关系也随之变得纷繁复杂了。日本涉外民事法律问题也因此急剧地增加,这给日本国际私法研究带来了很大影响。

(1) 立法方面

随着涉外民事法律问题的增多,以及问题的逐渐复杂化,要求对《法例》进行修订的声音越来越高。于是日本政府在昭和三十二年(1957年)设立了"国际私法部会",该机构系商议是否修订《法例》的审议机关"法制审议会"的一个部门。该部门设立之后,为了回答"何时公布修订的《法例》及其他和涉外民事关系有关的实体法和程序法的纲要"这样的咨询,曾多次进行审议,但还没有拿出修订案。由此可以看出,在一个急剧变化的时代,立法是一件极为困难之事。与此同时,日本政府加入了1961年海牙国际私法会议通过的《遗嘱处分方式法律冲突公约》,②这也在一定程度上表明了日本政府法务当局对于立

---

① 引自川上太郎『日本国における国際私法の生成発展』(有斐閣,1967年)116页注(2) Rabel, Das Problem der Qualifikation, RabelsZ 5(1931), 241-288。

② 该公约于1961年由海牙国际私法会议通过,1964年11月19日生效。它对不动产遗嘱方式的准据法规定依财产所在地法,对动产遗嘱方式的准据法,则列出了多达七个可供选择的连结点。公约关于遗嘱方式准据法所持的宽松态度,比较全面地反映了当今世界遗嘱方式法律适用制度的发展趋势。

法态势判断的前瞻性。

(2) 国际私法判例研究方面

"二战"前,日本国际私法判例数量很少,通过判例来探讨、研究国际私法原则的活动也不多。"二战"后,日本国际私法相关的判例急剧增加,因此日本涉外判例研究也很活跃。① "二战"后,美军驻扎日本冲绳,朝鲜和中国台湾地区也不再受日本的殖民统治,这些因素使得以上地区产生了错综复杂的政治与外交关系,因此本时期日本的涉外民事纠纷也变得极其复杂,日本外务省与法务省发布了不少含糊其词的法规、训令,法院也做出了不少自相矛盾的判决。日本国际私法判例在"二战"后数量急剧增加,需要解释、阐明的国际私法学中的法律关系和法律问题也大量摆在相关学者面前,从而有力地促进了"二战"后日本国际私法中案例研究方面的发展。②

随着判例研究的深入,《法例》规定的背后隐藏的国际私法法理,也就是日本现实国际社会生活中潜在的作为条理法的冲突规范渐渐明确化,同时也填补了不少国际私法理论与立法方面的缺陷。如关于离婚的国际裁判管辖权法则和作为决定属人法的本国法主义是有限定的相关法则,这两个法则根据判例的累积渐渐固定下来。日本《法例》规

---

① 除了涉外案例研究会在『ジュリスト』杂志发表研究成果以外,美国国际私法研究会也在做涉外案例的研究,在『国際法外交雜誌』1964年63卷第1、2、3期上发表。另外,1868年以来与日本国际私法有关的判例都在以下刊物上发表:『国際私法関係事件裁判例集(上、下)』『民事裁判資料66号』『家庭裁判資料55号』(1958年)。另外,与涉外身份法及国籍法相关的法务省民事局长的通知、回答等在『涉外身分関係先例集』(『民事月報』1959年第14卷第7期)发表。

② 1957年,以东京大学教授江川英文(1898—1960)为核心组成的日本涉外判例研究会出版了『国際私法関係事件裁判例集(上、下)』(法曹会,1958年)等著作。接着,不少国际私法学者以个人名义推出了不少国际私法判例集。进入20世纪80年代,日本国际私法判例研究更趋活跃,并出版了一批判例集的增补版,如岛津一郎『判例コンメンタール增補版7民法5相続法(第882条—第1044条)涉外家族法』(三省堂,1983年),池原季雄、早田芳郎『涉外判例百選(第3版)』(有斐閣,2000年)等。

定的本国法主义,①只有在具有本国国籍的情况下才能够得以实施。因此,对照实施本国主义的合理根据,必须了解日本《法例》本国主义的实施是有限定的。但该法理没有在《法例》规定的条文中表述出来。关于离婚、收养以及认领②等事件,战后日本法院适用本国法进行判决的案例非常少。这是因为很多判例在本应适用外国法的情况下,适用了作为法院地法的日本法。导致适用日本法在法理上的理由有很多,例如:以适用外国法违反公共秩序为由,取而代之而适用法院地法(日本法);以外国法不能查明为由,适用作为条理法的法院地法(日本法);利用反致适用日本法等。这些判例倾向于什么样的判例法还是条理法,目前虽说难以判断,但既然生活本身就会产生法律,那么这些判例中的涉外民事生活肯定也孕育了多多少少与之相关的条理法。所以川上太郎教授认为,根据以往的判例,可以承认以下法理,即必须承认《法例》规定的本国主义其合理根据是有限定的。具体来讲,关于个别具体事项,应从其合理根据来看能不能适用本国法,如从本国到日本避难定居的中国人、朝鲜人或其他国家的人,就应该认同取代本国法而适用与当事人现实居住地等有实际密切联系的国家法律。这就很接近现在所说的最密切联系原则。③

(3)国际私法研究的学说方面

"二战"后,日本的国际私法研究的学说也发生了很大改变,这主

---

① 日本《法例》规定的本国法主义是,根据本国国籍来确定适用本国法的法律适用规则。这也是大陆法系国家本国法主义的确定标准。樱田嘉章『国際私法(第 6 版)』(有斐閣,2012 年)82 頁。

② "认领"和"收养"是日本民法中的不同的法律关系,前者确立了父母和子女之间的法律关系,后者则建立了养子与养父母之间的法律关系。

③ 川上太郎「ドイツ国際私法における本国法主義思想の推移」『神戸法学雑誌』13 巻 13 号(1963 年)。

要从学者们的著述得到鲜明的印证。久保岩太郎的《国际私法构造论》[①]主要从国际私法是为了谋求涉外民事生活安全这一传统立场出发来论证国际私法上的问题。该书总结了"二战"前学者们研究的成果,阐明了国际私法自身适用阶段发生的法律关系性质的决定问题、先决问题,这些对于理解国际私法构造起了很大的作用。折茂豊教授的《国际私法的统一性》[②]论证了国际私法的统一没有不可避免的障碍,这样有益于研究国际私法应有的形态,而且也是树立国际私法解释理论不可或缺的文献。

值得一提的是,20世纪60年代后,日本学者针对国际私法总论部分的各个重要问题,如法律的性质决定、公序、反致等,展开了热烈的讨论,取得了相当数量的成果(因数量极多,在此不一一罗列)。20世纪80年代后,学者们进一步深入研究国际私法的基础理论,并创作了一批有分量的作品,如石黑一宪的《现代国际私法(上)》[③]以新的方法、新的体系,对国际私法面临的各种新的问题做了全面系统的论述,受到了国际私法学界的好评。同时,国际身份法、国际家族法的研究得到较大发展,大量著述中的代表作是久保岩太郎的《国际身份法研究》[④]和溜池良夫的《国际家族法研究》[⑤]。

理论的发展为实践提供了保障。随着国际私法研究的不断深入,许多国际私法学者发现了当时实施的《法例》规定中暴露出的诸多问题,纷纷发表论文阐明自己的观点。如:鸟居淳子的《我国涉外离婚案件和两性平等(一)(二)》《国际私法和两性平等》《〈法例〉第23条第2

---

① 久保岩太郎『国際私法構造論』(有斐閣,1955年)。
② 折茂豊『国際私法の統一性』(有斐閣,1955年)。
③ 石黒一憲『現代国際私法(上)』(東京大学出版会,1986年)。
④ 久保岩太郎『国際身分法の研究』(有信堂,1973年)。
⑤ 溜池良夫『国際家族法研究』(有斐閣,1985年)。

款的属地监护》①；我妻荣的《关于海牙国际私法会议对政府及国际私法学界的期望》②；折茂丰的《国际私法的统一性》③；川上太郎的《当前我国国际私法的课题》④；江川英文、池原季雄等的《涉外遗嘱处分方式——加盟海牙公约与国内法的制定（座谈会）》⑤。诸多研究成果不仅给《法例》的修订提供理论参考，而且还促使了《法例》修订的完成。昭和三十九年（1964年），日本批准了1961年海牙《遗嘱处分方式法律冲突公约》，同时制定了《关于遗嘱处分方式的准据法》（昭和三十九年6月10日法律第100号），增补为《法例》第31条；⑥昭和六十一年（1986年），日本政府制定了《抚养义务准据法法律》（昭和六十一年6月12日法律第84号），对《法例》做了微调；平成元年（1989年），日本政府在婚姻和亲子关系（父母和子女关系，下同）相关规定和总则方面对《法例》进行了很大的修订。以上这些修订，可以说与这一时期的国际私法研究是分不开的。

（4）国际私法的研究方法方面

"二战"前，日本国际私法学研究很多都是由抽象性原则出发通过演绎性方法来对原理性问题进行研究。而"二战"后的研究普遍重视以国内外判例为依据，进行经验主义的归纳性研究。这种经验主义的

---

① 鳥居淳子「我が国の渉外離婚事件と両性平等（一）（二）」『国際法外交雑誌』75巻1号、4号（1976年），「国際私法と両性平等」『ジュリスト』増刊（1980年），「法例23条2項の属地的後見」『ジュリスト』増刊（1980年）。

② 我妻栄「ヘーグ国際私法会議について政府及び国際私法学界に要望する」『法曹時報』7巻5号（1955年）。

③ 折茂豊「国際私法の統一性」『法経学会雑誌』21号（1957年）。

④ 川上太郎「現時におけるわが国国際私法の課題」『神戸法学雑誌』14巻3号（1965年）。

⑤ 江川英文、池原季雄等「渉外遺言の方式——ヘーグ条約への加盟と国内法の制定〔座談会〕」ジュリ296号（1964年）。

⑥ 神前禎等『国際私法（第3版）』（有斐閣，2004年）327頁。

归纳性研究表现之一就是,"二战"后日本学者对英美的国际私法研究越来越关注了。1898年《法例》制定以前,日本对英美国际私法研究相当重视,但《法例》制定以后,研究重心便偏向了德国、法国等欧洲大陆各国,英美法受到冷遇。但是"二战"后由于日本被美国占领,日本宪法的制定以及民商法的修订都受到美国法的影响,日本学者很快对英美法关心起来,研究美国国际私法的论文也随之剧增。另外,日本法学者和英美法学者之间的交换研究以及共同研究也日益频繁。①

比较法是国际私法研究中常用的方法,这种研究方法在明治时代就已确立,战后仍然被诸学者所采用,并取得了不少成果。② 这些成果对外国的国际私法研究做了系统的比较说明,丰富了日本国际私法学的理论内容,同时也为《法例》的修订提供了可行的方法和理论依据。

(5) 国际私法研究组织的成立与活动方面

昭和二十三年(1948年),日本成立了私法学会,是民法、商法、民事诉讼法等私法研究领域最大的学术团体。昭和二十四年(1949年),日本又成立了国际私法学会,开展以国际私法学者为中心的独立活动。这样,日本的国际私法研究发生了根本性的变化,成为一个有组织的、系统化的学科领域。"二战"后的几十年里,日本国际私法学者通过以

---

① 1963年,住在关西的学者们开始进行美国国际私法研究,以后多次共同研究美国冲突法案例,并将成果发表在《国际私法外交杂志》上。参见该杂志62卷6号(1963年)和63卷1号(1964年)。

② 如池原季雄「国際私法に於ける裁判管轄権と当事者の国籍」『国際私法外交雑誌』48巻4号(1949年),岡本善八「英国国際私法の形成過程-Alexander W. Sack 教授の所説」『同志社法学』23号(1954年),桜田嘉章「サヴィニーの国際私法理論(1)(2)—殊にその国際法的共同体の観念について—」『北大法学論集』33巻3号、4号(1982年、1983年),海老沢美広「監護決定の承認と子の福祉—その若干の比較法的考察」『国際私法学会大会報告』第78回(1988年),鳥居淳子「英国国際私法における契約の準拠法——Cheshire, International Contract, 1948の紹介」『名古屋大学法政論集』12号(1959年),等等。

上两个学会对国际私法领域一系列重大课题,从理论与实践的角度进行了广泛的讨论和研究。

同时,这一时期也拓宽了日本国际私法学的研究领域,完善了日本国际私法研究的学科体系。重要的是,这一时期成立了《法例》研究会以聚集国际私法各界知名人士通过座谈会的形式商议《法例》所面临的问题,提出可行性方案;还成立了法制审议会国际私法部会,直接审议并决定《法例》的修订条文。

(三) 平成时代的国际私法研究

步入21世纪,随着经济全球化不断地深入,跨国企业及活动不断增多,个人生活也相应地趋于国际化。日本是世界经济强国,日本企业在世界各地迅猛发展的同时也加剧了日本国民生活的国际化。这样一来,日本人和外国人之间的涉外婚姻和贸易往来也随之大幅度增加;日本和外国之间的国际合同种类也趋于多样化,数量也随之大幅度增加。自然而然地,日本的国际私法研究随着社会的需求增多也日益繁荣起来。这主要表现为日本国际私法学界一方面积极吸收欧洲国际私法发展的最新经验,另一方面也对本国的涉外纠纷进行了广泛且细致的研究。具体表现在以下几个方面。

1. 国际私法学会

一年两次的日本国际私法学会大会,自成立之日起到平成十七年(2005年)一共举办了112次大会。每次大会都有国际私法学界的著名学者发表报告,针对当时国际私法方面的主要问题进行讨论研究。同时,为纪念平成十二年(2000年)国际私法学会创立50周年,该学会还发行了《国际私法年报》。该杂志登载的文章,基本都是针对世界发达国家的国际私法、国际公约的,也有对本国的国际私法立法中存在的问题以及国际私法立法在实务中出现的问题进行分析、研究,然后再提出个人观点的(当然,也有对自己国家国际私法现状进行的分析研究),这些都经过了《国际私法年报》编纂委员会严格的审查并得到认可。略举几篇文章简单说明一下,如横沟大的《法国国际私法的现状与问题点》①,西谷祐子的《意大利国际私法的动向》②,高杉直的《美国国际私法的现状和课题——以产品责任的准据法问题为中心》③等诸多论文对国外发达国家国际私法立法的最新发展动向以及立法中出现的问题进行了探究,为日本国际私法立法修订提供了宝贵的参考。林贵美的《日本国际私法对同性伴侣进行法律保护的可能性》④,奥田安弘的《〈法律适用通则法〉中侵权行为准据法的相关规定》⑤,大村芳昭的《国际私法现代化之考察——以能力·亲属·总则为中心》⑥,西谷祐子的《消费者合同及劳动合同的法律适用与绝对强行法规的适用问题》⑦,高取芳宏的《国际私法中的当事人意思自治——以仲裁实务及跨境实务为视角》⑧,羽贺由利子的《关于侵害作者人格权准据法的考察》⑨,西谷祐子的《当事人意思自治的现代意义——以〈海牙国际商事合同法律

---

① 横溝大「フランス国際私法の現状と問題点」『国際私法年報』4(2002年)。
② 西谷祐子「イタリア国際私法の動向」『国際私法年報』4(2002年)。
③ 高杉直「米国の国際私法の現状と課題 —製造物責任の準拠法問題を中心に—」『国際私法年報』5(2003年)。
④ 林貴美「同性カップルに対する法的保護の現代的動向と国際私法」『国際私法年報』6(2004年)。
⑤ 奥田安弘「法の適用に関する通則法の不法行為準拠法に関する規定」『国際私法年報』8(2006年)。
⑥ 大村芳昭「国際私法の現代化をめぐる考察——能力・親族・総則を中心に——」『国際私法年報』8(2006年)。
⑦ 西谷祐子「消費者契約・労働契約及び絶対的強行法規の適用問題」『国際私法年報』9(2007年)。
⑧ 高取芳宏「国際私法における当事者自治について ——仲裁実務を含めて,クロスボーダー実務的視点から」『国際私法年報』15(2013年)。
⑨ 羽賀由利子「著作者人格権侵害の準拠法に関する考察」『国際私法年報』16(2014年)。

选择原则〉为中心》①,林贵美的《欧盟国际私法中的承认原则》②,北坂尚洋的《同时解决离婚与亲权人指定——以国际管辖权的观点为视角》③,池田绫子的《关于国际抚养在实务上的诸问题》④等,从不同角度、不同方面对日本国际私法立法、世界各国及国际组织的立法上存在的问题进行了研究、探索,为日本国际私法立法的完善做出了不可小觑的贡献。在国际私法研究领域,该杂志是最具权威性的。由此可见,日本的国际私法研究方面也走在世界前列,为推动日本国际私法立法的进步起到了毋庸置疑的作用。

2. 国际私法研究成果

在国际私法研究成果方面也取得了新的进展。随着《法例》的修订、国际民事诉讼法的部分补充及其他新制度的制定,许多学者对自己的著作进行了修订,如木棚照一、渡边惺之、松冈博的《国际私法概论》⑤。该书以平成十一年(1999年)日本成年监护制度被引入民法中,修改了部分《法例》⑥为契机,对第3版进行了修订。⑦ 此外,樱田嘉章和道垣内正人的《国际私法判例百选》⑧虽有出版,但当时学生很难买到,再加之日本法规现代化以及这期间涉外判例的快速增加,木棚照

---

① 西谷祐子「当事者自治の現代的意義——『国際商事契約の準拠法選択に関するハーグ原則』をめぐって」『国際私法年報』17(2015 年)。
② 林貴美「EU 国際私法における承認原則」『国際私法年報』18(2016 年)。
③ 北坂尚洋「離婚と親権者指定の同時解決——国際裁判管轄権の観点から」『国際私法年報』19(2017 年)。
④ 池田綾子「国際扶養をめぐる実務的諸問題」『国際私法年報』20(2018 年)。
⑤ 木棚照一、渡辺惺之、松岡博『国際私法概論(修訂 3 版)』(有斐閣ブックス,2001 年)。
⑥ 《法例》的第 4、5、24、25 条进行了修订,前面有所陈述。
⑦ 木棚照一、渡辺惺之、松岡博『国際私法概論(修訂 3 版)』(有斐閣ブックス,2001 年)2 頁。
⑧ 桜田嘉章、道垣内正人『国際私法判例百選』(有斐閣,2004 年)。

一等人遂在修订时加入了很多国际私法判例,出版了《国际私法概论(第4版)》①。另外,樱田嘉章、泽木敬郎、道垣内正人、溜池良夫、山田镣一等一批知名学者的《国际私法》②、《国际私法入门》③、《国际私法讲义》④等专著也随着《法例》的修订等原因,被及时地修订,为日本国际私法学习研究提供了坚实的理论基础。还有一大批学者介绍国际私法及相关领域的国际会议,对外国的国际私法立法和判例进行了分析研究,通过不同国际私法规定的比较研究,为日本的国际私法立法改革提供了有力的参考和充足的依据。这样的文章很多,这里就不再一一列举了。

也有一大批学者在国际私法分论部分进行了全面细致的研究,如樱田嘉章的论文《契约准据法》⑤,以日本《法例》第7条解释论⑥的现状、判例动向和近期国际上的立法动向为前提,指出应该尽快修订《法例》第7条。樱田在文章中针对《法例》第7条合同准据法的规定指出,该规定"缺乏法的稳定性、在诉讼方面确定准据法时要花很多时间、费用等,严重损害交易安全",需要尽早进行修订。在立法修订方面,他主张在当事人没有做出法律适用的选择时,法院应根据一般原则,适用客观连结点的最密切联系地法。考虑到该规定有可能会不适应某些具体情况,他主张设置一些例外救济条款。另外,他认为在合同当事人之间缺乏交涉能力的对等性时(如劳动合同和消费者合同),需

---

① 木棚照一、渡辺惺之、松岡博『国際私法概論(第4版)』(有斐閣,2005年)。
② 桜田嘉章『国際私法(第4版)』((有斐閣,2005年)。
③ 澤木敬郎、道垣内正人『国際私法入門(第5版)』(有斐閣,2005年)。
④ 溜池良夫『国際私法講義(第3版)』(有斐閣,2005年)。
⑤ 桜田嘉章「契約の準拠法」『国際私法年報』2号(2000年)。
⑥ 日本法学界存在"解释论"和"立法论"两种不同的法律研究、法律思维方法。解释论,是通过解释既存的冲突规范而形成的理论,其目的在于正确地理解和适用冲突规范。立法论,是围绕如何设计出合理的冲突规范或者如何改进既有的冲突规范而发表的见解、观点和理论,其目的在于指导或者影响国际私法立法实践。

要进行特别规定。横山润的论文《侵权行为地主义的界限及其例外》①在论述了当今侵权行为制度的目的及其损害补偿功能的基础上指出，由于责任保险的出现，损害补偿的功能得到强化，于是损害补偿所包含的抑制侵权行为的发生（即威慑预防）和保障潜在犯罪者自由活动领域的功能就不复存在了，《法例》第11条规定的侵权行为地法主义的根据就不能维持。由此，横山主张应该将"当案件与和侵权行为地不同的地方有着更为密切的联系时，依该密切联系地法"的规定作为例外条款加入《法例》第11条第1款中。②

国际家族法方面，由木棚照一监修、"定居的外国人和家庭法"研究会编著的《在日的家庭法Q&A》③一书详细介绍了住在日本的韩国人、朝鲜人的家庭和继承问题的相关法律和实务，对于了解住在日本的韩国人、朝鲜人的家庭法诸问题是不可缺少的。它也对未来的法律实务做出了重要贡献。

未成年保护和成年人保护方面，横山润在论文《1996年与2000年的海牙公约中的未成年和成年人保护》④里通过对1996年《关于父母责任和保护儿童措施的管辖权、法律适用、承认、执行及合作的海牙公约》和2000年《关于成年人国际保护公约》这两个公约的对比，归纳出这两个条约的特征性规律。该文还通过研究21世纪对成年人和未成年人进行国际性保护的现状，为日本国际私法在解释论及立法层面的改进提供了一些启示。

---

① 横山潤「不法行為地法主義の限界とその例外」『国際私法年報』2号(2000年)。
② 本书第四章"法定之债的法律适用问题"第一节里有相关内容论述。
③ 木棚照一(監修)、「定住外国人と家族法」研究会(編著)『「在日」の家族法Q&A(第3版)』(日本評論社2010年)。
④ 横山潤「1996年および2000年のハーグ条約における子および成年者の保護」『国際私法年報』3(2001年)。

在外国判决的承认与执行方面，北坂尚洋在论文《在外国成立的过继养子的承认》中指出了在承认在外国成立的养子关系时审查准据法的要件存在的问题，以及为解决这些问题，应该批准保护儿童的《国际诱拐儿童民事方面的公约》。[1] 这为日本最终批准《国际诱拐儿童民事方面的公约》，完善日本的国际私法立法提供了参考依据。岩本学在论文《外国抚养审判承认执行制度的现状与课题》中指出，利用外国判决承认执行制度对抚养权利人做的救济是有界限的，进而在立法论方面提出了新的课题，即应该考虑日本用于收回抚养费的旧的国内法是否适应当代的家族国际化现象。[2]

此外，在国际私法相关的其他方面都有许多令人瞩目的成果，在此就不一一介绍了。总体而言，日本国际私法理论研究的不断推进，对日本国际私法立法的修订及完善起到了非常重要的推动作用。值得一提的是，法例研究会是受日本法务省民事局委托，由社团法人商事法务研究会于平成十四年（2002年）设立的《法例》研究机构，该机构成员均是日本国际私法学界的知名教授。该机构所编写的《有关重新审视〈法例〉的诸多问题（1）（2）（3）（4）》[3]系列书针对当时实行的《法例》中出现的问题进行了梳理，并为解决这些问题提出了可选择的方案，是法制审议会修订《法例》时有力的参考。[4]

---

[1] 北坂尚洋「外国で成立した養子縁組の承認」『阪大法学』51巻1号（2001年）。
[2] 岩本学「外国扶養裁判承認執行制度の現状と課題」『国際私法年報』20号（2018年）。
[3] 法例研究会『法例の見直しに関する諸問題（1）（2）（3）（4）』（商事法務，2003年、2004年）。
[4] 法例研究会『法例の見直しに関する諸問題（1）契約・債権譲渡等の準拠法について』（商事法務，2003年）1—2頁。

第二节　日本国际私法的立法演进

国际私法研究对日本国际私法立法的产生和发展起到了很大的推动作用。日本国际私法现行成文法为《通则法》，是对日本最早的国际私法成文法《法例》进行全面修订而产生的。日本的国际私法立法由《法例》到《通则法》，经历了比较曲折的过程，大致可以分为以下三个阶段：《法例》施行前，《法例》正式施行，由《法例》到《通则法》。本节主要针对日本国际私法立法发展和逐渐成熟的过程做一下总结概括。

一、《法例》施行前

（一）早期的国际私法相关规定

日本江户幕府末期与欧美列强签订的不平等条约，使日本由闭关锁国转向对外开放，同时也构筑了日本涉外法律关系的法律基础。为了摆脱这种对日本不利的不平等条约的束缚，日本迫切需要拥有像欧美列强那样的现代化法典。于是日本便派人出国研究学习，从此开始研究万国公法以及国际私法。

前面一节里也提到了，从明治维新后到旧《法例》制定的明治二十三年(1890年)之前的日本国际私法研究基本上停留在对外国学者推荐的法国和意大利国际法学做盲目翻译引进的阶段，故当时日本是通过翻译法国民法典(作为编纂《民法》的重要一环)来研究国际私法的。接着,东京开成学校、之后成立的东京大学,还有稍微晚一点的明治大学等其他私立大学都将其作为法律科目之一来进行研究。但在明治二十三年的《法例》制定的最终起草阶段,不是法国民法典,而是最新的意大利民法典前加编及比利时民法典修订草案对日本国际私法立法带来了决定性影响。下面针对这一点来进行较为详细的解释。

日本由于和西方列强签订了不平等的通商条约,就不得不忍受治外法权及外国领事裁判的不公平待遇。此外,日本还丧失了关税自主权,无法保护国内产业,导致国家财政陷入困难状态。因此,修改不平等条约,摆脱这种不利状况是明治政府面临的最大课题。要想欧美列强承诺废除他们一直享有的"治外法权",就必须要根据所谓的"泰西主义"①编纂诸法典。安政五年日法签订亲善条约之后,两国关系极为密切,因此,明治政府对《拿破仑法典》的优越性非常了解,很自然地就把该法典引进了日本。② 于是,明治政府于明治四年(1871年)根据《拿破仑法典》开始了编纂日本民法典的工程。

日本最初的民法草案是明治四年7月由太政官制度局编纂的《民法决议》79条。③ 其实该草案早在明治三年(1870年)年9月即已开始编纂,是由江藤新平(1834—1874)④组织设立的民法会议根据箕作麟

---

① 泰西指欧美国家。日本明治维新后实行仿效欧美各国立法和制度的原则,称"泰西主义"。
② 野田良子「明治初年におけるフランス法の研究」『日仏法学』1号(1961年)。
③ 石井良助「民法典の編纂」『国家学会雑誌』58卷2号(1944年)。
④ 日本武士、政治家。"维新十杰"及"佐贺七贤"之一。明治四年2月,以制度取调专务身份负责国家机构整合,并对于大纳言岩仓具视提出三十项申请书。倡导近代化的集权国家概念以及四民平等,曾主办国法会议及民法会议,并与箕作麟祥等人一起编纂民法典。

祥(1846—1897)①翻译的《拿破仑法典》译文进行依次讨论编纂的。但是,《民法决议》是从第7条开始的,因为第1条到第6条都脱落了。据说《民法决议》是模仿法国民法,试图把第1条到第6条当作"前加条款"②来设置的。也就是说,《拿破仑法典》第3条关于国际私法的规定不包含在《民法决议》中。③

日本有关国际私法的相关规定首次出现在由司法省明法寮民法编纂会议上起草的民法草案《御国民法》④中。该民法草案大约动工于明治四年9月,完稿于次年4月,由前加编、⑤第一编、第二编三部分组成,前加编中的第3条相当于国际私法的相关规定。第3条内容如下:

> 第3条 取缔之法律及事关国家社会稳定之法律,凡全国居民皆须遵守。即便不动产为外国人所拥有,但以日本之法律仍可对其拥有者进行管辖。不管日本人是否居住在国外,只要是日本人,事关人身权利之法律均可对其行使管辖权。⑥

很遗憾,《御国民法》由于不甚完善,未被施行。明治五年(1872年),司法省明法寮民法编纂会议编纂了《皇国民法暂行规则》第一次

---

① 日本官僚、法学家、法学博士。留学归国后进入明治政府,翻译西洋法律书籍,编纂旧《民法》等多部法典,为日本近代法律制度的制定做出了很大贡献。
② 这里的"前加条款"日语里称作"前加条目",即在已有的条文前面加上一些条款。
③ 石井良助「民法典の編纂」『国家学会雑誌』58卷2号(1944年)。
④ 手塚豊「御国民法——城井国綱本」『法学研究』38卷7号(1965年)。
⑤ 《民法决议》是从第7条开始的,太政官制度局想模仿法国民法,试图把第1条到第6条当作"前加条款",由"条"组成"编"时,第1条到第6条的内容就属于"前加编"了。http://www.law-walker.net/gjsf/Articleshow.asp?id=84,访问日期:2018年12月29日。
⑥ 川上太郎『日本国における国際私法の生成発展』(有斐閣,1967年)7頁。

草案,同年对该草案的第一卷进行修订,起草了第二次草案。这两部草案的第一卷都是"人事编",而且"人事编"前面都设有《法律施行总规则》。该规则在法国民法中是作为序章提出来的,一般相当于"法律的公布、效力及适用"。这是关于法律的一般实施的内容,所以不宜将其放在民法典中,但鉴于已编入法国民法之中这一历史沿革,第二次草案在此便设置了《法律施行总规则》。① 相传明法寮的这两部草案(至少其原案)皆出自法国人布斯凯之手。② 同样很遗憾,该两部草案也由于不够完善,均未予以施行。

明治六年(1873年)3月,司法省编纂了《民法暂行规则》。其中身份证书制度于明治六年3月10日产生,同月12日由司法省以《民法暂行规则》的名义(附上法文)向正院③提交,请求批准。同月13日,司法省将本应于7月1日予以施行的布告法案追加提出,但最终没有施行该草案。④

根据当时的版本,《民法暂行规则》"前加条款"第3条的规定如下:

> 第3条 事关全国管制及国家社会稳定之法律,凡日本国居民必须遵守。即便不动产为外国人所拥有,但以日本之法律仍可对其拥有者进行管辖。事关人身权利之法律,居住在国内的就不

---

① 石井良助「民法典の編纂」『国家学会雑誌』58卷2号(1944年)。
② 川上太郎『日本国における国際私法の生成発展』(有斐閣,1967年)8頁。
③ 明治四年,明治政府在"废藩置县"的基础上进行了中央官制改革,采取了由正院、左院、右院组成的太政官(中央最高行政机关)三院制,1877年废除。正院为政府的最高政治机关,由大臣、纳言、参议等组成。
④ 《民法暂行规则》添加上"前加条款"以后,以《民法暂行规则》的名义出版,该文献现存放在东京大学法学部研究室(箕作文库)内阁文库。

用说了,居住在国外的日本人也必须遵守。①

通过以上分析,这一时期的各种草案,由于不甚完善,均未予以施行。这些草案虽说只是通过一个条款简单地规定了管辖问题及法律适用问题,但对于整个日本历史发展来说已经是一个划时代的进步了,对于今后《法例》的制定起到了"破土"的功效。

(二) 旧《法例》

如前所述,日本最初的国际私法立法是明治二十三年10月6日公布的《法例》;该《法例》并没有施行,而是被延期,最终于明治三十一年为修订的《法例》所替代(为明确起见,以下将明治二十三年的《法例》称作"旧《法例》")。但是,旧《法例》的制定、公布与延期施行,在日本国际私法的立法史及法学史上依然是一件极其重要的事情。尽管如此,关于旧《法例》的编纂过程及其延期施行之事宜,以往公开发表的研究成果却几近于零,基本上处于无人知晓的"漆黑空间"。② 下面,笔者将针对旧《法例》的编纂经过做一下说明,顺便比较分析诸学者为编纂旧《法例》而进行的研究,以便于更深入地理解《法例》中有关制度的由来。

1. 旧《法例》的编纂

如前所述,明治元年(1868年)日本国际私法的编纂是作为民法典编纂的一环,以对法国民法进行翻译的形式开始的。但这个时期民法典的编纂工作说到底还只是处于学习阶段。明治十三年(1880年)大

---

① 石井良助「民法典の編纂」『国家学会雑誌』58卷2号(1944年)。
② 川上太郎『日本国における国際私法の生成発展』(有斐閣,1967年)12頁。

木乔任(1832—1899)①作为元老院②议长在元老院内设置民法编纂局,亲任总裁组织编纂民法典。

民法编纂局中,博瓦索纳德负责起草民法典草案,他以法国民法为范本,用法文起草了日本民法草案。箕作麟祥、矶部四郎、黑川诚一郎等人将其翻译成日文,完成了日本民法典的审议草案。他们原计划在明治十四年(1881年)5月完成民法全典的编纂工作,但由于编纂一部法典的工作量过于庞大,因此历经五年也没有完成。终于,在明治十九年(1886年)3月,他们完成了一部一千多条的草案,并由委员向明治政府呈报。③呈报结束后,元老院民法编纂局随着机构的改革被废止,其事务被移交给司法省。同年8月6日,明治政府为了促进修改不平等条约工作的顺利进行,将诸法典的编纂工作统一交由外务大臣负责,并在外务省设置了法律深入调查委员会(日文为"法律取調委員会"),由井上馨(1836—1915)④任委员长。法律深入调查委员会做出决议,诸法典草案由于存在很多冲突的地方,需要统一整理。但后来井上馨主持的条约修改工作受挫,法典编纂的工作于明治二十年(1887年)10月再次被移交给司法省。⑤

可见,在明治十三年至明治二十年间的民法编纂过程中,国际私法的规定的草案最终也没有起草。那么,日本国际私法的规定是什么时候、在什么样的方针指导下由谁来起草的呢?又经历了什么样的审议

---

① 日本佐贺藩武士、政治家、教育家。日本明治维新元勋,名列"佐贺七贤"和"明治六大教育家"。历任参议、元老院议长、枢密院议长、法相、文相。主要成就有:积极从事尊王攘夷、倒幕维新,参与建立明治政府,建立日本近代教育制度、学制和师范学校,编纂法典。

② 元老院是1875年4月进行太政官职制大改革时,在太政官内设置的立法机构,取代了以往的左院。

③ 星野通『明治民法編纂史研究』(ダイヤモンド社,1943年)79頁。

④ 幕末以及明治时代时的活跃人物,先后任外务大臣、农商务大臣以及第二次伊藤博文内阁时的内务大臣。

⑤ 子堅太郎「講演」『法曹会雑誌』11巻1号(1933年)。

过程才最终确定的呢?

《法例》是由明治二十年10月设立的司法省法律深入调查委员会起草的,①但是《〈法例〉草案》的起草是由博瓦索纳德完成的。② 该《〈法例〉草案》于明治二十一年(1888年)10月6日,为了征求意见,和"人事编"草案一起被送交各法院的地方长官。之后法律深入调查委员会再根据各方面提出的意见对该《〈法例〉草案》进行了修订,作为审议草案。明治二十二年(1889年)2月,法律深入调查委员会对人事编草案进行逐条审查,将最终定稿称作"新案"或"别案"。后由法律深入调查委员会通过会议讨论,修订为《民法草案人事编再调查案》(以下简称《再调查案》)。明治二十三年1月,法律深入调查委员会根据各委员提出的意见,对《再调查案》进行修订,终于完成了民法草案的最终草案。《〈法例〉草案》也经历了同样的审议过程,于明治二十三年4月1日形成了最终草案。并由山田显义(1844—1892)③委员长向明治政府提交。之后内阁将该草案交给元老院审议。10月6日公布了《法例》,并规定明治二十六年(1893年)1月1日施行,但由于"法典之争",该《法例》和民法典、商法典遭到同样的命运,被延期施行。④ 因此,日本习惯上称这部公布却没有施行的《法例》为"旧《法例》"。

---

① 《民法草案人事编理由书》(上卷)的第一编人事(从第1条到第510条)的前一部分(从第1条到第35条)是《法例》的规定。《民法草案人事编理由书》(上卷)的目录上可以看到"法律取调报告委员熊野敏三起草"的文字。其实是博瓦索纳德将自己起草好的草案传授给了熊野,由熊野通过司法省法律深入调查委员会最终决定,然后编进了理由书,故如此论述。参见石井良助「民法草案人事編理由書解題」『明治文化資料叢書第三卷法律編上』(風間書房,1959年)3頁。

② 川上太郎『日本国における国際私法の生成発展』(有斐閣,1967年)23頁。

③ 日本江户幕府时代末期武士(长州藩士),明治时代初期政治家、重臣、陆军军人。明治十八年(1885年)以初代司法大臣入阁,历任伊藤博文、黑田清隆、山县有朋、松方正义四届内阁司法大臣,推动了法典编纂。

④ 明治二十五年(1892年)11月24日,日本政府决定将《法例》的施行延期到明治二十九年(1896年)12月31日。

旧《法例》一共有17条规定,第1条是法律的公布,第2条是法律具有溯及力。第3条到第17条为内外法律冲突规定。旧《法例》是根据对自然法、比较法学都很精通的民法学者博瓦索纳德的起草方案来撰写的。换句话说,旧《法例》是根据自然法的根本思想,站在法意法学派的立场来制定的。所以旧《法例》采用的是本国法主义,即以国籍为属人法的决定基准。但旧《法例》也承认了例外,即不动产上的物权依所在地法(第4条),债权合同依当事人制定的法律(第5条),行为方式依行为地法(第9、10条)。

2. 旧《法例》延期施行

如前所述,旧《法例》是根据民法学者博瓦索纳德的起草方案来撰写的。旧民法的大部分内容也是由他起草的,且原案均用法文写就。原则上,《〈法例〉草案》必须经元老院慎重地逐条审议才能通过,但当时计划在帝国议会闭会前对其予以发布,由于时间紧迫,旧《法例》未经元老逐条审议就通过了。这就是旧民法和旧《法例》需要进行修订的重要原因,当然也是旧民法和旧《法例》延期施行的重要原因。博瓦索纳德精通自然法学、比较法学,所以旧《法例》是以自然法的根本思想为基调,同时又根据法意法学派的观点来撰写的。从法、意国际私法发展情况来看,坚持法意法学派的编纂人员把意大利民法典前加编①、罗兰修订法案②以及比利时民法典修订草案③作为范本来编纂旧《法例》,这在明治二十

---

① "意大利民法典前加编"是指意大利民法典第一编的前一部分法律规定内容。法国民法典也有"前加编",如法国《民法典国际私法法规(第二草案)》(1959年)前加编之三。http://www.law-walker.net/gjsf/Articleshow.asp?id=84,访问日期:2018年12月29日。

② 罗兰修订法案(Avant-projet de révision du code civil)是比利时根特大学的教授针对比利时民法修订提出的修订方案。http://ir.lib.hiroshima-u.ac.jp/files/public/3/37033/20150423110854850417/HLJ_38-3_52.pdf,访问日期:2019年1月9日。

③ 参见小梁吉章(訳)「アルマン・レネ「フランス・ベルギーの国際私法の歴史素描」『広島法学』38巻3号(2015年)。

一年均属于最新最好的法律,以这些法律和法案为典范来起草旧《法例》,完全符合当时的形势。但也有人提出有必要对旧《法例》进行修改。① 因为旧《法例》在编纂时并没有参考当时(即1881年)德国民法典的第一次草案,也没有参考先进的德国学说和英美学说,不少规定在理论上尚需商榷。② 另外由于旧《法例》在编纂过程中急于求成,没有进行充分推敲,所以条文显得繁杂、重复、冲突,且很多地方欠缺规定。③ 在当时的日本,除了法意法学派以外,还有英美法学派。派系不同,当然立场也不一样。英美法学派提出修订旧《法例》,对旧《法例》进行延期施行。另外,即便是同一派系的,也不乏对旧《法例》的规定持有反对意见的。

在日本民法延期施行的争论中,提倡民法典延期施行的是富井政章(1858—1935)④和梅谦次郎(1860—1910)⑤。富井提出延期施行的

---

① 穗积陈重在起草《〈法例〉修订案》之际提出以下五个理由来陈述修订旧《法例》的必要性:第一是条文含有陈腐的规定(第2、17条);第二是条文规定不完备(第3条),对婚姻、认领、养子、离婚等没有明确规定;第三是条文包含了不需要乃至应该在其他法律上规定的事项(第13、15、16、17条);第四是混用了"従フ"("遵守""服从")和"適用ス"("适用")这两个词,而且暗示"适用外国法不是法官的义务",这明显是不妥当的;第五是国际形势的变化、外国立法例的展开(特别是国际法学会的决议)以及学说的发展。

② 1881年德国民法典第一次草案采用普通法的体系,设立个别的不当得利,仅仅就其各个构成要件加以分解而设立有关规定。川上太郎『日本国における国際私法の生成発展』(有斐閣,1967年)14頁。陈卫佐:《德国民法典编纂的组织方式》,载《比较法研究》2015年3期。

③ 譬如,旧《法例》第9—12条的规定都很繁杂,有些规定和其他规定重复、冲突;关于婚姻、离婚、亲子关系、监护等亲属关系以及无行为能力者保护制度的准据法问题,旧《法例》没有做任何规定。富井政章提出延期施行的第五项理由体现在旧《法例》第13、14、17条等各条规定中。公法领域的规定包含在国际私法中,这显然是不妥的。

④ 日本著名法学家、教育家,法学博士。曾担任东京帝国大学法科大学(现东京大学法学部)教授、东京帝国大学法科大学长、贵族院敕选议员、枢密顾问官、法典调查会民法起草委员、和法法律学校(现法政大学)校长、京都法政学校(现立命馆大学)首任校长,对日本民法典的编纂起了重要作用。

⑤ 日本著名法学家、教育家,法学博士。曾担任东京帝国大学法科大学教授、东京帝国大学法科大学长、内阁法制局长官、文部省总务长官等职,是日本民法典与商法典的起草者。

理由有以下七项：第一，法典太多条款违反民俗习惯；第二，仅以法意两国民法为模板，不参考近来最先进的立法例和学说，故存在很多理论上值得商榷的规定；第三，没有处理好与商法的关系；第四，由于没有进行统括性规定，只是主要对特殊场合做了特殊规定，所以法典条文就会显得极其复杂、冲突，且很多地方规定欠缺；第五，没有严守私法及实体法的领域，有很多规定属于公法及程序法的范畴；第六，对很多不必要事项进行定义、解释、引用，因此法典条文显得繁杂且不具备法典形式；第七，很多表述只是法语翻译过来的，因此意思不明确。① 在这些理由中，第二、四、五项也是当时旧《法例》延期施行的原因。梅谦作为民法典施行派的代表，在东京大学授课时就旧民法典的施行提出三点反对意见：一是太多规定违反了民俗习惯；二是理论上的不足；三是在编纂这么大的法典之际没有召集各方面人才。② 其中后两点意见也是当时旧《法例》延期施行的原因。第二点意见前面已做了阐述；第三点意见具体体现在如下情况，即在旧《法例》编纂起草之际，已经出现很多优秀、著名的学者，如穗积陈重、富井政章和梅谦次郎等。尽管如此，出席法典编纂会议的与其说是法意法学派学者，倒不如说大部分是司法省相关官员，至于法意法学派以外的学者更是无一人参加，因此说在旧《法例》编纂之际没有召集各方面人才，是名副其实的中肯评价。

　　关于包含旧《法例》在内的诸法典延期施行之原因，还有一种说法，即当时日本存在两大学派的根本学说的差异，也就是历史法学派和自然法学派的学风差异。自然法学派认为，法的原则可以超越时间和空间，任何时代、任何国家都可以根据同一根本原理来编纂法典。与此相反，历史法学派关注的是国民性和时代性，这很有可能导致他们反对

---

① 富井政章『訂正增補民法原論第 1 卷總論上（第 15 版）』（有斐閣，1920 年）68 頁。
② 川上太郎『日本国における国際私法の生成発展』（有斐閣，1967 年）53 頁。

任何法典编纂,不管内容如何。穗积陈重就持这种观点。他曾经说过,"历史法学派重视国民性、时代性,反对以自然法学说为基础的博瓦索纳德法案这样的法典是理所当然的。因此本次法典之争与本世纪初德国的萨维尼与蒂堡的法典之争性质完全一样"①。他实际上并非反对法典的编纂,只是因为法典的内容有不完备之处而反对法典的施行。②说到底,日本历史上的"法典之争"其实就是两股势力在争。③ 可以说,是两派的对立导致了旧《法例》的延期施行。④

二、《法例》正式施行

明治二十三年公布的旧《法例》由于受到强烈反对,不得不延期到明治二十九年(1896年)12月31日施行。明治政府为了修订民商法典和《法例》等,在内阁设置法典调查会。1896年12月16日民法修订原案全部审议结束,穗积陈重于次年1月开始起草《〈法例〉修订案》,同年11月末全部起草完毕。之后经过法典调查会委员会的七次审议,根据审议结果,起草委员多次修订整理,同年12月17日最终完成。明治三十一年5月明治政府在第二十届帝国议会上将《〈法例〉修订案》同《〈民法〉修订案》《〈民法〉施行法案》《户籍法案》一并提出审议。根据审议程序,《〈法例〉修订案》先提交众议院。同年5月21日穗积陈重

---

① 穗積陳重『法窓夜話』(岩波書店,1916年)352頁。
② 这一点,从延期派穗积陈重、富井政章等在旧《法例》延期施行之后不久便很快从事民法典及《法例》的编纂工作可以看出。
③ 仁井田益太郎在一次座谈会(「仁井田博士に民法典編纂事情を聴く座談会—民法修正案参考資料—」法律時報10卷7号[1938年])中谈到日本法典之争时说,"我感觉此次争论不是法国法学派和英国法学派之争,也不是历史法学派和自然法学派这样高尚的争论,而是一种势力之争"。
④ 川上太郎『日本国における国際私法の生成発展』(有斐閣,1967年)60頁。

作为政府委员在众议院对该提案理由进行了详细说明。就在当天,议长片冈健吉(1843—1903)①提议将《〈法例〉修订案》委托有七名委员组成的特别委员会(委员长为大冈育造[1856—1928]②)进行审议。5月28日众议院全体会议通过审议,即日交付贵族院,6月10日在贵族院又通过特别委员会会议审议。就这样,《法例》在同年6月21日紧随《民法》第四编亲属编、第五编继承编(《法例》第9号),作为法律第10号公布了。(同年7月16日施行。)即日起明治二十三年法律第九号《法例》(即旧《法例》)宣布作废。③

明治三十一年《法例》的有些规定虽说继承了明治二十三年旧《法例》的规定,如物权的准据法相关规定④、债权行为准据法相关规定⑤、无国籍者属人法和法律因地而异地区的属人法相关规定⑥等,但最多的还是以德国《民法》草案为范本,并超越了德国《民法》,在当时诸国立法中位居先列。日本《法例》与德国《民法》相比,优越之处主要表现在以下几点:一是德国《民法》以规定适用德国《民法》这种单边或不完全的双边冲突规范⑦为原则,而日本《法例》则采用完全冲突规

---

① 出身于土佐藩的政治家。曾协助板垣退助推行自由民权运动,是"爱国公党""立志社""国会期成同盟"的中心人物,自由党主要成员,最终担任众议院议长。
② 明治、大正时代的律师、政治家。日本文部省大臣。1980年7月当选为众议院议员,此后到1915年共十三次当选众议院议员。
③ 因为之前已宣布旧《法例》延期施行,现在实施新的《法例》,那么旧《法例》只好作废。
④ 旧《法例》第4条成为《法例》第10条。
⑤ 旧《法例》第5条成为《法例》第7条第1款。
⑥ 旧《法例》第8条成为《法例》第27条第2、3款。
⑦ 不完全双边冲突规范属于双边冲突规范的一种,它既不像单边冲突规范那样规定内国法的适用范围,也不像完全的双边冲突规范那样以广泛的涉外民事关系为对象,其只限于与内国有某种联系的情况,却也规定内外国法律均可适用。例如我国《继承法》第36条第1、2款的规定,就属于这种不完全的双边冲突规范。因为这两款尽管均规定动产适用死者住所地法,不动产适用所在地法,但是是以继承人、被继承人及遗产所在地三个因素中至少一个是中国因素为适用条件的,因此它并不适用于不含有任何国际因素的继承关系。

范。① 二是德国《民法》中有很多内国人保护条款②，而日本《法例》则很少有这些条款，只有《法例》第 13 条第 2 款。③ 三是日本《法例》中设有债权行为（第 7 条）、物权行为（第 10 条）、债权转让（第 12 条）的相关规定，而德国《民法》则没有。总之，日本《法例》虽说主要以德国法为范本，但较德国《民法》前进了一步，在国际私法法典化沿革上具有划时代意义。

三、由《法例》到《通则法》

国际私法既然是法，那么它就和别的适用于社会生活的法一样，也会随着社会需求的变化而发生相应的变化。日本国际私法最早的成文法是明治三十一年实施的《法例》，它是根据法律关系本座说④，针对重要的一般私法案件设定"完全冲突规范"（中文称之为"双边冲突规范"）的。作为当时的立法，完全可以称得上是最优秀的。⑤ 之所以能取得如此成绩，可以说这与明治以来日本的法教育以及国际私法研究的发展分不开。⑥《法例》制定后到平成元年经过了近百年，在这近百年的时间里，日本社会和国际社会的构造都发生了相当大的变动。因

---

① 双边冲突规范在德国和日本被称为"完全冲突规范"（vollkommene kollisionsonorme，完全衝突規則）。
② 德国《〈民法〉施行法》第 9 条第 2 款、第 12 条、第 14 条第 2 款、第 25 条后段。
③ 《法例》第 13 条第 2 款规定，前款规定不妨碍《民法》第 777 条的适用。
④ 法律关系本座说由德国法学家萨维尼所提出。法律关系本座说指每一法律关系都有一个确定的"本座"，即一个它在性质上必须归属的法域。法院进行法律选择时，应根据法律性质确定法律关系的本座所在地，而该本座所在地的法律就是适用于该法律关系的法律。法律关系本座说的提出，终于把国际私法推进到一个新阶段，从而使萨氏被誉为"近代国际私法之父"。
⑤ 久保岩太郎「法例——制定から今日まで」『法律時報（資料版）』14 号（1961 年）。
⑥ 川上太郎『日本国における国際私法の生成発展』（有斐閣，1967 年）100 頁。

此,应该基于对国际私法的科学认识,结合国际社会对国际私法的需要,再根据自己国家在国际社会生活中需要什么样的冲突规范,来确定本国与国际私法相关的国内法。基于上述原理,日本政府在昭和与平成两个时期对《法例》前后做了七次修订。①

第一次修订在昭和十七年(1942年),此次修订将《法例》第18条规定中的"私生子女"改为"非婚生子女",这是因为"私生子"是带有封建时代轻蔑、侮辱意味的用法,有违近现代人身权至上、平等文明的精神。此次修订使得《法例》的内容进一步现代化、文明化、法治化。

第二次修订在昭和二十二年(1947年),日本政府公布了《修订〈民法〉一部分的法律》,对《民法》第四、五两编(亲属编与继承编)进行修订。本次修订的主要目的是贯彻落实《宪法》第24条的立法精神,将这两编里违反个人尊严与男女两性实质平等的规定一概予以删除。此次修订基本上消除了第四、五两编中的封建性内容,使日本《民法》"近代化"。同年,为了和《民法》的修订保持一致,将《法例》第14条和15条中"入赘"和"童养婿"的相关规定予以删除。这样,《法例》同新《民法》一样,剔除了不合时宜的内容。

第三次修订在昭和三十九年,日本批准了1961年海牙《遗嘱处分方式法律冲突公约》,同时制定了《关于遗嘱处分方式的准据法》,增补为《法例》第31条。②

第四次修订在昭和六十一年,日本政府制定了《抚养义务准据

---

① 神前祯、早川吉尚、元永和彦『国際私法(第3版)』(有斐閣アルマ,2012年)341—354頁。

② 神前祯、早川吉尚、元永和彦『国際私法(第3版)』(有斐閣アルマ,2012年)327頁。旧《法例》第31条规定,本法不适用于遗嘱的方式。但第27条第2款及第28条第1款规定不在此限。

法法律》(昭和六十一年6月12日法律第84号),对《法例》仅仅做了一些微调。既然制定了《抚养义务准据法法律》,就没有必要在《法例》中进行规定,于是此次修订就删除了《法例》第21条抚养义务的法律适用规定,①在第31条抚养与遗嘱方式法律适用的例外规定上,此次修订将此增补为第1款,将第31条原先的规定改为第2款。②

第五次修订在平成元年,日本政府制定并公布了《〈法例〉的部分修订法律》(平成元年3月28日法律第27号),平成二年(1990年)1月1日实施(为了和以前的《法例》区别开来,将本次修订了的《法例》称作"修订法例",之前的《法例》称作"修订前法例")。本次修订与前四次相比,算是一次比较大的修订,主要集中在婚姻和亲子关系相关规定和总则方面。本次《法例》修订的特色有三。③

一是实现了婚姻法、亲子法方面的两性平等,并将"阶梯式连结"(日语表达为"段階的連結")④应用于婚姻效力、夫妻财产制以及离婚等领域。晚近的立法及国际公约中经常使用这种连结点的组合和阶梯式连结点的方法。修订前的《法例》规定,婚姻效力,夫妻财产制、离婚等涉外关系中均以丈夫的本国法为准据法;还规定涉外亲子关系中父亲本国法优先于母亲本国法。很明显,这些连结点的决定均以男子为中心,涉嫌违反日本《宪法》第14条规定的男女平等原则,学界因此也产生了争议。实现形式上的平等也具有积极意义,故本次《法例》做了

---

① 旧《法例》第21条规定,抚养的义务,依抚养义务人本国法。
② 旧《法例》第31条规定,本法不适用于因夫妻、亲子及其他亲属关系而产生的扶养义务;本法不适用于遗嘱的方式,但第27条第2款及第28条第1款规定不在此限。
③ 樱田嘉章『国際私法(第5版)』(有斐閣,2006年)57頁。
④ 所谓"阶梯式连结",就是在指定准据法时,第一阶段适用夫妻同一本国法;没有同一本国法时,第二阶段适用夫妻同一经常居所地法;没有同一经常居所地法时,最后一个阶段适用夫妻最密切联系法。参见"修订法例"第15、16、21条。

重大修订,规定涉外身份关系夫妻双方本国法平等适用,赋予夫妻双方本国法以平等地位。正如有学者评述的那样,《法例》的修订遵循了宪法中男女平等的原则,在男女平等、保护弱者利益等方面顺应了国际私法的发展趋势。①

二是实现准据法指定的简易化以及身份关系成立的简易化,对分割适用主义进行部分修改,采用了选择性连结点方法。选择性连结不仅有利于一定法律关系的成立,还可以保护当事人利益。②

三是考虑到指定准据法的国际统一。国际私法原则上属于一国法律,在复杂的国际形势下,因国家不同而互相存有差异。这样一来,就会出现在这个国家有效,而在另外一个国家无效的"跛脚婚姻";根据提起诉讼的所在国法院的不同,判决结果也大相径庭。为了避免这样的结果出现,实现国际私法的统一就是努力的目标。因此,此次修订虽说没有把国际私法统一作为直接目的,但针对海牙国际私法会议制定的国际私法公约以及当时世界各国修订国际私法的动向(德国、瑞士等是当时主要的新近立法案例来源)进行了广泛的讨论,尽可能在最大范围内采取了海牙公约等关于采用经常居所、夫妻财产制的准据法、保护弱者(消费者、被害者等)及子女优待原则等国际公约内容。由此可见,《法例》的修订注入了现代化元素:废除封建观念体现了男女平等原则;注重保护子女、被扶养人等"弱者"的权益。③

第六次修订在平成十一年,本次修订主要集中在自然人能力与监

---

① 参见岑雅衍:《日本国际私法的新发展——1989 年〈法例〉修正案述评》,载《宁波大学学报》(人文科学版)1993 年第 6 卷第 2 期。
② パウル・ハインリッヒ・ノイハウス(著)桑田三郎(訳)「ヨーロッパ国際私法上新な道は存在するか」『法学新報』81 卷 9 号(1974 年)。
③ 岑雅衍:《日本国际私法的新发展——1989 年〈法例〉修正案述评》,载《宁波大学学报》(人文科学版)1993 年第 6 卷第 2 期。

护法律适用的规定上。20世纪末,日本已步入老龄化社会,为了健全残疾人福利制度及满足老龄化社会的需求,日本国会于平成十一年12月1日通过了《关于部分修改〈民法〉的法律》《监护登记法》《任意监护合同法》等民事法律,并于次年4月1日实施。随之,为了保护判断能力较弱的痴呆性高龄老人、智障残疾人等,日本政府将《法例》的"禁治产、准禁治产制度"改为"监护与保佐制度",①对《法例》第3、4、5、24、25条等与自然人相关的条款也进行了部分修改,具体内容将在第二章进行详述。

第七次修订也可以说是《通则法》的制定。虽说日本政府对《法例》做了六次或多或少的修订,但都谈不上是全面的修订。21世纪以来,经济全球化与跨国公司活动的深入发展极大地推动了世界贸易发展,跨越国境也成了人们的日常活动,随之也产生了各种各样的国际私法上的纷争,以财产法律关系为基础的国际纷争日益增多。解决这些纷争需要国际私法来决定适用哪个国家的法律,而之前的《法例》规定虽说已经过几次修订,甚至在1989年经历了很大的修订,但毕竟是一百多年前的产物,已不能适应日本涉外民商事关系发展的需要。因此,日本国内要求全面修订《法例》的呼声日益高涨。② 另外,近几十年来,国际私法立法的现代化已成为各国国际私法发展的主要趋势。以1980年的《关于合同之债准据法的公约》(以下简称《罗马公约》)为开端,先后有德国、瑞士、意大利、英国等欧洲国家对自己的国际私

---

① 修改后的成年人法定监护有三个层次:"对于因精神上的障碍而欠缺辨识事理能力且已经处于常态的人",可以实行监护;"对于因精神上的障碍而辨识能力明显不足的人",可以实行保佐;"对于因精神上的障碍而辨识事理能力不足(达不到进行监护、保佐程度)的人",可以实行辅助。

② 小出邦夫『逐条解説・法の適用に関する通則法』(商事法務,2009年)5頁;别册NBL编集部『法の適用に関する通則法関係資料と解説』(商事法務,2006年)2頁。

法进行了修订①。在亚洲,韩国亦于 2001 年修订了其国际私法②。在这样一个内外形势下,日本学界要求对《法例》进行全面修订。于是政府推出两个计划:《推进规章制度改革的三年计划》③和《推进规章制度改革和民间开放的三年计划》④,指出要全面重新认识含有债权转让准据法的《法例》规定,并实现条文的现代用语化。

鉴于以上情势,平成十四年 8 月,社团法人商事法务研究会受法务省事务局的委托设立了法例研究会(研究会会长是道垣内正人教授),开始对《法例》的全面修改进行详细的研讨。⑤ 平成十五年(2003 年)2 月,日本法制审议会总会根据法务大臣的第 61 号咨议设置了国际私法(现代化)部会(部会长是樱田嘉章教授)。该部会于同年 5 月开始大约以每月一次的频率对《法例》的修改论点进行详细讨论。平成十六

---

① 各国制定、修改本国及本地区国际私法的立法活动,特别是欧洲诸国国际私法现代化的趋势对日本有着重大影响。1980 年 6 月 19 日欧洲共同体缔结了《罗马公约》;1986 年 7 月 25 日联邦德国公布了《关于改革国际私法的立法》,1999 年德国通过了《〈民法〉施行法》修正案;1987 年 12 月 18 日瑞士通过了《国际私法》;1995 年 5 月 31 日意大利通过了《国际私法制度改革法》。这些大陆法系国家的国际私法立法活动推动了日本修订《法例》的进程。1995 年 11 月 8 日,英国制定了《国际私法(杂项规定)》,该法的颁行对日本的推动作用也是很大的。齐湘泉:《日本 2007 年〈法律适用通则法〉评介》,载《中国国际私法与比较法年刊》2008 年第 11 卷。

② 「座談会 法適用通則法の成立をめぐって」ジュリスト1325 号(2006 年)。1962 年 1 月 15 日,韩国以德国《〈民法〉施行法》和日本《法例》为基础制定了《涉外私法》。2001 年 3 月 8 日,韩国国会批准了"涉外私法改正法律案",并于同年 4 月 7 日以第 6455 号法律公布,公布时使用了《国际私法》称谓。韩国《国际私法》对《涉外私法》进行了全面修订。韩国的行动增加了日本修订《法例》的紧迫感。齐湘泉:《日本 2007 年〈法律适用通则法〉评介》,载《中国国际私法与比较法年刊》2008 年第 11 卷。

③ 《推进规章制度改革的三年计划》(「規制改革推進 3 カ年計画」)于平成十三年(2001 年)3 月 30 日由内阁会议决定,平成十四年 3 月 29 日内阁会议决定进行修改,平成十五年(2003 年)3 月 28 日内阁会议决定再次进行修改。

④ 《推进规章制度改革和民间开放的三年计划》(「規制改革・民間開放推進三か年計画」)于平成十六年(2004 年)3 月 19 日由内阁会议决定,平成十七年(2005 年)3 月 25 日内阁会议决定进行修改。

⑤ 小出邦夫『逐条解説・法の適用に関する通則法』(商事法務,2009 年)6 頁。

年(2004年)3月22日,该部会制定出《国际私法现代化纲要的试行办法》,并开始征求意见。平成十七年(2005年)3月22日法制审议会完成《国际私法现代化纲要中间草案》(以下称《中间草案》)。同年3月29日法务省民事局负责制定的《〈国际私法现代化中间草案〉补充说明》(以下简称《〈中间草案〉补充说明》)也得到公布,到同年5月24日这一期间对相关各界进行意见征询,同时还进行了民意调查。[①] 同年7月12日该部会根据民意调查进行审议,在第二十八次会议上通过了《国际私法现代化纲要》。平成十八年(2006年)6月15日,修订后的《法例》被正式冠名为《通则法》提交国会审议,得到全票通过,这在日本立法史上实属少见,也体现了《法例》修订具有较为普遍的民意支持。修订后的《通则法》于平成十九年(2007年)1月1日正式实施。《通则法》是由樱田嘉章教授、道垣内正人教授、西谷祐子教授、法务省民事局小出邦夫参事官、著名律师手塚裕之等日本国际私法界知名人士历经四年,通过详细的研讨,运用先进的国际私法理念、科学的立法技术、现代化的立法形式制定的一部国际私法法典。

　　平成十八年《法例》的第七次修订主要是为了适应当时的社会经济形势,和国际协调起来,是以法律行为、不法行为、债权转让等相关准据法的制定规则为中心,对《法例》进行的一次实质且全面的修改。本次修订是日本国际私法立法史上的第一次全面修法,也是最大最新的一次修法。《通则法》无论是法律名称、法律的体例、语言表述,还是立法内容,都全面地实现了现代化,[②]与世界大多国家的国际私法的现代水准保持一致,可见日本国际私法已走向成熟阶段。

[①] 别册 NBL 编集部『法の適用に関する通則法関係資料と解説』(商事法务,2006年)244—254 页。这次民意调查的对象是相关各界,最终收集了四十八个团体及个人的意见。
[②] 桜田嘉章、道垣内正人『注釈国際私法(第2巻)』(有斐閣,2011年)i 頁。

本章小结

综上，本章从历史的角度出发，全面、深入、细致地考察了日本国际私法学术研究的兴起与发展，以及对日本国际私法立法的影响。这部分简明扼要地概述了日本国际私法学说的发展轨迹，同时，又概述了日本国际私法立法的萌芽阶段、发展阶段和成熟完善阶段。这个过程浸透了日本国际私法的学术思想，体现了日本国际私法立法从无到有，从不成熟到较为完善的发展历程。笔者试图从日本国际私法理论和学术的发展轨迹探寻日本国际私法立法的社会背景，后者对深入研究日本《法例》与《通则法》的制定与修订及完善具有十分重要的意义。由《法例》到《通则法》的立法演变过程，展示了日本国际私法立法近代化和现代化的基本轨迹和面貌。本章的分析为后面的论述做了铺垫，为相关立法背景提供了理论素材和史料支撑，使我们能更全面地了解日本国际私法的立法进程。

第二章
自然人民事能力的管辖权和法律适用问题

民事身份和能力问题关系到民商事法律关系的主体,是确定法律关系的基础因素。《通则法》对《法例》进行了全面修改,其中尤为突出的是自然人民事能力的法律适用。民事能力可以分为民事权利能力和民事行为能力,而在具体制度方面又涉及禁治产、监护、宣告失踪和死亡等。《通则法》施行至今已十七年有余,在日本的理论界和实务界引起了广泛的讨论。本章将结合日本本国关于《法例》和《通则法》的司法实践和解释论,重点解读《通则法》对《法例》的修改条款,以阐释日本在自然人民事能力的法律适用方面的立法现代化。

值得注意的是,有关自然人民事能力的管辖权和法律适用问题密切相关。日本学界在研讨《法例》和《通则法》时,往往不局限于法律适用方面,而是结合管辖权问题进行综合研究。因此,虽然《法例》和《通则法》未明文规定民事能力的管辖权,但管辖权问题是绕不开的,所以在论述中笔者也将加以讨论。

第一节　自然人民事权利能力
和行为能力的法律适用

《法例》第 3 条规定了自然人能力的法律适用:"1. 人之能力,依其本国法而定。2. 外国人在日本实施的法律行为,虽依照该外国人的本国法为能力受限者,但依照日本法为有能力者时,则不适用前款规定,仍视为有能力者。3. 依亲属法或继承法规定的法律行为,或有关在外国的不动产的法律行为,均不适用前款规定。"《通则法》在第 4 条中规定了自然人行为能力的法律适用:"1. 自然人之行为能力,依其本国法而定。2. 法律行为当事人依其本国法虽为限制行为能力人,但依其行为地法应为完全行为能力人时,限于该法律行为当时所有的当事人都处于同一法律所在地,该法律行为当事人则不受前款规定限制,将被视为完全行为能力人。3. 前款规定,不适用于应依亲属法或继承法规定的法律行为,也不适用于与行为地不同法域的有关不动产的法律行为。"

一、自然人民事权利能力的法律适用

自然人的民事权利能力是指自然人依法享有民事权利、承担民事义务的资格。日本通常将自然人的民事权利能力分为一般民事权利能力和特殊民事权利能力两种。[①] 一般民事权利能力为所有公民普遍享

---

① 江川英文『国際私法(改訂版)』(弘文堂,1990 年)71—73 頁。

有,始于出生,终于死亡,如人身权利能力等。特殊民事权利能力是自然人作为特定民事主体的资格,法律只将其赋予符合特定条件的自然人,如亲权、继承权等。① 任何民事法律关系都会涉及民事权利能力问题,但涉及特定民事法律关系问题的时候,民事权利能力的问题可能不会凸显出来。例如,涉外侵权行为和涉外继承也会涉及自然人民事权利能力的冲突,但这种情况直接依据侵权行为和继承的冲突规范来确定准据法,而不考虑权利能力开始或结束的时间,日本国际私法学界对此不存在争议。②

关于自然人一般民事权利能力的法律适用,日本国际私法学界有以下两种观点:其一,大部分学者认为,在当今文明各国,每个自然人都应有一般民事权利能力,所以没有必要单独规定一般民事权利能力的冲突规范。一般民事权利能力的冲突规范作为确定自然人是否具有法律人格的准据法是毫无意义的,法律应该规定某些特定民事法律关系中自然人民事权利的法律适用问题。③ 其二,有部分学者认为,民事权利能力的冲突规范所采用的连结点具有固定性、稳定性及确定性,自然人的一般民事权利能力应与特殊民事权利能力区别开来,明确规定适

---

① 江川英文『国際私法(改訂版)』(弘文堂,1990年)71—73頁。桜田嘉章、道垣内正人『注釈国際私法(第1巻)』(有斐閣コンメンタール,2011年)97—102頁(早川吉尚)。
② 江川英文『国際私法(改訂版)〔有斐閣全書〕』(有斐閣,1957年)123頁;折茂豊『国際私法〔各論〕〔新版〕〔法律学全集〕』(有斐閣,1972年)2頁;山田鐐一『国際私法(第3版)』(有斐閣,2004年)176頁;溜池良夫『国際私法講義(第3版)』(有斐閣,2005年)257頁;桜田嘉章『国際私法(第5版)』(有斐閣,2006年)140頁;桜田嘉章、道垣内正人『注釈国際私法(第1巻)』(有斐閣コンメンタール,2011年)101—102頁。
③ 江川英文『国際私法(改訂版)〔有斐閣全書〕』(有斐閣,1957年)122頁;桑田三郎「権利能力,失踪宣告」『国際私法講座第2巻』(有斐閣,1955年)293頁,296—297頁;山田鐐一『国際私法(新版)』(有斐閣,2003年)174—175頁;溜池良夫『国際私法講義(第2版)』(有斐閣,1999年)245—247頁;木棚照一、松岡博、渡辺惺之『国際私法概論(第3版補訂版)』(有斐閣,2001年)91—92頁。

用本国法。① 关于《法例》中有没有权利能力法律适用的相关规定,日本学界同样存在两种不同观点:有的学者认为,从《法例》第 3 条第 2 款的保护与限制行为能力人在内国进行的交易的相关规定可以看出,《法例》第 3 条的"能力"指的就是"民事行为能力",关于权利能力的法律适用没有明文规定;② 也有学者认为,《法例》应该对每类法律冲突都予以规定,起草人用"能力"一词已经包括了"民事权利能力",③ 因此第 3 条也是"民事权利能力"的冲突规范。④

在《法例》修订之际,有两种不同方案:A 方案支持大多数学者的观点,主张没有必要就"一般民事权利能力"做出特别规定;B 方案支持少数学者的观点,主张明文规定"一般民事权利能力适用本国法"。⑤ 下面通过一则假设案例来分析一下甲乙两个方案的区别。

假设有一对夫妻,丈夫为日本人,妻子为西班牙人,二人生育一子。妻子于分娩 2 个小时后死亡,孩子于出生 10 个小时后死亡(根据日本的《国籍法》第 2 条第 1 款,父亲是日本人,则该子也至少取得了日本国籍)。关于该子能否成为其母的继承人,两种方案会得出不同结果。《法例》第 26 条规定,法定继承适用被继承人的本国法——西班牙法,

---

① 桜田嘉章『国際私法(第 3 版)』(有斐閣,2000 年)147—148 頁;澤木敬郎、道垣内正人『国際私法入門(第 4 版再訂版)』(有斐閣,2000 年)143 頁;道垣内正人『ポイント国際私法(各論)』(有斐閣,2000 年)160—161 頁。
② 桜田嘉章『国際私法(第 3 版)』(有斐閣,2000 年)147 頁。
③ 详细情况见法務大臣官房司法法制調査部(監修)『法典調査会法例議事速記録』(商事法務研究会,1986 年)59 頁。
④ 澤木敬郎、道垣内正人『国際私法入門(第 4 版再訂版)』(有斐閣,2000 年)143 頁;道垣内正人『ポイント国際私法(各論)』(有斐閣,2000 年)164 頁。
⑤ 山口弘一「権利能力の準拠法」『国際外交雑誌』12 巻 6 号(1914 年);久保岩太郎『国際私法論』(三省堂,1935 年)95 頁;溜池良夫『国際私法講義(第 3 版)』(有斐閣,2005 年)255 頁;道垣内正人『ポイント国際私法(各論)』(有斐閣,2000 年)159 頁;澤木敬郎、道垣内正人『国際私法入門(第 6 版)』(有斐閣,2006 年)167 頁;河野俊行「法適用通則法における自然人の能力」ジュリ 1325 号(2006 年)。

但根据西班牙法规定,要成为继承人,必须具备法律人格。根据 A 方案,该子是否具有一般民事权利能力,不能单独依据民事权利能力的冲突规范来确定,而应依据法定继承的准据法,即西班牙法。根据西班牙《民法》第 30 条,胎儿出生后需要存活 24 小时以上才能具有法律人格,故该子不能成为其母的继承人。与此相反,根据 B 方案,该子是否具有法律人格依据其本国法。如前所述,该子有日本国籍,根据日本《民法》第 1 条第 3 款,婴儿在出生后即有权利能力。该子出生后过了 10 个小时死亡,也具有民事权利能力。因此,该子可以成为其母的继承人。[①]

保护弱者原则是国际私法的一项重要原则。按照此原则的精神,日本关于一般民事行为能力的法律适用应该采纳 B 方案,即明确规定其适用本国法。世界各国采用与 B 方案相同或相近的国际私法立法的例子为数不少,如德国的《〈民法〉施行法》第 7 条、奥地利的《国际私法》第 12 条、意大利的《国际私法》第 20 条、瑞士的《国际私法》第 34 条等。[②] 但是,《通则法》没有采用 B 方案,而是将原《法例》中的"能力"限定为"民事行为能力",排除了民事权利能力的法律适用。

《通则法》没有就民事权利能力的法律适用做出特别规定,其原因至少有以下两点:一是《通则法》延续了《法例》的理念,默认民事权利能力应适用本国法,而无须在立法中赘述;[③]二是民事权利能力的法律适用规定已经隐含在其他冲突规范中,如果做出特别规定,既没有必要也可能引起法条之间的逻辑矛盾。例如,《法例》第 6 条和《通则法》第 6 条都规定了宣告失踪的冲突规范。宣告失踪制度可以产生法律所规

[①] 该案例援引别册 NBL 编集部『法の適用に関する通則法関係資料と解説』(商事法務,2006 年)119 頁。

[②] 法例研究会『法例の見直しに関する諸問題(3)——能力、法人、相続等の準拠法について』(商事法務,2004 年)8—9 頁。

[③] 澤木敬郎、道垣内正人『国際私法入門(第 6 版)』(有斐閣,2006 年)168 頁。

定的死亡效果,也称拟制死亡,这一条其实是民事权利能力丧失条件的冲突规范。① 有学者认为"宣告失踪制度有时会产生自然人的死亡或与死亡类似的法律效果,它关系到自然人是否具有法律人格……所以日本国际私法原则上规定适用当事人本国法"②。也有学者认为"宣告失踪制度只在一定范围内将失踪者当作死亡来对待,该失踪者的一般民事权利能力也随之消失,所以由《法例》第 6 条推导出一般民事权利能力的准据法是不妥当的,宣告失踪制度只是确定失踪者相关法律关系的制度,应适用最后的经常居所地法"③。《通则法》将宣告失踪制度与一般民事权利能力区别开来,没有规定宣告失踪适用当事人的本国法。如果就一般民事权利能力的法律适用做出特别规定,而依据其本国法,将会导致一般民事权利能力和宣告失踪在法律适用方面的冲突。④

二、自然人民事行为能力的法律适用

自然人的民事行为能力是自然人完全以自己的行为取得民事权利、承担民事义务的能力。⑤

(一) 法律关系及连结点

《法例》第 3 条第 1 款用了"人之能力"这一抽象表达形式,若做广

---

① 《法例》第 6 条规定,外国人生死不明时,法院可以按日本法律只对其在日本的财产及应受日本法律调整的法律关系,实行宣告失踪。
② 溜池良夫『国際私法講義(第 3 版)』(有斐閣,2005 年)266 頁;桜田嘉章『国際私法(第 4 版)』(有斐閣,2005 年)149 頁;澤木敬郎、道垣内正人『国際私法入門(第 6 版)』(有斐閣,2006 年)168 頁。
③ 山田鐐一『国際私法(第 3 版)』(有斐閣,2004 年)191 頁。
④ 澤木敬郎、道垣内正人『国際私法入門(第 6 版)』(有斐閣,2006 年)168 頁。
⑤ 该定义参考尾崎哲夫『法律用語がわかる辞典』(自由国民社,2005 年)221 頁。

义解释,"人之能力"可以理解为民事权利能力、民事行为能力(财产行为能力和民事行为能力)等。但是,日本很多学者认为《法例》第 3 条只是规定了自然人的财产行为能力。① 其原因有三:第一,《法例》第 3 条第 2 款有"实施法律行为"的表达,即民事行为能力的规定,同一法条中的不同条款中的名词应做一致解释,故第 1 款也可以解释为关于民事行为能力的规定。第二,学界普遍认为民事行为能力应该依照各种特殊身份行为的准据法。第三,精神失常者的民事行为能力受到限制,《法例》第 4 条和第 5 条对此都有特别规定。② 因此,《通则法》将《法例》第 3 条中的法律关系"能力"修改为"行为能力",使法条明确化,这有利于避免司法实践中因条文表述模糊不清而引发的争议。

《法例》第 3 条第 1 款关于自然人能力的法律适用采用本国法主义,《中间草案》第 1 条提出保留《法例》第 3 条第 1 款,采用本国法主义原则。在法制审议会上,关于自然人能力的法律适用问题分歧在于是采用以前的本国法主义,还是采用经常居所地法主义。最终法制审议会提出维持本国法主义,③原因有三:一是与经常居所相比,国籍作为连结点更具明确性;二是关于在日外国人行为能力的法律适用,原则上应该采用本国主义原则,只是需另外设定交易保护规定即可;三是《法例》第 3 条第 1 款中的"能力"可以解释为含有民事行为能力,以此为前提采用本国法主义要比经常居所地主义适合。从其他国家的国际

---

① 溜池良夫『国際私法講義(第 3 版)』(有斐閣,2005 年)272 頁;山田鐐一『国際私法(第 3 版)』(有斐閣,2004 年)202—203 頁;桜田嘉章『国際私法(第 4 版)』(有斐閣,2005 年)153—154 頁。
② 神前禎『解説 法の適用に関する通則法——新しい国際私法』(弘文堂,2006 年)28 頁。
③ 参见法制审议会国际私法(现代化关系)部会第九回(2004 年 1 月 13 日)、第十九回(2004 年 11 月 30 日)议事纪录。

私法立法来看,关于民事行为能力采用属人法的立法比较多,①而且作为连结点,国籍要比经常居所地更具明确性和稳定性。

(二) 交易保护规定的双边化

《法例》第 3 条第 2 款是关于交易保护的规定:外国人在日本实施法律行为,该外国人依照其本国法虽为无行为能力人,但依照日本法应为有行为能力人时,则不受前款规定限制,得被视为有行为能力人。由此可见,该交易保护的规定只适用于发生在日本的交易("外国人在日本实施法律行为"),属于内国交易保护规定。但是,学界主张实施更大范围内的行为地交易保护,交易保护不仅应适用于日本领土范围内,在外国实施的交易也要适用。② 法制审议会主要讨论了以下两个问题:一是《法例》第 3 条第 2 款的内国交易保护规定是否应该双边化;二是在制定交易保护规定时是否应该考虑法律行为主体的主观要件。《中间草案》提出两个方案:A 方案是将《法例》第 3 条第 2 款的内国交易保护规定双边化,在外国实施的法律行为适用行为地法进行保护;B

---

① 例如:德国《〈民法〉施行法》第 7 条第 1 款规定,自然人的权利能力与行为能力,适用该人所属国法律。在行为能力因缔结婚姻而得以扩展时,亦适用此规定。邹国勇:《外国国际私法立法精选》,中国政法大学出版社 2011 年版,第 5 页。意大利《国际私法》第 23 条第 1 款规定,自然人的行为能力依其本国法。法例研究会『法例の見直しに関する諸問題(3)——能力、法人、相続等の準拠法について』(商事法務,2004 年)29 頁。希腊《民法》第 7 条规定,行为能力依据行为能力人所属国家的法律。法例研究会『法例の見直しに関する諸問題(3)——能力、法人、相続等の準拠法について』(商事法務,2004 年)30 頁。波兰《国际私法》第 9 条第 1 款规定,自然人的权利能力与行为能力,适用该人所属国法律。法例研究会『法例の見直しに関する諸問題(3)——能力、法人、相続等の準拠法について』(商事法務,2004 年)30 頁。韩国《国际私法》第 13 条第 1 款规定,自然人的行为能力依其本国法。行为能力因缔结婚姻而得以扩展时,亦适用此规定。法例研究会『法例の見直しに関する諸問題(3)——能力、法人、相続等の準拠法について』(商事法務,2004 年)31 頁。

② 溜池良夫『国際私法講義(第 3 版)』(有斐閣,2005 年)276 頁;桜田嘉章『国際私法(第 4 版)』(有斐閣,2005 年)159 頁。

方案是维持保护内国交易。另外,在适用交易保护规定之时,是否应该考虑法律行为主体的主观要件也是一个问题。纵观世界其他国家的国际私法立法,既有不考虑法律行为主体的主观要件的,也有考虑法律行为主体的主观要件的。各国国际私法设立交易保护规定的立法例中,有许多国家考虑法律行为主体的主观要件,①但是,基于以下考虑,《通

---

① 《罗马公约》第11条规定,在同一国家的当事人之间订立的合同,如果根据该国法律规定一个自然人具有行为能力,那么只有当合同另一方当事人在订立合同时知道或者由于疏忽而不知道其无行为能力时,该自然人才可援引其按另一国家的法律无行为能力的事实;《关于合同之债法律适用的第593/2008号条例》(以下简称《罗马规则Ⅰ》)第13条规定,在同一国家的双方当事人订立的合同,依该国法律应属有行为能力的自然人,不得依据另一国法律主张其无行为能力,除非合同的另一方当事人在订立合同时明知或因疏忽而不知其无行为能力。邹国勇:《外国国际私法立法精选》,中国政法大学出版社2011年版,第339页。德国《〈民法〉施行法》第12条规定,如果一份合同系在位于同一国家的当事人之间订立,依照该国法律的实体规定具有权利能力、行为能力及交易能力的自然人,不得根据其他国家法律的实体规定主张自己无权利能力、无行为能力及无交易能力,除非其他的合同当事人在订立合同时知晓或者理应知晓其无权利能力、无行为能力及无交易能力。但该规定不适用于家庭法和继承法上的法律行为以及对位于其他国家境内的地产所做的处分行为。邹国勇:《外国国际私法立法精选》,中国政法大学出版社2011年版,第6页。意大利《国际私法》第23条第2款规定,对于任何同一国家境内的当事人之间缔结的合同,当事人依据合同缔结地国家的法律被认定为具有法定能力之人,只有在合同另一方当事人于缔结合同时明知其没有法定能力或由于他本人的过错而未注意到其没有法定能力之时,才可提出依据其本国法进行无行为能力的抗辩;第3款规定,对于单方行为,依据该行为实施地所在国法律被认为具有法定能力之人,只有在未对本身没有过错而相信该人具有实施此行为能力的其他国家公民造成不利之时,才可依据其本国法进行无行为能力的抗辩。瑞士《国际私法》第36条第1款规定,依照住所地法律为无行为能力的某一法律行为的当事人,如果依照法律行为实施地国家的法律为有行为能力,则不得主张自己无行为能力,除非他方当事人已知晓或理应知晓其无行为能力。邹国勇:《外国国际私法立法精选》,中国政法大学出版社2011年版,第149页。波兰《关于国际私法的法令》第12条第2款规定,订立合同的各方当事人均在同一国家时,依照该国法律具有订立合同能力的自然人,只有在他方当事人于订立合同时已知晓或因疏忽而未能知晓其无行为能力时,方可援引第11条第1款所指的法律主张自己无行为能力;实施单方法律行为的自然人,如果其依照行为实施地法具有行为能力,只有在不会使那些谨慎从事并且信赖实施法律行为者具有此种行为能力的人蒙受不利时,方可援引第11条第1款所指的法律主张自己无行为能力;第3款规定,第1、2款的规定不适用于家庭法、监护法、继承法方面的法律行为以及法律行为实施地国以外的其他国家境内的不动产的处分行为。《中国国际私法与比较法年刊》,北京大学出版社2012年版,第734—735页。加拿大《魁北克民法》第3086条规定,法律行为的一方当事人依其住所地国家的法律为无行为能力,而依法律行为他方当事人的住所地国家法律为有行为能力,且法律行为在此等国家成立的,则(转下页)

则法》没有考虑交易主体的主观要件:一是准据法的确定如果受当事者的主观因素所左右,就会影响准据法的明确性;二是认定行为对方是善意还是恶意、有无过失是很困难的,可能导致诉讼延迟。

《法例》第3条第2款的规定是一种单边的交易保护条款,保护对象仅限于在日本实施的交易,这种只保护内国交易的规定有悖于内外国法平等的国际私法理念。相比之下,《通则法》第4条第2款规定:"法律行为当事人依其本国法虽为限制行为能力人,但依其行为地法应为完全行为能力人时,限于该法律行为当时所有的当事人都处于同一法律所在地,该法律行为当事人则不受前款规定限制,将被视为完全行为能力人。"因此,《通则法》将其修改为双边的交易保护条款,即不管行为地在哪里,只要当事人在实施相关法律行为时在同一个国家或地区,且依该行为地法律当事人为完全行为能力人的,则当事人就应被视为完全行为能力人。这些规定既保护了未成年人,将网络交易排除在《通则法》第4条第2款的适用范围之外,[①]又使交易行为免受交易主体的主观因素影响。双边化的交易保护条款更能体现内外法律平等,更符合国际私法的基本理念,这也是日本国际私法现代化的体现。

(接上页)不得主张自己无行为能力,但他方当事人根据其与主张无行为能力的当事人的关系已经知悉或应当知悉该人的行为能力限制的,不在此限。徐国栋:《魁北克民法典》,中国人民大学出版社2005年版(电子版),第112页。https://www.taodocs.com/p-35693428.html,访问日期:2019年2月16日。韩国2001年修正的《国际私法》第15条第1款规定,在同一国家的当事人之间实施的法律行为成立时,即便该行为者根据其国家的法律为无行为能力之人,但根据行为地国家的法律为有行为能力的,不得主张其为无行为能力。但对方知悉实施法律行为时其为无行为能力之人,或应当知悉该人为无行为能力的,不在此限。法例研究会『法例の見直しに関する諸問題(3)——能力、法人、相続等の準拠法について』(商事法務,2004年)31頁。

① 神前禎『解説　法の適用に関する通則法——新しい国際私法』(弘文堂,2006年)32頁。

(三) 交易保护规定的例外

《法例》第 3 条第 3 款规定,依亲属法或继承法规定的法律行为,或有关在外国的不动产的法律行为,均不适用前款规定。有学者认为这一条款不用保留,法制审议会也讨论了是否应删除这一条款。①

日本将行为能力分为财产行为能力和民事行为能力,无论是《法例》还是《通则法》都没有排除民事行为能力的法律适用。因此,保留依亲属法或继承法规定不适用第 2 款交易保护规定是合理的。

关于外国不动产的法律行为是否不适用交易保护规定,法制审议会内部也有分歧,②有观点认为外国的不动产相关法律行为不适用交易保护规定缺乏合理性。③《中间草案》第 1 条第 2 款提议关于依亲属法或继承法规定的法律行为,不适用交易保护规定,而关于在外国的不动产的法律行为,适用交易保护规定。但是,《〈中间草案〉补充说明》第 12 页指出"通常情况下,不动产的买卖在不动产所在地国执行。如果当事人在不动产所在地以外的国家进行交易,即使适用交易地所在国家的法律保障交易的有效性,但不动产所在地国法律认定当事人没有行为能力的话,不动产交易也不能得到执行。这种情况下,一国保障交易有效性的法律和不动产所在地国的法律就会产生激烈冲突,反而

---

① 参见法制审议会国际私法(现代化关系)部会第九回(2004 年 1 月 13 日)、第十九回(2004 年 11 月 30 日)议事纪录。别冊 NBL 編集部『法の適用に関する通則法関係資料と解説』(商事法務,2006 年)116 頁。

② 在日本早年的学说上就有学者主张,即便是隔地法律行为也需要使用交易保护规定。山口弘一「能力の準拠法」『法学新報』48 卷 2 号(1938 年)。

③ 参见法制审议会国际私法(现代化关系)部会第九回(2004 年 1 月 13 日)、第十九回(2004 年 11 月 30 日)议事纪录及《〈中间草案〉补充说明》第 6 页。

不利于保障交易的有效进行。这也是不动产的相关法律关系不适用前款的立法理由"①。法制审议会对这个问题进行了民意调查,经过讨论后决定,在外国的不动产的法律行为仍然不适用该条第 2 款的交易保护规定。国外其他国家的国际私法立法中,也有相似规定。值得注意的是,各国关于"不动产的法律行为"的范围包含哪些还存在较大分歧。例如,日本认为"不动产的法律行为"包含了促成不动产买卖成立的合同法律行为和物权法律行为。② 德国通说认为在外国的不动产的法律行为,理论上一个是不动产债权的法律行为(合同),另一个是不动产物权的法律行为(处分行为),不适用交易保护规定的只有不动产物权的法律行为。③

第二节 禁治产宣告的管辖权和法律适用

《法例》第 4 条和第 5 条规定了"禁治产宣告"的法律适用。第 4 条规定:"1. 禁治产宣告的原因,依成年被监护人的本国法;其宣告效

---

① 別冊 NBL 編集部『法の適用に関する通則法関係資料と解説』(商事法務,2006 年)116 頁。

② 跡部定次郎「法例第 3 条の規定について」法学論叢 19 巻 4 号(1928 年);江川英文『国際私法(新版)』(有斐閣,2005 年)154 頁;久保岩太郎『国際私法概論(改訂版)』(岩松堂,1949 年)124 頁;折茂豊『国際私法〔各論〕〔新版〕〔法律学全集〕』(有斐閣,1972 年)26 頁;溜池良夫『国際私法講義(第 3 版)』(有斐閣,2005 年)278 頁;山田鐐一『国際私法(第 3 版)』(有斐閣,2004 年)210 頁。

③ Staudinger/Hausmann, 13. Aufl., Art 12 EGBGB,1999, Rn 42-43; Kegel/Schurig, Internationales Privatrecht, 8. Aufl., 2000, S. 481; Kropholler, Internationales Privatrecht, 4. Aufl., 2001, SS 312-313; Palandt/Heldrich, Bürgerliches Gesetzbuch, 6. Aufl., Art 12 EGBGB, 2005, Rn 6. 转引自北澤安紀「能力、親族、総則」ジュリスト 1292 号(2005 年)。

力,依宣告国法。2. 在日本有住所或居所的外国人,依其本国法有禁治产宣告的原因时,法院可以对其实行禁治产宣告。但日本法律不认许其原因时,不在此限。"第 5 条规定:"前条规定,准用于保佐及辅助开始的宣告。"《通则法》则明确规定为民事行为能力的宣告,用语比《法例》更加精炼,表述为:"法院可以依据日本法管辖在日本有住所或居所,或有日本国籍的成年被监护人、受保佐或受辅助之人的行为能力宣告。"

一、禁治产宣告的管辖权

禁治产的宣告[①]由特定法院管辖和宣告,各国关于禁治产宣告的管辖权和条件都各不相同。关于管辖权,一些国家规定属人管辖,一些国家规定属人管辖兼属地管辖。日本关于禁治产宣告的管辖权有三种学说:1. 日本绝大多数学者承认由被宣告人的本国管辖。[②] 2. 部分学者认为以被宣告人本国管辖为原则,被宣告人居住地管辖为例外。[③] 3. 在《法例》修订之际,有学者提出由被宣告人的财产所在地管辖。[④] 法制审议会上提出要重新认识禁治产宣告的管辖权,在《中间草案》第 2 条第 1 款提出以下三个管辖依据:1. 禁治产人在日本有"经常居所/住所"或"居所";2. 禁治产人在日本有财产;3. 禁治产人有日本国籍。

[①] 一些国家没有禁治产制度,但有宣告限制行为能力和宣告无行为能力制度。例如,《中华人民共和国民法通则》第 19 条规定,经利害关系人申请,人民法院可以宣告精神病人为无民事行为能力或者限制民事行为能力人。

[②] 溜池良夫『国際私法講義(第 3 版)』(有斐閣,2005 年)280 頁;山田鐐一『国際私法(第 3 版)』(有斐閣,2004 年)215 頁。

[③] 溜池良夫『国際私法講義(第 3 版)』(有斐閣,2005 年)281 頁;山田鐐一『国際私法(第 3 版)』(有斐閣,2004 年)216 頁。

[④] 神前禎『解説 法の適用に関する通則法——新しい国際私法』(弘文堂,2006 年)38 頁。

《中间草案》还提出了以下三个方案：A 方案是在第一种情况下实施管辖，B 方案是在第一或第二种情况下实施管辖，C 方案是在第一、第二或第三种情况下实施管辖。①

　　在对《法例》条文的解释上，学界一致承认禁治产人的"经常居所/住所"以及"居所"作为管辖权依据。经常居所或住所是禁治产人的社会生活关系的中心，在经常居所或住所进行宣告，可以正确把握其本人的现状，进而采取准确的保护措施。若禁治产人的居所在日本，有时需要对其进行紧急保护，承认日本有管辖权是合理的。但若采取 A 方案，也就是只将禁治产人的"经常居所/住所"或"居所"作为管辖依据的话，那将会出现以下难以解决的问题：一是在日本进行宣告禁治产时，从程序保障的角度来看，需要通过听取成年被监护人的陈述来确认其精神状态，②但对于在国外的成年被监护人来说，实施这些程序实属困难；二是实施双边司法协助程序需要花很长时间，所以想迅速进行审理不是一件容易的事；三是禁治产人在国外的时候，监护人对其财产实施监护事务也是一件困难的事情。③ 但是，禁治产制度是为了对禁治产人的财产进行监护和管理，法院不应将管辖依据限定为"经常居所/住所"或"居所"。如果禁治产人在日本有财产，就需要对其财产进行管理和处理，因此对禁治产人的财产所在地国也应该承认其有管辖权。此外，禁治产人保护和未成年监护不同，"经常居所/住所"国并非总是采取充分的保护措施，因此应该承认本国法院管辖，以免疏漏了对禁治产人的保护。④

---

　　① 小出邦夫『逐条解説・法の適用に関する通則法』（商事法務，2009 年）57 頁。
　　② 具体规定见『家事審判規則』第 24 条和第 25 条。
　　③ 別冊 NBL 編集部『法の適用に関する通則法関係資料と解説』（商事法務，2006 年）126 頁。
　　④ 参见法制审议会国际私法（现代化关系）部会第十次议事纪录。http://www.moj.go.jp/shingi1/shingi_040217-1.html，访问日期：2017 年 11 月 16 日。

也有不少学者提倡承认禁治产人的居住地管辖,同时也承认本国管辖。① 他们提出以下理由:1. 居住在外国的日本人,为了筹措医疗费用,需要将在日本的财产处理掉,为了监护人的选任需要民事行为能力的宣告;2. 居住在外国的日本人要短期回国,在日本有可能进行交易,为了内国交易的安全,需要禁治产人宣告;3. 任何情况下,这些日本的禁治产人宣告都不需要得到居住地国的承认;4. 未必可以在居住地国进行禁治产宣告,且居住地国的禁治产宣告未必能够在日本得到承认;5. 调查本人现状的困难不是法理上的问题,只不过是实际操作上的问题,没有理由否定本国法院管辖;6. 外国的调查即便很困难,但在信息交通技术发达的今天也能克服;7. 对在日本连最后住所和居所都没有的外国人进行由日本管辖的宣告失踪负担比较重,而调查居住在外国的日本人的心智状态相对来说其负担比较轻。因此,没有理由否定本国管辖,即没有理由否定由本国实施禁治产宣告的必要性和合理性。

《通则法》第 5 条对《法例》第 4 条和第 5 条进行了修订,规定法院可以依据日本法管辖在日本有住所或居所,或有日本国籍的禁治产人。根据这一规定,不管禁治产人国籍如何,只要禁治产人在日本有住所或居所,就认定日本有管辖权。或者,具有日本国籍时,即便没有居所,也可以在日本进行禁治产宣告。从切实保护被禁治产人利益和维护行为地交易秩序的角度来看,各国立法以及相关国际公约大多采用居住地管辖原则,并在此基础上将其他管辖原则作为补充依据,如国籍管辖、财产所在

---

① 木棚照一、松岡博、渡辺惺之『国際私法概論(第 4 版)』,(有斐閣,2005 年版),第 102 頁;田村精一「渉外禁治産・準禁治産の裁判管轄及び準拠法、外国禁治産宣告の効力」『講座・実務家事審判法(5)——渉外事件関係』(日本評論社,1990 年)93 頁;溜池良夫『国際私法講義(第 3 版)』(有斐閣,2005 年)283 頁;桜田嘉章『国際私法(第 5 版)』(有斐閣,2006 年)159 頁。

地管辖等。① 由此可见,日本的做法与国际上这一立法趋势基本是一致的。

二、禁治产宣告的法律适用

关于禁治产宣告的条件,多数国家规定对象为精神失常不能独立处理自己事务之人,一些国家规定了因酗酒或服用麻醉品使神智遭受严重损害之人,有些国家规定了消费无度者,还有些国家规定聋、哑、盲人也可以被宣布为禁治产人。

---

① 2000年《关于成年人国际保护公约》肯定了成年被监护人的常居所地国的原则管辖(第5条),同时也承认其本国的限定性管辖(第7条)。1959年法国《民法典国际私法法规(第二草案)》前加编之三第2条规定,人的身份和能力由他们的本国法支配,但以下保留条款规定的情况除外:无国籍人和难民适用他们的住所地法,即使法国法对此住所并无规定。http://www.law-walker.net/gjsf/Articleshow.asp?id=84,访问日期:2018年12月29日。德国《非讼事件程序法》第35b条,瑞士《国际私法》第85条第1款规定,在保护子女方面,有关瑞士法院或行政机关的管辖权、法律适用、外国判决或措施的承认与执行等问题,均适用1996年10月19日《关于父母亲责任与子女保护措施的管辖权、法律适用、承认、执行与合作的海牙公约》;第2款规定,在成年人保护方面,有关瑞士法院或行政机关的管辖权、法律适用、外国判决或措施的承认与执行等问题,均适用2000年1月13日《关于成年人国际保护公约》;第3款规定,此外,出于保护一人财产或其财产的需要,瑞士法院或行政机关可行使管辖权;第4款规定,在不属于本条第1款、第2款所指公约的缔约国的国家境内命令采取的措施,如果该措施是由子女或成年人的经常居所地国家采取或在该国家得到承认,则予以承认。邹国勇:《外国国际私法立法精选》,中国政法大学出版社2011年版,第159页。意大利《国际私法》第44条第1款规定,除第3条和第9条所列情形外,只要这种临时或者紧急的措施是保护所必要的,且无能力人或者其财产在意大利,那么意大利法院对这种保护成年无能力人的措施就有管辖权;第2款规定,根据第66条,如果一个有关外国人能力的外国裁决在意大利法律制度下发生效力,为了采取任何必要的改进或完善措施,意大利法院有管辖权。韩国《国际私法》第14条规定,法院对于在韩国有经常居所或居所的外国人,可以根据韩国法进行准禁治产及禁治产宣告。第48条规定,监护依被监护人本国法;对于与在韩国有经常居所或居所的外国人实施的监护,限以下情况依据韩国法:1.根据其本国法即便有监护开始的原因,却没有实施监护事务之人,或即便有实施监护事务之人,却不能实施监护事务时。2.在韩国进行准禁治产及禁治产宣告时。3.需要紧急保护被监护人时。法例研究会『法例の見直しに関する諸問題(3)——能力、法人、相続等の準拠法について』(商事法務,2004年)49頁。

（一）禁治产人宣告条件的准据法

日本对禁治产人的宣告条件重叠适用被宣告人本国法和日本法，采用本国法主义和法院地法主义相结合的模式。[①] 禁治产宣告条件的准据法之所以采用本国法主义，是因为禁治产宣告与人的民事行为能力有关，原则上是根据被宣告人确定的属人法。从条文上下文看，《法例》第4条与第3条关于自然人能力的法律适用采用的本国法主义保持了统一性。禁治产宣告条件根据禁治产人的本国法在日本法院进行宣告的话，可能损害日本的交易安全和公共秩序，为了避免发生此结果，《法例》第4条第2款规定重叠适用法院地国法律（日本法）。为了更加清楚地阐明这一问题，我们以下面这个案件为例。

案件的基本情况是：申诉人甲与事件本人乙系亲子关系，二人都具有韩国国籍，且均住在日本。乙于昭和四十六年（1972年）3月在日本被汽车撞伤，头部等处受损，意识不清，在A医院住院治疗。同年10月，乙被诊断为头部颈部外伤后遗症，有明显的精神障碍，所以时刻需要有人照顾。甲请求对乙进行禁治产宣告，选任甲为乙的监护人。[②]

本案是关于禁治产宣告条件的准据法重叠适用日本法的案件。甲与乙都具有韩国国籍，根据《法例》第4条和第5条的规定，宣告准禁治产之原因的准据法应依准禁治产人的本国法，所以本案件的准据法应依据乙的本国法——韩国《民法》。韩国《民法》第9条规定："对于有可能由于心神薄弱……家庭生活陷入困窘的人，法院必须根据其本人、

[①] 参见法務大臣官房司法法制調査部監修『法典調査会法例議事速記録』（商事法務研究会，1983 年）68 頁。

[②] 昭和四十六年（家）第910号、第911号禁治产及监护人选任上诉案件。本案判旨参见『家庭裁判月報』24 巻 10 号 113 頁，『判タ』283 号 348 頁；桜田嘉章、道垣内正人『国際私法判例百選（新法対応補正版）』（有斐閣，2007 年）40 頁。

配偶、四寸以内的亲属、①户主、监护人或监事的请求,进行限定治产宣告。"乙的精神状态属于脑外伤后痴呆,对事情的是非曲直、善与恶的辨识能力明显低下,因此也缺乏相应的行动能力。根据以上认定的事实,乙的心神状态不属于心神丧失,不能被看作禁治产人,但由于明显可以看出属于心神耗弱,故根据平成十一年修改前日本《民法》第11条宣告其为准禁治产人。韩国《民法》第9条中提到的"心神薄弱"等同于日本法的"心神耗弱","限定治产"即"准禁治产"的意思。因此,法院依据《法例》第4条,适用了韩国《民法》,宣布乙为准禁治产人。

由于禁治产宣告条件重叠适用被宣告人本国法和日本法,除非被宣告人本国法和日本法都认为具备宣告条件,否则法院不会宣告其为禁治产人。这种情况下,禁治产人有时会得不到保护。②法制审议会讨论了被宣告人本国法和日本法哪个优先的问题,最终决定通过日本法(法院地法)对被宣告人属人法(本国法)进行限制。这样考虑的原因在于非讼事件的实体法和程序法的密切关联性,将法院地法的日本法作为准据法是合适的,当法院地法和被宣告人属人法相冲突时,以日本法作为准据法,确实可以实现对禁治产人的保护。③

(二) 禁治产宣告效力的准据法

禁治产宣告效力通常适用宣告国之法律,因为宣告效力如果也依

---

① 在韩国,自己与父母之间为一寸亲属,自己与兄弟姐妹之间为二寸亲属,自己与叔伯之间为三寸亲属,自己与堂兄弟姊妹之间为四寸亲属。父亲那边的堂、表兄弟是"亲四寸",母亲那边的表兄弟叫"外四寸"。那么四寸以内的亲属,一般是指父母、亲兄弟姐妹、亲叔伯、亲姑母、爷爷奶奶。(女方家人不算,这里指的是亲属,是内寸,不是亲戚,不包括外寸。)

② 木棚照一、松岡博、渡辺惺之『国際私法概論(第4版)』(有斐閣,2005年)101頁;田村精一「渉外禁治産・準禁治産の裁判管轄及び準拠法、外国禁治産宣告の効力」『講座・実務家事審判法(5)——渉外事件関係』(日本評論社,1990年)94頁。

③ 別冊NBL編集部『法の適用に関する通則法関係資料と解説』(商事法務,2006年)129頁。

据被宣告人本国法,宣告效力将随当事人的国籍不同而不同,不利于禁治产宣告制度的确定性,有损于交易安全。[①] 因此,《法例》第 4 条第 1 款将禁治产宣告原因和效力的准据法区别对待,禁治产宣告原因原则上适用被宣告人本国法,而宣告效力一律适用宣告国之法律。在法制审议会修改《法例》的过程中,《中间草案》还提出禁治产宣告效力一律适用日本法的提议,并直接规定在《〈通则法〉草案》第 5 条。理由有以下三点:1. 保障交易安全;2. 在日本承认外国法的效力比较困难;3. 依据日本法可以对禁治产人进行实际有效的保护。[②]

禁治产宣告会实质性地影响自然人的民事行为能力,其效力及于成年人监护、保佐和辅助。根据《法例》第 24 条和第 25 条,关于居住在日本并被宣告为禁治产人的监管人、保佐人或辅助人的选任一律适用日本法。前述案例"昭和四十六年(家)第 910 号、第 911 号禁治产及监护人选任上诉案件"依据韩国《民法》第 9 条的规定宣告乙为禁治产人,而宣告条件和监护人的选任都适用韩国法,这属于冲突规范适用错误。[③] 本书认为这种错误的出现与《法例》第 4 条的相关规定有关,即将民事行为能力宣告的原因与效力区别适用不同准据法,这损害了法律适用的稳定性,增加了法律适用的难度。

一方面,从法的稳定性及适用难易度这一观点出发,民事行为能力宣告的原因与效力应该适用同一准据法;另一方面,由于是外国人而适用本国法,有可能损害内国交易安全,不能确保保护其本人的实效性。[④]

---

① 溜池良夫『国際私法講義(第 3 版)』(有斐閣,2005 年)285 頁。
② 別冊 NBL 編集部『法の適用に関する通則法関係資料と解説』(商事法務,2006 年)126 頁。
③ 池原季雄、早田芳郎『渉外判例百選(第 3 版)』(有斐閣,1995 年)47 頁。
④ 神前禎『解説 法の適用に関する通則法——新しい国際私法』(弘文堂,2006 年)41 頁;小出邦夫『法の適用に関する通則法の成立に至るまでの背景とその概要』法律のひろば59 巻 9 号(2006 年)。

因此，《通则法》第5条对《法例》第4条进行了修订。法院可以依据日本法管辖在日本有住所或居所，或有日本国籍的成年被监护人，以及受保佐或受辅助之人的行为能力宣告（统称为"民事行为能力宣告"）。不将民事行为能力宣告的原因与效力分开，均适用日本法，就不会产生原《法例》的法律适用冲突。

综上，《通则法》第5条与《法例》第4条相比，关于民事行为能力宣告的法律适用规定顺应了时代潮流，不仅在法律条文的形式上，而且在内容上更突显其合理性。这也体现了《通则法》立法技术的提高。

第三节　宣告失踪的管辖权和法律适用

《法例》第6条规定了宣告失踪："外国人生死不明时，法院可以按日本法律只对其在日本的财产及应受日本法律调整的法律关系，实施宣告失踪。"《通则法》对宣告失踪的冲突规范进行了全面修订，其第6条规定："1. 法院可以在最后确认失踪者尚存之时，对在日本有住所或有日本国籍的失踪者，依日本法宣告其失踪。2. 即使不符合前款规定，但符合下列条件之一的，法院仍然可以依日本法律宣告其失踪：失踪者在日本有财产的；与失踪者有关之法律关系应受日本法律调整的，或对照法律关系的性质、失踪者的住所或国籍以及其他情况与日本有关系的。"

一、宣告失踪的管辖权

无论从联系的密切程度，还是从方便诉讼的角度考虑，世界各国均认为，就宣告失踪案件而言，失踪者的国籍或住所是恰当的管辖标准。因此，宣告失踪案件大都由失踪者的国籍国法院或住所地法院管辖。《法例》第 6 条没有明确宣告失踪的管辖权，日本国际私法学者对此有两种对立的解释。① 根据传统的主流观点，《法例》第 6 条的规制对象是外国人，原则上由失踪者的本国法院管辖。如果失踪者是日本人，日本当然地享有管辖权。对于外国人在日本的财产和受日本法律调整的法律关系，日本在原则上也应具有管辖权。② 另一种观点认为，宣告失踪制度是为了便于失踪者的利害关系人确定失踪者的法律地位和财产上的法律关系，不应默认法院地就当然地享有管辖权，而应承认失踪者的住所或经常居所地国在原则上享有管辖权。③

《法例》第 6 条没有明确宣告失踪的管辖权，这也给日本的司法实践造成了困扰。通过以下案例，我们可以分析《法例》第 6 条规定的不足，也利于理解《通则法》对其修订的立法意图。本案的基本情况是：④

---

① 关于此争论的详细情况参见法制研究会『法例の見直しに関する諸問題(3)——能力、法人、継続などの準拠法について(別冊 NBL88 号)』(商事法務,2004 年)11 頁。

② 江川英文『国際私法(改訂版)』(有斐閣,1957 年)141 頁；溜池良夫「涉外人事非訟事件の諸相」『国際家族法研究』(有斐閣,1985 年)431 頁；木棚照一、渡辺惺之、松岡博『国際私法概論(修訂 3 版)』(有斐閣ブックス,2001 年)105 頁；桜田嘉章『国際私法(第 4 版)』(有斐閣,2005 年)147 頁。《〈法例〉修訂案》参考书也持该立场。

③ 山田鐐一『国際私法(第 3 版)』(有斐閣,2004 年)210 頁。

④ 昭和四十三年(1968 年)(家)第 9 号至第 11 号宣告失踪事件。本案件概要和判旨参見『家庭裁判月報』21 巻 10 号,122 頁；桜田嘉章、道垣内正人『国際私法判例百選(新法対応補正版)』(有斐閣,2007 年)36 頁。

申诉人 X 是死者 A 与前妻 B 的长女。Y_1 是 A 的后妻，Y_2 和 Y_3 是 A 与 Y_1 的两个孩子，均不知去向。日本人 A 在 1906 年与日本人 B 结婚后被派到美国工作，此时 B 已经怀孕。A 到美国后认识了美国人 Y_1，并与 Y_1 在美国的新泽西州同居。1913 年 4 月 9 日 A 和 B 协议离婚。之后，A 和 Y_1 生下 Y_2 和 Y_3。A 与 Y_1 在 1924 年 6 月 16 日登记结婚，并向日本驻纽约总领事递交出生证明，这样 Y_1 就取得了日本国籍，Y_2、Y_3 作为婚生子女也取得日本国籍，并和 A 的户籍登记在一起。由于第二次世界大战，A 被美国政府强制送回日本，归国后寄居在妹妹 D 的丈夫 E 在名古屋的家里，于 1957 年 3 月 8 日死亡。A 的妹妹 F 要处理已故父亲 G（Y_1 的公公，Y_2、Y_3 的爷爷）的遗产，通过外务省调查 Y_1、Y_2、Y_3 的所在，结果被告知 Y_1、Y_2、Y_3 于 1953 年前后卖掉了 A 和 Y_1 在新泽西州的住宅，移居别处之后就下落不明。申诉人 X 请求法院宣告 Y_1、Y_2、Y_3 失踪。

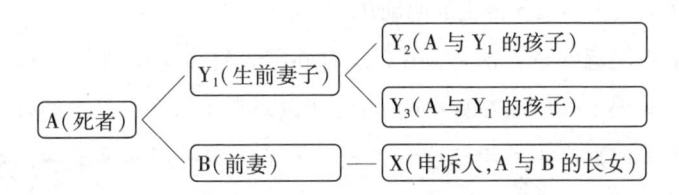

```
                    ┌─ Y₁(生前妻子) ┬─ Y₂(A 与 Y₁ 的孩子)
                    │               └─ Y₃(A 与 Y₁ 的孩子)
     A(死者) ───────┤
                    └─ B(前妻) ────── X(申诉人，A 与 B 的长女)
```

法院判决指出：失踪者 Y_1 因为通过结婚取得日本国籍，由于 A 的死亡解除了婚姻关系，自然就恢复了美国国籍。同时，Y_1 取得的日本国籍也不会丧失。失踪者 Y_2、Y_3 在 1924 年 11 月 30 日之前出生在美国，根据日本《国籍法》第 10 条规定，他们没有办理脱离日本国籍的手续，故可以说上述两位具有美国和日本的国籍。① 这样看来，上述 Y_1 仍然保留有日本国籍，所以宣告其失踪应依据日本

---

① 参照日本《国籍法》第 2 条第 1 号，美国《国籍法》第 201 条。

法。根据旧《法例》第 27 条第 1 款（现《通则法》第 38 条第 1 款）规定，①Y_2、Y_3 的宣告失踪应适用日本法作为其本国法。根据日本法律判断，上述三名失踪者自 1953 年以来就下落不明，所以法院对于 X 请求宣告上述三名失踪者失踪之事宜予以承认。②

根据日本《国籍法》，美国人 Y_1 与日本人 A 结婚后取得日本国籍，其子女 Y_2、Y_3 当然也是日本国籍。Y_1、Y_2、Y_3 具有日本国籍，不属于外国人的范畴，所以不能适用《法例》第 6 条。但是，Y_1、Y_2、Y_3 同时具有日本和美国国籍。根据明治二十三年法律第 97 号旧《法例》第 28 条第 1 款规定："当事人有两个以上的国籍，依据最后取得的国籍规定为其本国法，但其中一国籍为日本国籍时，则以日本法律为其本国法。"这样一来，事实上本案例还是按照日本法来对 Y_1、Y_2、Y_3 进行了宣告失踪。可见在对《法例》第 6 条的解释上"外国人"应该理解为"失踪者"。所以《通则法》第 6 条的用语均改为"失踪者"，因而这一条款不再只适用于"外国人"。这样在语言表述上显得更加明确化、规范化。

值得注意的是，《法例》第 6 条对外国人宣告失踪进行了规定，但其效力只限于外国人在日本的财产，所以对常年居住在日本的外国人，其在他国的财产不适用于这一条款。为了法律适用的确定性，涉外非讼案件的管辖权和准据法应该属于同一国家。日本学者关于宣告失踪的管辖权原则有两种不同观点，一些学者认为应以失踪者的国籍国管辖为原则，一些学者认为应以失踪者的住所地管辖为原则，这样都可以保证管辖权和法律适用国家的一致性。

《法例》第 6 条的模糊性导致司法实践中法院对条文解释的不一，

---

① 旧《法例》第 27 条第 1 款规定，应依当事人本国法时，当事人有两个以上的国籍，依据最后取得的国籍规定为其本国法，但其中一国籍为日本国籍时，则以日本法律为其本国法。樱田嘉章、道垣内正人『国际私法判例百选（第 2 版）』（有斐閣，2007 年）230 页。

② 樱田嘉章、道垣内正人『国际私法判例百选（第 2 版）』（有斐閣，2007 年）36 页。

不利于法律实务的开展。鉴于此,《通则法》第 6 条对宣告失踪规定做了很大程度的修改。

首先,第 1 款同时确定了住所地或居所地法院和国籍国法院原则上的管辖权,即"在最后确定失踪者尚存之时,失踪者在日本有住所或有日本国籍,法院可依照日本法宣告其失踪"。这一条款表明,《通则法》不仅适用于外国人,也适用于国籍为日本籍的失踪者。《通则法》第 6 条第 1 款将国籍和住所作为管辖依据具有相当的合理性,其原因在于:1. 失踪者有日本国籍时,其利害关系人在日本的可能性会很高,由宣告失踪带来的户籍管理也会容易解决,所以在日本进行宣告失踪具有实际利益;2. 失踪者在日本有"经常居所/住所"时,其利害关系人通常会集中在日本,在日本进行公示催告来确定失踪者的法律关系具有合理性。《通则法》第 6 条第 1 款的规定中使用了"住所",而没有使用"经常居所"的表达,是因为与之相关的《民事诉讼法》等既存立法中均使用了"住所"一词。①

其次,《通则法》第 6 条第 2 款规定了两个例外情况下的管辖权:一是失踪者在日本有财产的,日本法院可以以日本法对失踪者进行宣告失踪,即财产所在地管辖;二是与失踪者有关之法律关系应受日本法律调整的,或对照法律关系的性质、失踪者的住所或国籍以及其他情况与日本有关系的,法院可以以日本法对失踪者进行失踪宣告。《通则法》第 6 条第 2 款前半部分的规定与《法例》第 6 条的规定相同,这里不再赘述,但后半部分的规定删除了《法例》第 6 条中"应受日本法律调整的法律关系"的表述,将其改为"与失踪者有关之法律关系应受日本法律调整的,或对照法律关系的性质、失踪者的住所或国籍以及其他情况与日本有关系的",在一定程度上扩大了例外情况的范围。

———————————
① 小出邦夫『逐条解説・法の適用に関する通則法』(商事法務,2009 年)64 頁。

司法实践表明,《法例》例外情况范围受限严重可能使当事人利益受损。以下案例充分体现了《法例》修订的必要。外国人 X 和日本人 Y 是一对夫妻,在外国有同一经常居所地。X 于某天不知去向,Y 回到日本后,为了解除婚姻关系,Y 请求法院宣告 X 失踪。但是,因为婚姻关系的准据法不是日本法,日本法院以没有管辖权为由裁定驳回申请。这种结果显然是不合理的,学术界和实务界对这一条款也进行了严厉批判。① 纵观世界上其他国家关于宣告失踪的立法,除了原则上的国籍国管辖和住所地管辖之外,还承认例外情况下管辖,通常会用到"具有值得保护的利益时"这种表述。② 日本在审议会上也讨论了是否应该采用这样的表述,但有学者认为"值得保护的利益"概念不明确。经过审议会的讨论,最终在《中间草案》中具体写明了"值得保护的利益"所指代的内容:1. 有失踪者的财产时;2. 有以法院地法为准据法的法律关系时;3. 失踪者相关的法律关系与法院地有关系时等。这种扩大例外情况下管辖原因范围的做法与 1950 年 4 月 6 日的《关于失踪者死亡宣告公约》③的做法相似,公约规定失踪者最后的住所或居所、国籍、

---

① 例外情况下的管辖原因过于狭小,当事人的利益就会受到损失,应扩大例外情况下管辖原因的范围,保护当事人的利益。溜池良夫『国際私法講義(第 3 版)』(有斐閣,2005 年)263—264 頁。

② 例如:瑞士《国际私法》第 41 条第 1 款作为原则上的管辖肯定了住所地管辖,但该条第 2 款的"具有值得保护利益时",学界解释为"主要是以在外国的瑞士人或在瑞士有财产的外国人(在瑞士无住所地)为对象"。法例研究会『法例の見直しに関する諸問題(3)——能力、法人、相続等の準拠法について』(商事法務,2004 年)16 頁。还有德国《失踪法》第 12 条第 2 款的"正当利益"的具体内容据说是参考了该法旧版第 12 条第 2 款到第 4 款的规定。旧《失踪法》第 12 条第 2 款到第 4 款举出了以下例外原因:1. 失踪者为外国人,且具有依德国法的法律关系(婚姻、继承)(第 2 款);2. 失踪者为外国人,且在内国有财产时(第 2 款);3. 失踪者为外国人或无国籍人士,且上诉人为失踪者配偶,在德国居住的德国人时(第 3 款);4. 失踪者为在德国出生,丧失德国国籍的原德国人时。法例研究会『法例の見直しに関する諸問題(3)——能力、法人、相続等の準拠法について』(商事法務,2004 年)15 頁。

③ 为了澄清第二次世界大战中许多失踪者的命运,1950 年 4 月 6 日联合国大会通过了《失踪者死亡宣告公约》。只有七个国家批准了此公约,日本不在其中。

财产所在地、死亡地以及申述人的住所地或居所地均可作为法院行使管辖权的依据。

综上，《通则法》第 6 条关于失踪宣告的管辖权规定在法律条文的措辞上显得更加清晰和准确，在内容上更加全面且更具合理性。在立法修订之际，《通则法》结合本国国情考虑到与本国实体法规定的统一，使用"住所"而不用"经常居所"。法制审议会还借鉴国际社会的国际私法立法，吸取其有益经验，弥补本国《法例》的不足。这无不体现了日本国际私法的现代化，其立法技术不断提高，与国际接轨程度也更高。

二、宣告失踪的法律适用

在日本国际私法上，宣告失踪是推定或拟制人死亡的制度。[①] 宣告失踪关系到自然人权利能力的消失，自然人的权利能力一般适用属人法。因此，宣告失踪原则上应依据失踪者的本国法。《法例》第 6 条规定"外国人生死不明时，法院可以按日本法律只对其在日本的财产及应受日本法律调整的法律关系，实行宣告失踪"，这表明外国人在日本宣告失踪的法律要件和法律效力的准据法都是日本法。[②] 根据《法例》的规定，日本法院对宣告失踪的管辖有一般管辖权和例外管辖权。在法院行使一般管辖权的情况下，宣告失踪的法律要件和法律效力的准据法和法院地国是一致的，日本仍然遵循宣告失踪适用失踪者本国

[①] 溜池良夫『国際私法講義（第 3 版）』（有斐閣，2005 年）258 頁；山田鐐一『国際私法（第 3 版）』（有斐閣，2004 年）191 頁。

[②] 別冊 NBL 編集部『法の適用に関する通則法関係資料と解説』（商事法務，2006 年）132 頁。

法(国籍国法或住所地法)的办法。法院在例外情况下对宣告失踪进行管辖,此时失踪者本国法与日本法不一致,宣告失踪的法律要件和法律效力适用法院地法(日本法)。

外国人下落不明之后导致与其相关的法律关系的不确定,法院在例外情况下对宣告失踪进行管辖,目的是将外国人的财产关系、人身关系等确定下来。因此,宣告失踪不仅仅产生了拟制死亡的直接效果,而且还产生了间接的法律效果,如婚姻关系的解除和继承的开始。日本学术界普遍认为,宣告失踪是为了将与失踪者相关的法律关系确定下来,其法律效果不仅仅是拟制死亡,还会影响到婚姻关系的存续和继承的开始,而这些也应该适用日本法。① 也有部分学者反对将宣告失踪的法律效力分成直接法律效力与间接法律效力的一般提法,认为法院不管是行使一般管辖权还是例外情况下的管辖权,宣告失踪的法律效力都只限于拟制死亡,而拟制死亡导致的解除婚姻、继承等问题,应该分别适用婚姻、继承的冲突规范。②

如果宣告失踪的法律效果不仅仅是拟制死亡,还有婚姻解除和继承的间接效果。那么,宣告失踪产生的间接效果可能会导致非常不合理的法律适用情形。我们假设日本的公民 A 在 F 国拥有休假或投资用的公寓,其配偶 B 因为 A 长期下落不明,在 F 国法院申请宣告 A 失踪。F 国依据 A 在其国家有财产而行使管辖权,最终 A 被宣告失踪,并且法院将 A 的婚姻关系和财产继承问题也适用 F 国法律做出裁判。而日本不会承认 F 国的宣告失踪的间接效果。同理,《通则

---

① 溜池良夫『国際私法講義(第 3 版)』(有斐閣,2005 年)267 頁;山田鐐一『国際私法(第 3 版)』(有斐閣,2004 年)198 頁。

② 実方正雄『国際私法概論(再訂版)』(有斐閣,1953 年)118 頁;道垣内正人『ポイント国際私法(各論)』(有斐閣,2000 年)165 頁;神前禎「失踪宣告の国際効力——例外管轄の場合の間接の効果に関する覚書」『学習院大学法学会雑誌』33 卷 2 号(1998 年)。

法》第 6 条第 2 款如果涉及宣告失踪的间接法律效果，日本法院在宣告失踪后依据日本法对被宣告人的婚姻、继承问题所做的判决，也会出现假设中的不合理之处。例如，在日本拥有投资财产的外国人去向不明，但其利害关系人不是集中在日本，而是集中在其最后居住地所在的其他国家。

在《通则法》制定的过程中，《〈中间草案〉补充说明》采用了第二种观点，并将其调整为"法院不管依据哪些原因行使管辖权，宣告失踪的法律效力都只限于直接的法律效力，即拟制死亡，不涉及婚姻关系解除、继承开始等"。

综上所述，《法例》第 6 条将宣告失踪的管辖权和法律适用不做区别对待，而且例外情况管辖的范围受限严重，这些都阻碍了宣告失踪制度在司法实践中的发展，不利于保护失踪者及其利害关系人的利益。《通则法》第 6 条则将宣告失踪的管辖权和法律适用区别对待，而且扩大了宣告失踪例外情况下管辖的范围，明确了例外管辖的条件。《通则法》第 6 条关于失踪宣告的管辖权规定在法律条文的措辞上显得更加清晰和准确，在内容上更加全面、更具合理性。这是日本国际私法立法技术成熟，走向现代化的体现。

第四节　监护制度法律适用争议

监护是对无人行使亲权的未成年人、无行为能力人和限制行为能力人的人身、财产以及其他合法权益实行监督和保护的一种法律制度。《法例》第 24 条和第 25 条规定了监护、保佐、辅助的法律适用，第 24 条规定:"1. 监护,依被监护人本国法。2. 在日本有住所或居所的外国人的监护,限于虽依其本国法有监护开始原因,但无行使监护事务者,以及于日本有禁治产宣告的情形,依日本法律。"第 25 条规定:"前条规定,准用于保佐及辅助。"《通则法》第 35 条将"监护、保佐、辅助"统称为监护制度,其内容修改为:"1. 监护、保佐或者辅助(以下总称'监护')适用被监护人、被保佐人或被辅助人(以下总称'被监护人')的本国法。2. 不受前款规定所限,当被监护人等是外国人时,如有以下情形,监护人、保佐人或辅助人选任以及其他监护相关的宣告,皆适用日本法:(1) 该外国人虽依其本国法存在被监护的原因时,而在日本国内无人行使监护的。(2) 在日本进行有关该外国人的行为能力宣告的判决。"本节将从监护制度法律条文的修订历程来分析监护制度的变化情况,结合监护制度相关国际公约的发展动向,探究日本在监护的法律适用方面的现代化立法进程。

一、《法例》中监护制度的第一次修订

明治三十一年旧《法例》第 23 条规定:"监护,依被监护人本国法;在日本有住所或居所的外国人的监护,限于虽依其本国法有监护开始原因,却无行使监护事务的,以及于日本有禁治产宣告的,依日本法律。"[1] 20 世纪末的日本已呈现出老龄化社会的特征,为了适应高龄社会的状况及健全残疾人福利制度,日本国会于平成十一年 12 月 1 日通过了《关于部分修改〈民法〉的法律》《任意监护合同法》《监护登记法》和《关于伴随施行〈关于部分修改《民法》的法律〉修改有关法律的法

---

[1] 樱田嘉章、道垣内正人『国際私法判例百選(第 2 版)』(有斐閣,2012 年)258 頁。

律》等民事法律,并于平成十二年4月1日实施。与此相适应,日本对《法例》第3、4、5、23、24条等关于自然人的条款(关于禁治产、准禁治产、无民事行为能力等词句)也进行了部分修改。明治三十一年旧《法例》的监护制度是在剥夺或限制成年人行为能力的基础上设计的,因而监护措施过于僵化,不能满足判断能力较弱的成年人的多层次保护需求。为了最大限度地实现个人自主权,法律应该增加保护类型,成年人保护的方式必须根据保护对象辨识能力的不同程度采取不同的保护模式。因此,日本政府为了更好地保护判断能力较弱的痴呆性高龄老人、智能残疾人等人员,将禁治产、准禁治产制度更改为监护、保佐与辅助制度。

平成十一年修订的《法例》在条文表述上做了相应的调整,以往的第23条更改为第24条,内容修订为"监护,依被监护人本国法;在日本有住所或居所的外国人的监护,限于虽依其本国法有监护开始原因,却无行使监护事务的,以及于日本有禁治产宣告的,依日本法律"。以往的第24条更改为第25条,内容修订为"前条规定,准用于保佐及辅助"。

二、《通则法》中监护制度的第二次修订

《通则法》对监护制度进行了较大程度的修改。形式上,《通则法》将保佐和辅助同监护合并在一起进行了规定,总称"监护制度"(日语称作"後見等"),《通则法》第35条替代了《法例》的第24条和第25条。内容上,有两处进行了实质性修改:其一,《法例》第24条第2款以"在日本有住所或居所的外国人"为对象,而《通则法》第35条第2款却没有此限定,只规定了"外国人",也就是删除了"在日本有住所或居

所的"这样的限定；其二，《法例》第 24 条第 2 款仅仅用了"无行使监护事务者"这样一个表述，而《通则法》第 35 条第 2 款同样的规定前加了"在日本"这样的限定，即"在日本国内无人行使监护的"。那么，《通则法》为什么在形式上和内容上做如此修改呢？

形式上将以前的两条内容统合成一条的原因在于：国际私法上的监护、保佐及辅助都是通过弥补那些能力受限且不服从父母的受监管、教育之人的判断能力，而对其生命、身体、自由、财产等权利进行保护的制度。① 在这一点上三者没有本质差异，所以这三者应该有一样的连结点。因此，《通则法》就没必要将其分成两个条文进行规定了。②

内容上之所以如此修改，主要有以下两个方面的原因：

第一，对外国人行使监护，日本法院理应具有管辖权。《法例》第 24 条第 2 款规定了"在日本有住所或居所的外国人"，而《通则法》第 35 条第 2 款第 1 项删除了"住所或居所"要件，只用"外国人"这样一个表述。根据当时《法例》起草人的观点，《法例》第 24 条规定了管辖权，外国人原则上受本国管辖，日本只在例外情况下有管辖权。他们认为例外情况是被监护人必须居住在日本，故加上了"在日本有住所或居所的"这样一个限定。③ 但此后随着时代的变迁，学界多数人认为，监护制度的法律适用问题和管辖问题需要分开考虑，为了迅速地对被监护人提供保护，保护被监护人居所地的社会利益，原则上应承认被监护

---

① 国際法学会『交際私法講座 II 巻』（有斐閣，1955 年）630 頁；折茂豊『国際私法（各論）』（有斐閣，1972 年）401 頁；山田鐐一『国際私法（第 3 版）』（有斐閣，2004 年）544 頁；桜田嘉章『国際私法（第 5 版）』（有斐閣，2006 年）306 頁。

② 折茂豊『国際私法（各論）』（有斐閣，1972 年）411 頁；山田鐐一『国際私法（第 3 版）』（有斐閣，2004 年）554 頁；桜田嘉章『国際私法（第 4 版）』（有斐閣，2005 年）293 頁。

③ 法務大臣官房司法法制調査部監修『法典調査会法例議事速記録』（商事法務研究会，1986 年）164 頁。

人的居所地国和经常居所地国的管辖。① 在制定《通则法》时,法制审议会也采用了同样观点,因而监护制度不用明文规定管辖权。② 即便在日本没有住所或居所,以在日本有财产为由,也不能否认日本有管辖权。因此,就没有必要在冲突规范中保留该限制,故将"在日本有住所或居所的"这样的限制表述删除了。③

第二,《法例》行使监护的要件在表述上缺乏明确性。《通则法》第35条第2款第1项规定"在日本无人行使监护时",比《法例》规定的"无人行使监护时"更为明确。由于《法例》规定的模糊性,学界和实务界对于外国人在其本国有人行使监护是否符合该要件存在较大争议。折茂豊认为依据被监护人本国法有人行使监护时不符合该要件,④山田镣一和溜池良夫认为即便外国人在其本国有人行使监护,只要在日本没有人行使监护,同样符合该要件。⑤ 未成年的外国人监护开始原因发生时,监护人原则上应在其本国选任。如果其本国没有为该被监护人选定监护人,也就是所谓的"无人行使监护时",为了保护被监护人利益,有时也需要在日本选定执行监护事务的监护人。在现实生活中,即便外国被监护人在国外已经被指定监护人,该监护人也可能无法给予被监护人及时的保护。也有在外国选任的监护人在日本行使监护

---

① 佐藤やよひ「涉外後見立法試論」国際私法年報1号(1999年);小出邦夫『逐条解説・法の適用に関する通則法』(商事法務,2009年)339頁;山田鐐一『国際私法(第3版)』(有斐閣,2004年)551頁;木棚照一、松岡博、渡辺惺『国際私法概論(第3版補訂版)』(有斐閣,2001年)247頁。

② 小出邦夫『逐条解説・法の適用に関する通則法』(商事法務,2009年)340頁。

③ 神前禎『解説 法の適用に関する通則法——新しい国際私法』(弘文堂,2006年)183頁;小出邦夫『逐条解説・法の適用に関する通則法』(商事法務,2009年)331頁。

④ 折茂豊『国際私法(各論)』,有斐閣1972年版,第407頁。

⑤ 山田鐐一『国際私法(第3版)』(有斐閣,2004年)548頁;溜池良夫『国際私法講義(第3版)』(有斐閣,2005年)529頁。

的例子,如昭和三十三年(1958年)7月9日东京高级法院判决的玛丽安奴事件(日文:マリアンヌちゃん事件)即为一例。① 本案的基本情况是:有瑞典籍母子二人住在日本,母亲死亡时将其未成年的孩子玛丽安奴托付给一位日本人抚养,但瑞典国内的法院也选任了监护人,该监护人依据瑞典法要求将孩子送回瑞典,该请求得到日本法院的许可。因此,在解释"无人行使监护时"时,不管在外国有没有人行使监护事务,还是应该考虑在日本有没有行使监护事务之人。《通则法》明确"在日本国内无人行使监护的",也是为了及时给予被监护人以保护。

根据以上讨论,《中间草案》第10条关于监护制度做了以下提案:"《法例》第24条第2款关于对外国人的监护,根据日本法由法院选任的监护人及效力,需满足以下条件:1. 根据被监护人的本国法,存在监护开始的原因,且日本没有行使监护事务之人时;2. 在日本存在对被监护人进行禁治产宣告时。"②这一提案得到多数人支持,《国际私法现代化纲要》第8条提出了和《中间草案》第10条类似的提案。不过不同的是,《国际私法现代化纲要》第8条将适用日本法为准据法的适用范围规定为"法院选任监护人及其效力",而《通则法》将其修改为"监护人、保佐人或辅助人选任的宣告以及其他监护相关的宣告"。其原因如下:第一,《国际私法现代化纲要》只提出"监护人的选任及其效力"作为《通则法》第35条第2款适用对象,但作为应该代表同款适用对象的事项,不仅仅是监护人的选任,还包含了监护监督人的选任③及

---

① 家庭裁判月报10卷7号,29页。
② 别冊NBL编集部『法の適用に関する通则法関係資料と解説』(商事法務,2006年)103页。
③ 参见日本《民法》第894条规定,被继承人可以随时请求法院撤销推定继承人的废除,前款规定准用于推定继承人的废除的撤销。刘士国、牟宪魁、杨瑞贺译:《日本民法典》,中国法制出版社2018年版,第226—227页。

居住用不动产的处理许可等①。另外,《通则法》决定将保佐、辅助与监护通过同一条文规定,所以保佐及辅助的宣告也应该规定为《通则法》第35条第2款的适用对象。故《通则法》第35条第2款的规定列出监护人、保佐人或辅助人选任的宣告之后,又明示了其适用对象为所有监护等相关的宣告。第二,《国际私法现代化纲要》为了明确该特殊的冲突规范的适用对象为法院等公共机关采取的保护措施,采用了"由法院"这个表述。《通则法》第35条第2款删除了这个表述,因为通过使用"宣告"这个词语,该条款的适用对象是由法院采取的保护措施这一点已经很明确了,"宣告"这个词和第5条一样意味着宣告的原因及效力,故使用该词语来表达关于监护人等的选任及其效力都可以适用本款。②

三、世界各国监护制度法律适用之比较

各国处理涉外监护关系法律冲突的准据法主要有以下几种:

1. 被监护人属人法

鉴于监护制度的设立以被监护人行为能力的缺陷为条件,以维护被监护人的人身权益为主要目的,绝大多数国家都主张以被监护人的属人法作为涉外监护关系的准据法。例如,1961年《关于未成年人保护的管辖权和法律适用的公约》③就以被监护人的经常居所地法作为

---

① 参见日本《民法》第859条之三规定,成年人监护人代替成年人被监护人,对供其居住的建筑及用地进行变迁、租赁、租赁的解除或者抵押的设定及与此相当的其他处分时,须得到家庭法院的许可。刘士国、牟宪魁、杨瑞贺译:《日本民法典》,中国法制出版社2018年版,第211页。
② 小出邦夫『逐条解説・法の適用に関する通則法』(商事法務,2009年)315頁。
③ 1961年10月5日海牙国际私法会议签订。

准据法。

对于被监护人属人法的具体运用,各国的做法不尽一致,不少国家将被监护人属人法作为涉外监护关系唯一的准据法,适用于涉外监护关系的任何领域。但也有部分国家将被监护人的属人法作为处理涉外监护关系的一般原则,并辅之以监护人的属人法或法院地法,用于解决不同领域涉外监护关系的法律冲突。

2. 监护人的属人法

在一些国家的立法中,涉及监护人监护义务的法律冲突,以监护人的属人法作为准据法。例如,1979年匈牙利《国际私法》第48条第2款规定:"监护人执行监护义务的范围,适用监护人的属人法。"

3. 法院地法

有关监护人和被监护人之间的关系,一些国家的立法主张以法院地法或有关机关的所在地法为准据法。例如,捷克共和国《关于国际私法的法律》第36条规定:"监护人与被监护人之间的法律关系,适用监护法院和监护机关所在地国的法律。"

日本《通则法》为了及时保护被监护人的利益和保护被监护人居所地的社会利益,在处理外法监护关系法律冲突时,还是以被监护人属人法为原则,并辅之以法院地法处理涉外监护中的特殊关系,符合国际社会大多数国家的做法,相比《法例》的规定是一大进步。

本章小结

本章通过对《法例》和《通则法》中自然人民事能力的管辖权和法律适用问题进行对比分析,梳理了《法例》中自然人能力相关规定的不足与缺憾,概括总结了《通则法》在此方面的现代化体现。主要表现在以下几个方面:

第一,为了保护未成年人的利益(保护弱者原则),《通则法》在自然人民事行为能力的法律适用方面,将交易保护条款的冲突规范双边化,这样更能体现内外国法律平等,更符合国际私法的基本理念。

第二,《通则法》在民事行为能力宣告的法律适用方面,没有将民事行为能力宣告的原因与效力分开,均适用日本法,这样可以更好地保护内国交易,进而确保权利保护的有效性。

第三,在失踪宣告的法律适用方面,《通则法》将管辖权与法律适用分开,符合现代国际私法的发展趋势。

第四,在监护制度的法律适用方面,《通则法》为了及时保护被监护人的利益和被监护人居所地的社会利益,除了原则上适用被监护人本国法之外,还规定在其他特殊情况下适用日本法,即"法院地法",充分体现了国际私法保护弱者的原则。另外,日本法学界密切关注与监护的法律适用相关的国际公约的发展动向,力求与国际公约相关规定保持一致,这也充分体现了日本国际私法立法考虑到国际私法统一化的趋势。

第三章
法律行为领域的法律适用问题

日本国际私法中的"法律行为"①不仅包括了"合同行为",还包括了"单方民事法律行为"。《通则法》在"法律行为"的法律适用方面,仍然首先采用当事人意思自治原则的主观性法律选择方法,②同时也明确规定了一些特殊合同的客观性法律选择方法,③在消费者合同和劳动合同中增加了强制性规范。客观性连结因素能够增强"法律行为"领域法律适用的确定性,在消费者合同和劳动合同中引入强制性规范也有其客观需求。本章将通过对《通则法》和《法例》在"法律行为"领域的法律适用进行对比分析,结合日本学者的研究成果和司法实践,探

---

① "法律行为"一词源于德国民法典,萨维尼给出的定义是"行为人创设其意欲的法律关系而从事的意思表示行为"。大多数学者也都接受了这一定义。邹国勇:《外国国际私法立法选择》,武汉大学出版社2017年版,第112页。在我国,1986年的《民法通则》并未直接采用"法律行为"这一概念,而是采用了"民事法律行为"和"民事行为"这两个概念。在制度设计规定上,民事法律行为是合法的行为。《民法通则》第54条规定:民事法律行为是公民或者法人设立、变更、终止民事权利和民事义务的合法行为。

② 关于当事人意思自治的原则与客观适用最密切联系地法的手法的异质性,参见澤木敬郎、道垣内正人『国際私法入門(第6版)』(有斐閣,2006年)194页,作者认为"由当事人意思自治决定的准据法,不能保证确保适用最密切联系地法,在萨维尼型的国际法私法中引进了与起源不同的原则,有这样的认识是很重要的"。

③ 这次修改后的《法例》,即《通则法》的第8条是新设的,并不是像前《法例》第7条第2款那样采用补充性的推定意思主义,而是明白地引进了客观性连结。别册NBL编集部『法の適用に関する通則法関係資料と解説』(商事法務,2006年)52页。该页所采用的"(3)当事人没有选择准据法情况下的客观连结"如此一个小标题,充分说明了上述问题。

讨这些修订内容是否顺应了国际私法现代化趋势,对日本国际私法理论和实践产生了何种影响。

第一节 法律行为成立及效力的法律适用

民事法律行为,又称法律行为,具有引起民事法律关系产生、变更或者终止的作用,是法律事实的一种。法律行为在各国可能有不同的内涵和外延,这就造成了法律行为的法律冲突,这种法律冲突主要表现为构成法律行为的实质要件和形式要件方面的冲突。

一、日本国际私法中"法律行为"的内涵和外延

《法例》第 7 条规定:"关于法律行为的成立及效力,按当事人的意思,确定应依何国的法律;当事人意思不明时,依行为地法。"条文中使用了"法律行为"这一表述,但《法例》第 10 条与物权行为相关,第 13 条至 25 条与亲属关系、遗嘱和继承相关的法律行为都系单独的明文规定,所以《法例》第 7 条的"法律行为"应该不包括以上法律行为。[①] 根据日本的法律日语辞典,"法律行为"包含了契约、单方民事法律行为

[①] 山田鐐一『国際私法(第 3 版)』(有斐閣,2004 年)325 頁;溜池良夫『国際私法講義(第 3 版)』(有斐閣,2005 年)364 頁;桜田嘉章『国際私法(第 5 版)』(有斐閣,2006 年)207 頁;澤木敬郎、道垣内正人『国際私法入門(第 6 版)』(有斐閣,2006 年)193 頁。

(日语称作"单独行为")①、合同行为②。在法律效力等级方面,通常遵循特殊法优于一般法的原则,所以仅仅通过《法例》第 7 条的规定,难以确定其适用范围。③

由于"法律行为"的概念容易混淆,日本法学界有学者曾主张应将"法律行为"的表述改成"契约"。④ 在《法例》修订之际,法制审议会也讨论了是否应将《法例》第 7 条的"法律行为"改为"契约"。但是,《中间草案》继续采用了"法律行为"的表述。法制审议会在讨论后认为,如果采用"契约"这个概念,那么还需要对"法律行为"所包含的单方民事法律行为、合同行为另行规定,这是一件存在广泛争议的事情。⑤ 例如,在实体法上,有的国家将赠与认定为单方民事法律行为,而有的国家将赠与认定为契约。《中间草案》维持了《法例》第 7 条中的"法律行为"表述,这是学术界与实务界经过多次商议后的结果,也是法制审议会国际私法(现代化)部会经过民意调查后做出的决定。并且,在日本

---

① 单方民事法律行为,又称一方行为、单独行为,是指根据一项意思表示就可成立的民事法律行为。这种行为仅凭一方的意思表示,不需要他人同意,只要不违反法律规定,即可产生法律效力。单方民事法律行为可分两类:1. 有相对人的单方行为,又称相对的单方行为。指向相对人做出意思表示,但不需要相对人承诺,民事法律行为即能成立。如民事法律行为的撤销、债务的免除、追认代理权等。2. 无相对人的单方行为,又称绝对的单方行为。指无须向相对人做出意思表示,民事法律行为即能成立。如立遗嘱、刊登悬赏广告、继承人放弃继承等。此类单方民事法律行为所包含的意思表示一经做出即可生效。

② 参见自由国民社『図解による法律用語辞典(補訂 2 版)』(自由国民社,2005 年)232—233 頁。但在我国国际私法上,一般将契约看作合同。

③ Neuhaus, Paul Heinrich(著)桜田嘉章(訳)『国際私法の基礎理論』(成文堂,2000 年)262 頁。

④ 以《罗马公约》为首的近代的立法中也使用"合同"这一表达,详细情况见法例研究会『法例の見直しに関する諸問題(1)——契約・債権譲渡等の準拠法について』(商事法務,2003 年)10 頁;国際私法立法研究会「契約、不法行為等の準拠法に関する法律試案(一)」『民商法雑誌』112 巻 2 号(1995 年);中野俊一郎「法例 7 条をめぐる解釈論の現状と立法論的課題」ジュリスト1143 号(1998 年)。

⑤ 参見「法適用通則法の成立をめぐって(座談会)」ジュリスト1325 号(2006 年)。

的法律实务中,继续采用"法律行为"这个表述没有产生特别的法律适用障碍。①

国际公约以及其他国家的国际私法立法中采用"法律行为"表述的寥寥无几,大多数国家明确将其规定为"契约"的法律适用。比如1980年的《罗马公约》第1条第1款规定"本公约的规则适用于任何情形下涉及需要在不同国家的法律之间进行选择的契约"。《罗马公约》的成员国在其国内立法中也采用了"契约"的表述。韩国《国际私法》第25条第1款规定也采用了"契约"。② 这些国家在处理单方民事法律行为有不同的规定。德国《〈民法〉施行法》规定单方民事法律行为类推适用契约的冲突规范,意大利《国际私法》第58条明文规定,单方民事法律行为适用当事人意思表示选择适用国家的法律,③奥地利《国际私法》第1条规定适用最密切联系原则,其司法解释表明单方民事法律行为适用行为人的经常居所地法。由此可见,这些国家的单方民事法律行为,在司法实践中仍然适用或类推适用了契约准据法确定方法。

可见,"法律行为"不仅包括了"契约(合同行为)",同时还包括了"单方民事法律行为",《通则法》继续采用《法例》第7条中的"法律行为"表述也无可厚非。

---

① 别冊 NBL 編集部『法の適用に関する通則法関係資料と解説』(商事法務,2006年)135頁。

② 韩国《国际私法》第25条第1款规定,契约适用当事人明示或默示的选择。但默示选择以能够通过契约内容或其他所有相关情况被合理认定为限。法例研究会『法例の見直しに関する諸問題(1)——契約・債権譲渡等の準拠法について——』(商事法務,2003年)28頁。

③ 意大利《国际私法》第58条规定,单方面承诺由承诺做出地法支配。http://www.law-walker.net/gjsf/Articleshow.asp?id=64,访问日期:2019年2月10日。

二、当事人合意选择"法律行为"的准据法

自16世纪法国的杜摩林（Charles Dumoulin）提出意思自治学说后，在法律行为领域出现了依当事人主观意向确定法律行为准据法的做法，意思自治原则被广泛运用于涉外合同领域。

（一）当事人合意选择准据法的效力的判断标准

司法实践中，当双方当事人的意思表示有瑕疵（错误、欺诈等）时，准据法的选择是否有效？日本多数学者认为，这一点应该由国际私法本身来规定，但日本国际私法条款没有对此进行明文规定。有学者认为，国际私法有一种合理的不成文解释规则，即意思表示有重大错误时视为无效，有欺诈或强迫时应予以撤销。[①]

对于这种情况，法律上是否需要明文规定呢？许多国际公约及国际私法立法中均规定了当事人合意选择准据法的有效性依据当事人选择的法律，如1980年的《罗马规则I》第3条第4款，[②]1986年的《海牙国际货物买卖合同法律适用公约》第10条第1款，[③]1994年的《美洲国

---

① 江川英文『国際私法（改訂版）』（有斐閣，1957年）210頁；折茂豊『国際私法（各論）〔新版〕』（有斐閣，1972年）129頁；山田鐐一『国際私法（第3版）』（有斐閣，2004年）326頁；溜池良夫『国際私法講義（第3版）』（有斐閣，2005年）352—353頁；木棚照一、松岡博、渡辺惺之『国際私法概論（第4版）』（有斐閣，2005年）131—132頁；桜田嘉章『国際私法（第5版）』（有斐閣，2006年）209—210頁；松岡博『現代国際私法講義』（法律文化社，2008年）100頁。

② 《罗马规则I》第3条第5款规定，当事人选择准据法的合意是否成立及效力问题，应依第10条、第11条和第13条的规定确定。邹国勇：《外国国际私法立法选择》，武汉大学出版社2017年版，第458页。

③ 法例研究会『法例の見直しに関する諸問題(1)——契約・債権譲渡等の準拠法について——』（商事法務，2003年）23頁。《海牙国际货物买卖合同法律适用公约》第10条第1款规定，在选择符合第7条要求的情况下，有关对适用法律的选择是否成立及其实质有效性问题，依该被选择的法律。如果根据该法，选择为无效，则根据第8条确定支配合同的法律。

家间国际合同法律适用公约》(以下简称《墨西哥公约》)第 12 条,①瑞士《国际私法》第 116 条第 2 款,②韩国《国际私法》第 25 条第 5 款等设有这样的规定。③ 日本也有一部分学者主张在《法例》的条款中设置该规定。④ 在《通则法》立法的过程中,《中间草案》针对该问题提出了两个方案:A 方案提议根据当事人指定的准据法设置明文规定(所谓的"准据法说");B 方案主张关于准据法选择的有效性,不设置相关的特殊规定,完全根据国际私法上的解释,即有重大错误时视为无效,有欺诈或强迫时应予以取消。⑤

司法实践中,运用准据法来进行识别的判例并不多见,这是因为"准据法说"最大的缺陷是陷入了逻辑上的循环,不能自圆其说。⑥ 识别是适用冲突规范之前的工作,其目的是正确运用冲突规范来援引准据法,因此在确定案件的准据法之前,不可能依据准据法进行识别。若

---

① 《墨西哥公约》第 12 条第 1 款规定,合同或者其任何条款的成立和有效性,以及当事人关于选择准据法的协议的实质有效性,应按照本公约第 2 章的规定来确定。第 2 款规定,尽管有前款的规定,为证明当事人其中一方没有正式同意,法官应在考虑到惯常居所地或主要营业地的情况下确定准据法。该条规定参见法例研究会『法例の見直しに関する諸問題(1)——契約·債権譲渡等の準拠法について——』(商事法務,2003 年)23 頁。

② 瑞士《国际私法》第 116 条第 2 款规定,法律选择必须是明示的,或在合同条款或具体情况中有明确体现。此外,法律选择受所选择的法律支配。邹国勇:《外国国际私法立法选择》,武汉大学出版社 2017 年版,第 401 页。

③ 韩国《国际私法》第 25 条第 5 款规定,当事人合意选择准据法的成立及有效性,准用第 29 条规定。法例研究会『法例の見直しに関する諸問題(1)——契約·債権譲渡等の準拠法について——』(商事法務,2003 年)24 頁。

④ 西賢『比較国際私法の動向』(晃洋書房 2002 年)75 頁;桜田嘉章『国際私法(第 5 版)』(有斐閣,2006 年)209—210 頁;松岡博『現代国際私法講義』(法律文化社,2008 年)100 頁。

⑤ 別冊 NBL 編集部『法の適用に関する通則法関係資料と解説』(商事法務,2006 年)94 頁。

⑥ 杜新丽:《国际私法实务中的法律问题》,中信出版社 2005 年版,第 84 页。该说的首倡者是法国学者德帕涅(Despagnet),他认为识别的对象是法律关系,识别的依据则应为该法律关系所适用的法律(即准据法)。另一德国学者沃尔夫(Wolff)认为,识别就是对法律规则的分类,这种分类只能依照某法律规则所属的那个法律体系的分类进行。

判断准据法选择的有效性所适用的法律是当事人作为准据法而指定的法律,理论上,判断该指定行为是否有效的法律就成了问题,不能永久地判断准据法选择的有效性。但是,根据准据法判断其指定行为的有效性简单明了,其判断标准明确,因此可预见性也很高,可以说在运用方面有很大益处。很多学者认为,当事人合意选择准据法的有效性这个问题是《法例》自身的解释问题,应该对其进行合理解释,具体来说也就是有重大错误时视为无效,有欺诈或强迫时应予以取消。① 这种观点在日本学界被称作"国际私法独自说",虽说日本多数学者支持这种学说,但由于"国际私法独自说"把法院地实体法上法律行为作为意思表示的有效性的标准,这种标准存在很大的不确定性。如果各国都采用这种方式的话,各国的判断标准则各不相同,特定的准据法选择的有效性就要受法院地的选择所左右,容易出现挑选法院的情况。鉴于此,再加上国际上各国的立法大多是采用"准据法说",②所以法制审议会表示如果明确规定合意选择准据法的效力标准,根据"准据法说"比较适当。但在法制审议会所进行的民意调查中,A 方案和 B 方案的支持力度基本持平,该规定最终没有被确定下来,所以《中间草案》没有明确该规定。

(二) 默示选择

《法例》第 7 条规定的当事人意思自治,并不一定需要当事人的明

---

① 折茂豊『国際私法(各論)〔新版〕』(有斐閣,1972 年)129 頁;山田鐐一『国際私法』(有斐閣,1992 年)284—285 頁;溜池良夫『国際私法講義(第 2 版)』(有斐閣,1999 年)332—333 頁;桜田嘉章『国際私法(第 3 版)』(有斐閣,2000 年)214—215 頁。

② 前面对此也有简单介绍,《罗马规则 I》第 3 条第 5 款,1986 年《海牙国际货物买卖合同法律适用公约》第 10 条,韩国《国际私法》第 25 条第 5 款均根据"准据法说"来判断当事人合意选择准据法的有效性。具体条款内容前已介绍,在此不再赘述,参见法例研究会『法例の見直しに関する諸問題(1)——契約・債権譲渡等の準拠法について——』(株式会社商事法務,2003 年)23—24 頁。

示选择,也允许默示选择。关于这一点,判例和学说上几乎没有不同观点。① 但是,对于"默示选择"的表示方式及确定方法,学界存有争议。日本很多学者认为,即便当事人没有明示选择准据法,都应考虑种种主观或客观的情况,如合同类型、合同内容、合同性质、合同当事人、合同标的物、审判管辖、仲裁合意等,合理探究当事人的默示意思。② 另外也有日本学者主张援用假定意思,以意思推定的名义试图推导适用客观上最密切关系地的法律(客观连结)。③ 但是,对于诸多学说的解释,有日本学者认为,从《法例》第 7 条的立法宗旨及前述的当事人意思自治原则的根据来看,在《法例》第 7 条第 1 款的"当事人意思自治"里提出客观连结因素是不妥当的,默示选择应该限定在当事人的"真实意思"中。④

司法实践中,即使当事人之间对合同准据法没有达成合意,法院也不直接依据《法例》第 7 条第 2 款适用行为地法,而是探求当事人默示意思表示确定准据法的判例越来越多。如东京地方法院昭和五十二年(1977 年)4 月 22 日判决的"昭和四十六年(ワ)第 10505 号请求损害赔偿案件"⑤、东京地方法院平成九年(1997 年)10

---

① 溜池良夫『国際私法講義(第 3 版)』(有斐閣,2005 年)367 頁;山田鐐一『国際私法(第 3 版)』(有斐閣,2004 年)326 頁。有一个案件涉及没有明示指定准据法的银行定期存款合同,被判决为默示指定日本法,参见最高法院昭和五十三年(1978 年)4 月 20 日第一小法庭判决最高法院民事判例集 32 卷 3 号 616 頁。

② 折茂豊『国際私法各論(新版)』(有斐閣,1972 年)129 頁;溜池良夫『国際私法講義(第 3 版)』(有斐閣,2005 年)367 頁;山田鐐一『国際私法(第 3 版)』(有斐閣,2004 年)326 頁。

③ 松岡博『国際取引と国際私法』(晃洋書房,1993 年)231 頁;川又良也『渉外判例百選(第 3 版)』(有斐閣,1995 年)74 頁。

④ 桜田嘉章「契約の準拠法」『国際私法年報』2 号(2000 年);道垣内正人『ポイント国際私法(各論)』(有斐閣,2000 年)230 頁。

⑤ 『下級裁判所民事裁判例集』28 卷 1—4 号,399 頁;『判例時報』863 号,100 頁;桜田嘉章、道垣内正人『国際私法判例百選(新法対応改訂版) No. 185』(有斐閣,2007 年)60 頁。

月 1 日判决的"平成五年（1993 年）（ワ）第 12180 号·19557 号索取薪金案件"①，这些判例都是通过探究当事人默示意思来确定准据法的。另外还有日本最高法院昭和五十三年（1978 年）4 月 20 日第一小法庭判决的"昭和五十年（1975 年）（オ）第 347 号要求债权转让案件"，根据其判旨内容，②可以确定该案件采取了典型的意思推定。③

通过司法判例也可以看出，《法例》第 7 条第 2 款的规定已经不符合现实发展的要求了。因此，《通则法》对当事人意思不明时的准据法确定方式进行了修改。《通则法》第 8 条第 1 款规定，当事人之间没有做出本法第 7 条规定的法律适用的选择时，法律行为的成立及效力适用行为时与该行为有最密切联系地的法律。第 2 款规定，符合前款的

---

① 『労働関係民事裁判例集』48 卷 5·6 号，457 页；判例タイムズ979 号，144 页；『労働判例』726 号，70 页。

② 该判旨内容：A 为了担保 B 公司在 Y 银行香港支行的活期透支债务，在本案件中的定期存款证书的背面本金和利息领受栏处签了名，但没有填写日期就将此交付给 Y 银行香港支行，设定了担保合同，所以这相当于债权质的设定合同。因此，考虑到本案件债权质应适用的法律，我国《法例》第 10 条第 1 款（《通则法》第 13 条第 1 款）规定，动产及不动产相关的物权和其他应登记权利依照其标的物所在地法，但这种像物权一样以排他性地对物进行支配为目的权利，该权利关系与标的物所在地的利害有密切联系。虽说债权质属于物权，但其标的物则属于财产权，由于不是有体物，所以就不能直接查询其标的物的所在地。另一方面，债权质支配其权利客体，直接影响其客体的命运，所以其应适用的法律可以理解为依照债权客体的准据法。根据日本民法典第 364 条第 1 款规定，以指明债权质为质权标的的，非依第 467 条的规定将质权的设定通知第三债务人或经第三债务人承诺，不得以之对抗第三债务人及其他第三人，但是如前所述本案的债权质既然适用日本法，那么就应该适用日本民法典第 467 条的规定。该判旨虽说主张前述通知、承诺作为相当于债权质的形式，适用《法例》第 8 条第 2 款（《通则法》第 10 条第 2 款），但该通知、承诺应该理解为债权质效力相关的要件，所以将此看作相当于《法例》第 8 条第 2 款（《通则法》第 10 条）中所说的法律行为的形式是不妥当的。

③ 桜田嘉章、道垣内正人『国際私法判例百選（新法対応改訂版）No. 185』（有斐閣，2007 年）58 页；奥田安弘『我が国の判例における契約準拠法の決定——契約類型毎の考察』『北大法学論集』45 卷 5 号（1994 年）；桜田嘉章『契約の準拠法』『国際私法年報』2 号（2000 年）。

法律行为中,仅一方当事人实施特征性给付①时,实施该给付的当事人的经常居所地被推定为最密切联系地(该当事人有与该法律行为有联系的营业所时,为该营业地法;该当事人有两处以上与该法律行为有联系的营业所,且在不同法域时,为主营业地法)。第 3 款规定,在第 1 款中,以不动产为标的物的法律行为与前款规定无关,推定不动产所在地法为该法律行为的最密切联系地法。面对现代纷繁复杂国际民事法律行为问题,《通则法》的规定较《法例》更加具体化、客观化、现代化。

日本学术界对于是否应明确规定以当事人的默示意思来确定准据法,也存在较大争议。《中间草案》第 4 条第 2 款第 2 项提出了两个方案:A 方案限定默示意思推定准据法,即主张当事人选择准据法或是明示指定,或是从该法律行为及其他与之有关因素来看必须是唯一明确的准据法。B 方案不明确规定根据默示意思确定准据法。② A 方案主张意思选择的明确性,实质上是排除了默示选择准据法。根据《法例》的规定,当事人没有明确选择准据法时,则适用行为地法这种僵化的冲突规范,或是在司法实践中通过探究当事人假定的意思来确定准据法,这样容易导致准据法的选择不合实际或丧失确定性。③ 基于此,A 方案

---

① 特征性给付又称特征性履行(characteristic performance),是指双务合同中代表合同本质特征的当事人的给付行为。特征性给付是相对于非特征性给付而言的。例如,买卖合同中卖方交付动产的给付行为、雇佣合同中受雇人提供劳务的给付行为均反映了这两种合同的本质特征,因而属特征性给付。而买方支付价款的行为与雇佣人支付劳务费的行为均属金钱给付,这种金钱给付行为反映了双务合同的共性,不能反映买卖合同和雇佣合同的本质特征,故属于非特征性给付。黄进:《国际私法》,法律出版社 2005 年版,第 306 页。

② 别冊 NBL 編集部『法の適用に関する通則法関係資料と解説』(商事法務,2006 年)94 頁。

③ 别冊 NBL 編集部『法の適用に関する通則法関係資料と解説』(商事法務,2006 年)105 頁。

主张当事人意思自治选择准据法必须明确。国际公约和其他国家的国际私法立法中,如《罗马规则I》第3条第1款第2项,[①]1986年的《海牙国际货物买卖合同法律适用公约》第7条第1款第2项,[②]瑞士《国际私法》第116条第2款第1项,[③]1994年的《墨西哥公约》第7条第1款第2项,[④]韩国《国际私法》第25条第1款[⑤]等也有类似规定。但是,如前所述,日本判例和学说上都支持允许根据当事人默示意思选择准据法,B方案不明确限制意思自治选择准据法的特殊规定,实际上承认根据默示意思选择准据法。

经过民意调查,法制审议会发现多数人支持B方案。因为A方案中所提到的"从该法律行为及其他与之有关的事情来看必须是唯一明确的",这种标准不容易判定;即便不是"唯一明确的",也应尊重当事人的意思自治。另外,日本国际私法学界一直都采用不设置根据默示意思选择准据法的规定,如果否定默示意思确定准据法的话,就需要对以前的规则做出很大改变,而这种改变的理由并不完全

---

① 《罗马规则I》第3条第1款规定,法律选择必须是明示的,或者通过合同条款、案件情况予以阐明。当事人可自行选择将法律适用于合同的全部或部分。邹国勇:《外国国际私法立法选择》,武汉大学出版社2017年版,第401页。

② 《海牙国际货物买卖合同法律适用公约》第7条第1款规定,当事人选择法律协议必须是明示的,或为合同条款具体案情总的情况所显示。此项选择可限于适用合同的某一部分。法例研究会『法例の見直しに関する諸問題(1)——契約・債権譲渡等の準拠法について——』(商事法務,2003年)27頁。

③ 瑞士《国际私法》第116条第2款规定,法律选择必须是明示的,或在合同条款或具体情况中有明确体现。邹国勇:《外国国际私法立法选择》,武汉大学出版社2017年版,第401页。

④ 1994年《墨西哥公约》第7条第1款规定,当事人选择法律的协议必须是明示的,或者在没有明示协议的情况下,必须是能够从当事人的行为以及合同条款整体上得到证明的。法例研究会『法例の見直しに関する諸問題(1)——契約・債権譲渡等の準拠法について——』(商事法務,2003年)27頁。

⑤ 韩国《国际私法》第25条第1款规定,合同依据当事人明示地或默示地选择的法律,但默示的选择只限于从合同内容或其他所有的情况能够合理认同的情况。法例研究会『法例の見直しに関する諸問題(1)——契約・債権譲渡等の準拠法について——』(商事法務,2003年)27頁。

充分。最终，《中间草案》采纳了 B 方案，不明确限制意思自治选择准据法的特殊规定。

《通则法》采纳了《中间草案》的方案，基本维持了以往关于默示意思的解释论，承认默示选择的准据法确定方法。但是，《通则法》第 7 条规定的当事人选择准据法的认定与《法例》第 7 条第 1 款相比较，显得更加严格。《通则法》第 8 条中当事人没有选择准据法时，没有像《法例》第 7 条第 2 款那样机械地适用行为地法，而是根据最密切联系原则确定准据法。这些客观连结点虽然不是当事人的明确选择，但必须是当事人真实的意思表示，而不能只作假设性的推定。① 因此，即便当事人没有选择准据法，《通则法》也充分保证了准据法选择的妥当性。

三、当事人没有选择"法律行为"的准据法

《法例》第 7 条第 2 款规定"当事人意思不明时，依行为地法"，这是推定当事人有意适用行为地法，例如合同的缔结地法。但是，这具有很大的局限性。第一，就涉外合同纠纷而言，合同的缔结地具有偶然性。第二，合同的类型不同也会影响合同缔结地与合同关系的紧密性，合同的缔结地不一定是最密切联系地。第三，在越来越多的国际贸易中，两位当事人未必面对面签订合同（如网上签约等），合同和行为地在这种情况下的关联性很弱。因此，日本学术界修订《法例》第 7 条第

---

① 小出邦夫『一問一答　新しい国際私法—法の適用に関する通則法の解説』（商事法務，2006 年）45 頁；澤木敬郎、道垣内正人『国際私法入門（第 6 版）』（有斐閣，2006 年）200 頁；桜田嘉章『国際私法（第 5 版）』（有斐閣，2006 年）214 頁。

2款的呼声很高。① 日本学者认为,对于不同的合同,应确立不同的客观连结点,以这些连结点作为推定当事人默示选择的客观因素。② 司法实践中,即使当事人之间没有合意选择准据法,法院也没有直接依据《法例》第7条第2款适用行为地法,而是通过分析当事人默示意思来确定准据法。③ 这些判例从另一个侧面说明,在当事人没有合意选择准据法时,直接适用《法例》第7条第2款规定的行为地法是不妥当的。对此,樱田教授也有过相关论述。④

鉴于前述日本学界与实务界对《法例》第7条第2款规定的批判以及外国的相关立法,如《罗马规则Ⅰ》第4条⑤、瑞士《国际私法》第

---

① 松岡博「国際契約の準拠法—当事者による有効な法選択のない場合—」『国際取引と国際私法』(晃洋書房,1993年)199—234页、225頁。
② 溜池良夫『国際私法講義(第2版)』(有斐閣,1999年)349頁。
③ 例如,东京地方法院昭和五十二年4月22日判决的"昭和46年(ワ)第10505号损害赔偿请求事件",及东京地方法院平成九年10月1日判决的"平成5年(ワ)第12180号・19557号賃金請求事件"。
④ 樱田教授认为,的确存在认为在当事人没有合意选择准据法时,直接适用行为地法是不妥当的案例。桜田嘉章「契約の準拠法」『国際私法年報』2号(2000年)。
⑤ 邹国勇:《外国国际私法立法选择》,武汉大学出版社2017年版,第458—459页。《罗马规则Ⅰ》第4条规定,"1. 如果当事人未依第3条规定选择适用于合同的法律,在不影响第5—8条规定的条件下,合同准据法依照如下方式确定:(a) 货物销售合同,依卖方的经常居所地国法;(b) 服务合同,依服务提供者的经常居所地国法;(c) 有关不动产物权或不动产租赁的合同,依不动产所在地国法;(d) 尽管有第c项的规定,供私人暂时使用连续不超过六个月的不动产租赁合同,如果租赁人为自然人而且与出租人在同一国家有经常居所,依出租人的经常居所地国法;(e) 特许销售合同,依特许持有人的经常居所地国法;(f) 分销合同,依分销人的经常居所地国法;(g) 通过拍卖方式订立的货物销售合同,如果拍卖地能够确定则依拍卖地国法;(h) 在多边体系下订立的合同,如果依照非自由裁量规则和唯一的法律,该多边体系能集结或有助于集结《第2004/39号指令》第4条第1款第17项所指的融资手段下的众多第三人买入和卖出利益,则依该唯一的法律。2. 如果合同在第1款规定之列,或者合同的各组成部分涉及第1款第a项至第h项规定的一种以上的合同,则该合同依提供特征性履行的一方当事人的经常居所地国法。3. 如果案件的所有情况表明,合同显然与第1款或第2款所指国家以外的另一国家有更密切联系,则适用该另一国家的法律。4. 如果根据第1款和第2款均不能确定应适用的法律,则合同依与其有最密切联系的国家的法律"。

117条①、韩国《国际私法》第26条②、《海牙国际货物买卖合同法律适用公约》第8条第1款③等都针对当事人没有选择准据法的情况,规定原则上依据最密切联系地法。《中间草案》关于当事人没有选择准据法时连结点的确定方法提出了四个提案:1. 以法律行为的最密切联系地法为准据法;2. 设置根据特征性给付理论推定最密切联系地的规定;3. 关于以不动产为目的的法律行为,不根据特征性给付理论确定准据法,而是推定不动产所在地法为最密切联系地法。4. 关于劳动合同,也不根据特征性给付理论确定准据法,而是推定劳务供给地法为最

---

① 瑞士《国际私法》第117条规定,"1. 合同适用当事人未进行法律选择时,合同适用与之有最密切联系的国家的法律。2. 最密切联系视为存在于应履行特征性给付的一方当事人的经常居所地国家,或者,如果合同是在该当事人从事职业或商业活动的过程中订立的,则视为存在于其营业所所在地国家。3. 特征性给付是指:(a) 转让合同中出让人的给付;(b) 使用权转让合同中转让某物或某项权利的使用权的一方当事人的给付;(c) 委托合同、承揽合同及其他服务合同中的服务提供;(d) 保管合同中保管人的给付;(e) 保证合同或担保合同中保证人或担保人的给付"。邹国勇:《外国国际私法立法选择》,武汉大学出版社2017年版,第401页。

② 韩国《国际私法》第26条规定,"1. 当事人未进行法律选择时,合同适用与之有最密切联系的国家的法律。2. 当事人根据合同应履行以下任一项时,推定签约当时与其经常居所地法(当事人为法人或团体时,其主要办事处所在地的国家的法律)有最密切联系。但合同是通过当事人职业上或营业上的活动来签订的话,推定与该当事人营业所所在地的国家的法律有最密切联系。(a) 转让合同中出让人的给付;(b) 使用合同中提供某物或某项权利的使用权的一方当事人的给付;(c) 委托合同、承揽合同及其他服务合同中的服务提供。3. 以不动产的权利为对象的合同,推定与不动产所在地的国家的法律有最密切联系"。法例研究会『法例の見直しに関する諸問題(1)——契約・債権讓渡等の準拠法について——』(商事法務,2003年)48頁。

③ 1986年的《海牙国际货物买卖合同法律适用公约》第8条第1款规定,"1. 在未根据第7条规定对适用于货物买卖合同的法律做出选择的范围内,合同依合同缔结时卖方设有其营业所的国家的法律。2. 但是,货物买卖合同应依合同缔结时买方设有其营业所的国家的法律,如果:双方当事人进行谈判和签订合同是在买方国家;或者合同明确规定卖方必须在卖方国家履行其交货义务;或者合同根据主要由买方确定的条款和买方向被邀请进行投标的人所发出的邀请书而订立。3. 从总的情况看,如在双方当事人的商业关系中,合同如果明显地与根据本条第1款或第2款规定将会适用于合同的法律以外的法律有着更加密切的联系,则该合同依该另一国的法律"。法例研究会『法例の見直しに関する諸問題(1)——契約・債権讓渡等の準拠法について——』(商事法務,2003年)46—47頁。

密切联系地法。法制审议会对于根据最密切联系地法的"提案一"没有争议,但对于采用特征性给付理论的"提案二"提出了反对意见,认为在现代复杂的合同关系中,什么作为特征性给付未必明确,根据特征性给付理论得出的结论有时跟国际贸易实践不吻合。[1] 瑞士法学家施尼策尔(Adolf F. Schnitzer)提出了特征性给付理论。[2] 其基本含义是,在涉外法律关系当事人未选择法律行为的准据法时,应根据法律行为的特征性给付性质来确定法律行为准据法。世界上有许多国家都根据该理论来推定最密切联系地法,如前面提到的《罗马规则I》第4条、瑞士《国际私法》第117条、韩国《国际私法》第26条等。[3] 虽然特征性给付理论在实践运用中仍有缺陷,但《通则法》最终还是明确规定根据特征性给付理论推定最密切联系地法。因为特征性给付原本就是对于"可以认定"的法律行为推定最密切联系地法的规定,对于"不可以认定"的法律行为原本就不能适用特征性给付。而且即便适用了特征性给付来推定准据法,如果有更加密切关系的其他法律,那么推定就会被推翻,就有可能适用其他法律,实际上也不会带来多大的问题。至于"提案三"与"提案四"则是关于以不动产为目的的法律行为及劳动合同的相关规定,它们以适用特征性给付的理论未必妥当为由,效仿各国的相关立法,[4]分别将不动产所在地法及劳务提供地法推定为最密切

---

[1] 别冊NBL編集部『法の適用に関する通則法関係資料と解説』(商事法務,2006年)105頁。

[2] 桜田嘉章、道垣内正人『注釈国際私法(第1卷)』(有斐閣コンメンタール,2011年)205頁。

[3] 别冊NBL編集部『法の適用に関する通則法関係資料と解説』(商事法務,2006年)105頁。

[4] 《罗马规则I》第4条第3款规定,尽管有本条第2款的规定,但如果合同的标的是不动产权或不动产使用权,则应推定不动产所在地国家是与合同有最密切联系的国家。https://wenku.baidu.com/view/0bb7d72fed630b1c59eeb55a.html,访问日期:2018年12月24日。瑞士《国际私法》第117条第1款规定,与不动产或其使用权有关的(转下页)

联系地法。

综上,《通则法》第 8 条克服了《法例》第 7 条第 2 款的僵硬化,在标题措辞上和以往也不同,《通则法》第 8 条的标题为"当事人没有选择准据法时",所以这纯粹是在规定客观连结点。与《法例》第 7 条第 2 款不同,《通则法》第 8 条以最密切联系地法为准据法,这表明该条考虑到了准据法确定的灵活性。但是,如果仅此而已的话,则缺乏法的安定性与可预测性。因此,《通则法》第 8 条第 2 款和第 3 款设定了推定最密切联系地法的规则,这样一来本条规定就能体现该条准据法确定的灵活性及明确性,这种规定符合现代纷繁复杂的国际民商事法律关系的要求,顺应了国际私法现代化的发展趋势。

四、准据法的事后变更

《法例》对当事人事后变更法律行为的准据法的行为没有进行明文规定,所以关于当事人是否可以在事后变更准据法,一直都留待司法机关做进一步解释。理论上,大多数学者认为既然承认当事人意思自治,那就应该承认准据法的事后变更。[①] 但学界对于第三人的范围、权

(接上页)合同,适用不动产所在地国家的法律;邹国勇:《外国国际私法立法选择》,武汉大学出版社 2017 年版,第 402 页。韩国《国际私法》第 26 条第 3 款规定,以不动产的权利为对象的合同,推定不动产所在地国家的法律是与合同有最密切联系的。第 28 条规定,劳动合同方面当事人所选择的准据法不能根据第 2 款规定所指定的准据法所属国的强行规定来剥夺付与劳动者的保护;当事人没有选择准据法时,劳动合同不受第 26 条的规定所限,依据劳动者日常提供服务的国家的法律,劳动者不是在同一国内日常提供劳动的时候,依据使用者雇佣劳动者的营业所所在地国家的法律。法例研究会『法例の見直しに関する諸問題(1)——契約・債権讓渡等の準拠法について——』(商事法務,2003 年)48 頁、64 頁。

① 山田鐐一『国際私法(第 3 版)』(有斐閣,2004 年)326 頁;溜池良夫『国際私法講義(第 3 版)』(有斐閣,2005 年)365 頁;澤木敬郎、道垣内正人『国際私法入門(第 4 版)』(有斐閣,2000 年)168 頁;川又良也『涉外判例百選(第 3 版)』(有斐閣,1995 年)75 頁;松岡博「契約準拠法の事後の変更」『国際私法の争点(新版)』(有斐閣,1996 年)124 頁。

利受到侵害的内涵及变更准据法对第三人的效力也存有争议。① 另外，对于"可以事后变更法律行为的准据法，但不能损害第三人权利"这一规定是否要用括号加注，还是将此作为条文直接规定，也存有争议。②

在《通则法》立法过程中，法制审议会对事后变更准据法予以明文规定的情况下所面临的一系列问题进行了讨论。根据《法例》第 7 条第 2 款的规定，当事人实施法律行为时不管是否选择了准据法，准据法都应该已客观确定。因此，当事人之后选择准据法与变更实施法律行为时所选择的准据法可能产生冲突，应该进行明文规定。国际公约和其他国家的国际私法立法中也有对准据法的事后变更进行明文规定的。例如：《罗马规则 I》第 3 条第 2 款，③1986 年《海牙国际货物买卖合同法律适用公约》第 7 条第 2 款，④瑞士《国际私法》第 116 条第 3 款，⑤1994 年《墨西哥公约》第 8 条，⑥韩国《国际私法》第 25 条

---

① 別冊 NBL 編集部『法の適用に関する通則法関係資料と解説（別冊 NBL110 号）』（商事法務，2006 年）149 頁。

② 石黑一憲『国際私法の危機』（信山社，2004 年）27—29 頁。

③ 《罗马规则 I》第 3 条第 2 款规定，当事人可随时协议变更原先支配合同的法律，无论这种支配是根据本条款规定的结果，还是依据本条例其他条款规定的结果。合同订立后所做出的任何关于法律适用的变更，不得损害第 11 条规定的合同形式效力，也不得对第三人的权利造成任何不利影响。邹国勇：《外国国际私法立法选择》，武汉大学出版社 2017 年版，第 458 页。

④ 《海牙国际货物买卖合同法律适用公约》第 7 条第 2 款规定，当事人可在任何时候将合同的全部或一部分从属于原先所支配的法律以外的法律，而不管这样做是否是早先选择的结果。当事人在合同缔结后对适用法律的任何变更并不影响合同的形式有效及第三者的权利。法例研究会『法例の見直しに関する諸問題（1）——契約・債権讓渡等の準拠法について——』（商事法務，2003 年）32 頁。

⑤ 瑞士《国际私法》第 116 条第 3 款规定，法律选择可以随时做出或更改。在订立合同之后做出或更改法律选择的，其效力追溯至合同订立之日。第三人的权利予以保障。邹国勇：《外国国际私法立法选择》，武汉大学出版社 2017 年版，第 401 页。

⑥ 《墨西哥公约》第 8 条规定，当事人可以在任何时候协议使合同的全部或部分受其以前的准据法以外的法律支配，不管该准据法是否为当事人所选择。但是，这种变更不得影响原始合同的形式有效性和第三人的权利。法例研究会『法例の見直しに関する諸問題（1）——契約・債権讓渡等の準拠法について——』（商事法務，2003 年）32 頁。

第 3 款①，等等。以上立法例的规定基本一致，即承认事后变更法律行为的准据法不影响合同形式上的有效性，但也不能损害第三人的权利。

《中间草案》第 4 条第 4 款针对可以事后变更法律行为的准据法是否需要明文规定提出了两个方案：A 方案主张设定明文规定，允许事后变更准据法，但不得影响本来实施法律行为形式的有效性；且从事后变更准据法与变更前该法律行为的利害关系来看，事后变更准据法不能侵害与变更行为无关的第三人的权利。前两点都给予了保留，但是关于事后变更准据法不能侵害与变更行为无关的第三人的权利这一点，仍需要进一步讨论第三人的范围及权利受到侵害的内涵及变更准据法对第三人的效力等。B 方案主张不设定明文规定，而是将事后变更准据法问题留给司法解释处理。在法制审议会上也有人提议，采用 A 方案的话，必须设置第三人的权利保护规定，如果不能做到这一点，则支持 B 方案，即一切留待司法解释。② 通过民意调查，大多数人赞同明文规定事后变更准据法，但不能损害第三人的权利，由此《通则法》第 9 条对此进行了明文规定，"当事人可以变更适用于法律行为成立及效力的法律。但此约定有损害第三人权利时，则该变更不得对抗第三人"。

对于《通则法》第 9 条的理解，日本大多数学者认为，即使当事人最初就准据法已达成合意，事后也可以选择不同的准据法。不仅如此，

---

① 韩国《国际私法》第 25 条第 3 款规定，当事人通过合意可以变更本条或第 26 条规定的准据法。但是，合同缔结后进行的准据法的变更不能影响合同方式的有效性及第三人的权利。法例研究会『法例の見直しに関する諸問題(1)——契約・債権譲渡等の準拠法について——』(商事法務，2003 年) 32 頁。

② 別冊 NBL 編集部『法の適用に関する通則法関係資料と解説(別冊 NBL110 号)』(商事法務，2006 年)第 149 頁。

即便当初就准据法未达成合意,事后也可以选择准据法。① 另外,关于当事人变更准据法是否具有溯及力,还是只是停留在对将来准据法的变更这一问题,《通则法》第 9 条的规定并不明确,但一般都理解为当事人希望此变更具有溯及力。② 诚然,如果是对将来准据法的变更,那么只要将当事人之间所签署的合同的准据法各条款修改一下即可,无须通过国际私法规则来确定。原则上,合同是否有效成立,合同具有何种效力,这些问题均应该在合同缔结时已有结论。而且,决定这些情况的准据法也应在合同缔结时就已经确定好了。关于这一点,《法例》没有明确规定,但《通则法》第 7 条"依据当事人实施该法律行为时选择的法律",及第 8 条第 1 款"实施该法律行为时依据与该法律行为最密切联系地法律"都已明确予以规定。《法例》原则上不承认的合同准据法变更的溯及力,被《通则法》通过明文规定予以认可,并且法条也通俗易懂,这是日本国际私法规则的重大改变。

第二节　法律行为形式的法律适用

各国对法律行为的形式要件也有不同的规定。有些法律行为在

---

① 小出邦夫『一問一答　新しい国際私法』(商事法務,2006 年)61 頁;桜田嘉章『国際私法(第 5 版)』(有斐閣,2006 年)214 頁;澤木敬郎、道垣内正人『国際私法入門(第 6 版)』(有斐閣,2006 年)206 頁;神前禎、早川吉尚、元永和彦『国際私法(第 2 版)』(有斐閣,2006 年)206 頁。

② 小出邦夫『一問一答　新しい国際私法』(商事法務,2006 年)61 頁;神前禎『解説法の適用に関する通則法——新しい国際私法』(弘文堂,2006 年)72 頁;桜田嘉章『国際私法(第 5 版)』(有斐閣,2006 年)211 頁;澤木敬郎、道垣内正人『国際私法入門(第 6 版)』(有斐閣,2006 年)206 頁。

甲国被要求采用特定形式,但在乙国可能允许当事人意思自治。例如,对于要式法律行为与不要式法律行为的分类,各国的做法就不尽相同。

如前所述,《法例》第 7 条中的"法律行为"这一概念通常被理解为契约、合同和单方民事法律行为,并且排除了物权、亲属关系和继承关系等法律行为。在《法例》第 8 条和《通则法》第 10 条的规定中"法律行为形式"①里的"法律行为"的范围应该做相同解释。②

《通则法》和《法例》在法律行为形式的法律适用方面,都采用了法律行为本身的准据法和行为地法相结合的方式。但是,关于法律行为成立的准据法和行为地法的选择性连结、分处不同法域的当事人的意思表示,和分处不同法域的当事人之间缔结合同的方式等相关规定,《通则法》与《法例》有很大差异。

一、法律行为成立的准据法

法律行为的形式是法律行为的成立要件之一,如果《通则法》第 10 条没有明确规定法律行为形式的法律适用,那么法律行为形式就要适用《通则法》第 7 条所规定的"实施法律行为时当事人选择的法律"。《通则法》第 10 条第 1 款表明,法律行为成立的准据法如果认定法律行为的形式要件符合,该法律行为的形式要件就是有效的。

《法例》第 8 条第 1 款规定"法律行为的形式,依规定该行为效力的法律"。与法律行为的效力相比,法律行为形式与作为法律行为成

---

① 这里的"法律行为形式"相当于中文的"一般合同方式"。
② 樱田嘉章、道垣内正人『注釈国際私法(第 1 巻)』(有斐閣コンメンタール,2011 年)238 頁。

立要件的实质性要件的关系更为密切。显然这种表述有点不妥。因此,法制审议会第三次会议提案并同意将《法例》第 8 条第 1 款的表述"依规定该行为效力的法律"改成"适用该法律行为成立时应适用的法律"。

关于《通则法》第 10 条第 1 款的规定"法律行为的形式,适用该法律行为成立时应适用的法律(该法律行为成立后实施第 9 条规定的变更,则适用变更前的法律)",在立法过程中讨论最多的是其中括号里的部分,也就是关于法律行为的准据法事后变更的情况。《中间草案》第 4 条第 4 款的 A 方案提出"法律行为准据法的变更不影响法律行为形式上的有效性"。① 关于这一点,《〈中间草案〉补充说明》中也有这样的说明"法律行为形式是法律行为外在的体现形态,其有效性在法律行为完成之际就已经确定,因此,根据事后当事人的意思,容许变更其效力是不妥当的。所以当事人事后变更准据法不能影响法律行为形式的效力"。② 法律行为发生时,形式上有效的法律行为在准据法变更后仍然有效,形式上无效的法律行为在准据法变更后仍然无效。"法律行为准据法的变更不影响法律行为形式上的有效性"还有另一种解释,即"准据法变更后,形式上有效的法律行为不会被视为无效,但由于准据法的变更,形式上无效的法律行为有可能被视为有效"。法制审议会第二十七次会议对这个问题重新进行了讨论,第二十八次会议将上次会议讨论的宗旨在语言上做了更加明确的表述,即"不影响法律行为形式的有效与无效",并将此作为草案提出。法制审议会最终采纳了草案中的建议。

---

① 別冊 NBL 編集部『法の適用に関する通則法関係資料と解説』(商事法務,2006 年)95 頁。

② 別冊 NBL 編集部『法の適用に関する通則法関係資料と解説』(商事法務,2006 年)149 頁。

二、不同法域当事人间的法律行为的行为地

在承认法律行为形式可依据行为地法的前提下,由于意思表示的通知地和到达地可能不同,针对不同法域的当事人之间的法律行为,应该把哪里当作行为地是需要进一步讨论的问题。

关于对不同法域当事人进行意思表示的行为地及不同法域的当事人之间签订合同的行为地,《法例》第 9 条做了以下规定:"对不同法域当事人进行的意思表示,将其发出通知地视为行为地。关于合同的成立及效力,将发出要约通知地视为行为地。如果受要约者于承诺当时不知道要约发出地,则要约人的住所地将被视为行为地。"但是,《法例》第 9 条只是对不同法域间的法律行为的法律适用做了规定,对于该准据法能否适用于不同法域间的法律行为形式仍有争议。对此,日本学术界也有不同意见。斋藤武生、山田镣一、溜池良夫、久保岩太郎等日本学者认为《法例》第 9 条是关于当事人意思推定的规定,不适用于法律行为形式,①但也有少数学者认为《法例》第 8 条第 2 款中的行为地法的"行为地"也可以根据第 9 条来决定。②

关于不同法域的当事人之间签订的合同方式,日本学界出现了不同意见,大致分为以下三种:第一种是认为合同要约依据要约地法,承诺依据承诺地法的分配适用说;③第二种是认为依据要约地法和承诺

---

① 国际法学会『国際私法講座(第Ⅱ卷)』(有斐閣,1955 年)368 頁;山田镣一『国際私法(第 3 版)』(有斐閣,2004 年)285 頁;溜池良夫『国際私法講義』(有斐閣,1993 年)323 頁。
② 折茂豊『国際私法各論』(有斐閣,1972 年)78 頁。
③ 久保岩太郎「隔地的法律行為の方式の準拠法——並びに法例第 8 条の位置について」青山文学 1 卷(1959 年);山田镣一『国際私法(第 3 版)』(有斐閣,2004 年)286 頁。

地法任意方式均可的选择适用说;①第三种是认为上述第一种和第二种任意方式均可的并用说。②

法制审议会第三次会议提议并通过了关于对不同法域当事人进行意思表示时,通知地为行为地的规定。另外关于不同法域的当事人之间签订的合同方式,审议会也参考了日本学界不同意见,提出了多种方案,但若按照前述第一种意见,即"分配适用说",准据法的适用关系将会变得很复杂。考察国际公约和其他国家的立法例,如《罗马规则Ⅰ》第 11 条第 2 款,③《海牙国际货物买卖合同法律适用公约》第 11 条第 2 款,④《墨西哥公约》第 13 条第 2 款,⑤德国《〈民法〉施行法》第 11 条第 2 款,⑥瑞士《国际私法》第 124 条第 2 款,⑦韩国《国际私

---

① 冈本善八「国際契約における方式概念（2）」『同志社会法学』35 卷 2 号（1983 年）。

② 溜池良夫『国際私法講義』（有斐閣,1993 年）325 頁。

③ 《罗马规则Ⅰ》第 11 条第 2 款规定,合同各当事人或其代理人在订立合同时在不同国家的,只要合同满足了依照本条例在实体法上支配合同的法律、一方当事人或其他代理人在订立合同时的所在地国法、一方当事人在订立合同时的经常居所地国法所规定的形式要件,则在形式上为有效。邹国勇:《外国国际私法立法选择》,武汉大学出版社 2017 年版,第 462 页。

④ 1986 年的《海牙国际货物买卖合同法律适用公约》第 11 条第 2 款规定,在不同国家的当事人之间订立的合同,如果符合根据本公约支配合同的法律或其中一国家的法律,则在形式上有效。法例研究会『法例の見直しに関する諸問題（1）——契約・債権譲渡等の準拠法について——』（商事法務,2003 年）81 頁。

⑤ 《墨西哥公约》第 13 条第 2 款规定,如果有关的人在合同缔结时处在不同的国家,合同如符合支配其实质的法律的要求或合同缔结地国法律的要求,或者符合合同履行地法,则在形式上亦为有效。法例研究会『法例の見直しに関する諸問題（1）——契約・債権譲渡等の準拠法について——』（商事法務,2003 年）83 頁。

⑥ 德国《〈民法〉施行法》第 11 条第 2 款规定,如果一份合同系由位于不同国家的当事人订立,只要该合同满足构成其标的之法律关系的准据法或者上述国家之一的法律所规定的形式要求,就在形式上有效。邹国勇:《外国国际私法立法选择》,武汉大学出版社 2017 年版,第 112 页。

⑦ 瑞士《国际私法》第 124 条第 2 款规定,位于不同国家的当事人之间订立的合同的形式,只要符合其中任何一个国家法律的规定,即为有效。邹国勇:《外国国际私法立法选择》,武汉大学出版社 2017 年版,第 402 页。

法》第 17 条第 3 款①等,法制审议会采纳了前述第二种意见,也就是依据要约地法和承诺地法任意方式均可。于是,根据以上讨论的结果,法制审议会将《通则法》第 10 条的第 3 款规定为"对于分处不同法域的当事人的意思表示,若需适用前款规定,则视通知发出地为行为地"。第 4 款规定为"前两款的规定不适用于分处不同法域的当事人之间缔结合同的方式。该情况下,不受第 1 款规定所限,符合要约地法或承诺地法两者之一的合同方式,均视为有效"。

由于不同法域当事人间的法律行为属于法律行为的一种方式,《法例》却将其分为两条来规定,显得其分类缺乏科学性、合理性,所以法制审议会将《法例》的第 8 条与第 9 条合并改为《通则法》第 10 条。同时,《通则法》这样的规定也参考了国际条约和其他国家的立法,顺应了国际私法发展趋势,体现了其修订内容的国际化、现代化。

三、物权行为形式的法律适用

《通则法》第 10 条第 5 款规定,动产或不动产相关的物权及其他设定或处理应登记权利的法律行为形式(以下称"物权行为形式"),不适用本条第 2 款到第 4 款的规定。言下之意,根据本条第 1 款规定,物权等法律行为形式依据物权行为成立的准据法——标的物所在地法(参照《通则法》第 13 条)。因此不动产的转让及抵押权设定等行为形式依据该不动产所在地法。

---

① 法例研究会『法例の見直しに関する諸問題(1)——契約・債権譲渡等の準拠法について——』(商事法務,2003 年)82 頁。韩国《国际私法》第 17 条第 3 款规定,当事人在彼此不同的国家来订立合同时,可以依据其中任意一方国家的法律所规定的法律行为的形式。

由此可见,《通则法》第 10 条第 5 款规定与《法例》第 8 条第 2 款但书的内容一样,只是将其用语现代化了,该条款内容自《法例》制定时起一直沿用。这是因为物权行为的性质决定了这一点,有关物权的问题若不依据标的物所在地法,很难实现其目的。① 物权与标的物所在地法有着最密切的联系,动产或不动产相关的物权登记等公示方法均在其所在地进行,所以从交易安全及保护第三者的利益考虑,不能依据行为地法。②

对《法例》第 8 条第 2 款但书里所用的"应登记权利"这一措辞,一般人认为与物权一样具有对世权,在日本民法上不动产的租赁权和买回权相当于这里的"应登记权利"。虽说"应登记权利"的意思表达不是很明确,但在《通则法》制定时也没有人提出更合适的表达,结果"应登记权利"这一措辞便被继续使用。除此之外,《通则法》第 13 条关于物权等法律适用的相关规定也使用了同样的表述。

第三节　消费者合同和劳务合同的法律适用

《法例》和《通则法》皆采用"法律行为"这一表述,对"合同"的法律适用均未直接规定。但是由于物权法律行为、侵权、无因管理和不当

---

① 溜池良夫『国際私法講義(第 3 版)』(有斐閣,2005 年)326 頁;江川英文「locus regit actum の原則の我が国際私法上に於ける適用」『山田教授還暦祝賀論文集』(有斐閣,1930 年)754 頁;山田鐐一『国際私法(第 3 版)』(有斐閣,2004 年)288 頁。
② 木棚照一、松岡博、渡辺惺之『国際私法概論(第 4 版)』(有斐閣,2005 年)156 頁。

得利已经在其他部分进行专门规定,该"法律行为"一般被理解为包括了合同法律行为。《法例》对消费者合同和劳务合同的特殊规定并无涉及,而《通则法》则顺应近年来国际上国际私法的发展趋势,对这两部分内容做了专门的规定。

一、消费者合同的法律适用

消费者合同的法律适用是《通则法》的新增条款,消费者合同的法律适用在《法例》中没有明确规定,被笼统归于法律行为的法律适用,采用了意思自治原则。意思自治原则是指合同当事人可以自由选择处理合同争议所适用的法律原则。它是确定合同准据法的最普遍的原则,避免了复杂多样的合同类型采用单一的客观连结点,确保了当事人的预见可能性以及法的稳定性,[①]故而当今世界很多国家都认同合同法律适用中的当事人意思自治原则。但是,在消费合同中若无限制地承认当事人意思自治,则有可能导致经营者利用优势地位选择对自己有利的法律。遗憾的是,《法例》对此并没有进行任何限制。因此,学术界呼吁应该在一定范围内对意思自治进行限制。有学者认为,消费者合同不应适用《法例》第 7 条的规则来确定准据法,而应适用客观连结点来确定消费者合同的准据法。[②] 但多数学者主张,承认消费者合同适用《法例》第 7 条来确定准据法,同时为了实现国家利益、落实社会政策,出于保护弱者的立场,即使当事人通过国际私法规则选择了准

[①] 溜池良夫『国際私法講義(第 3 版)』(有斐閣,2005 年)351 頁;山田鐐一『国際私法(第 3 版)』(有斐閣,2004 年)316 頁;木棚照一、松岡博『基本法コンメンタール国際私法』(日本評論社,1994 年)39 頁。

[②] 出口耕自「国際私法上における消費者契約(2 完)」『民商法雜誌』92 卷 5 号(1985 年);石黑一憲『金融取引と国際訴訟』(有斐閣,1983 年)48 頁。

据法，也往往应该优先适用一些强制性规范。① 针对消费者合同准据法的选择，在立法讨论中出现了两种观点：一是承认当事人选择准据法，同时对消费者进行其经常居所地法律上的保护；二是不承认当事人选择准据法，主要根据消费者经常居所地法。

法制审议会上主要讨论了是否应该在《通则法》中明确规定消费者合同的冲突规范，以及是否参照《罗马公约》第 5 条第 2 款中采用的更有利于消费者的法律适用原则。② 由于在国际私法中确立保护消费者的原则是世界各国的立法趋势，③多数人认为从国际私法统一的角度出发，这次法律修订中消费者合同的法律适用是不可或缺的。关于在规定消费者合同的法律适用时应采取何种做法，有人认为《罗马公约》第 5 条第 2 款中的更有利于消费者的法律适用原则是对保护消费者的整个法律体系采取优选比较法，适用对消费者比较有利的法律，因

---

① 折茂豊『当事者自治の原則——近代国際私法の発展』（創文社，1970 年）287 頁；道垣内正人『ポイント国際私法 総論』（有斐閣，2007 年）72 頁；山川隆一『国際労働関係の法理』（信山社，1999 年）135 頁。

② 《罗马公约》第 5 条第 2 款规定，尽管有第 3 条的规定，当事人所做的法律选择有以下情况的则不得剥夺消费者经常居所地国法律的强制性规范对其提供的保护：如果合同在该国订立，在订立合同前向消费者发出了专门邀请或刊登了广告，而且消费者在该国对订立合同已采取了一切必要的步骤；或者如果另一方当事人或其代理人在该国收到了消费者的订单；或者如果合同是为了货物的销售，而消费者是从该国到另一国并在那里递交其订单的，并且消费者此项旅行是卖方为了吸引消费者购买货物而安排的。条款译文参见法例研究会『法例の見直しに関する諸問題（1）——契約・債権譲渡等の準拠法について——』（商事法務，2003 年）58 頁。《罗马公约》第 5 条第 2 款规定和 2008 年的《罗马规则 I》第 6 条第 2 款规定虽说在条文上有所不同，但基本观点是相同的，即对消费者的保护。《罗马规则 I》第 6 条第 2 款规定，尽管有第 1 款的规定，对于满足第 1 款要求的合同，当事人可根据第 3 条规定选择应适用的法律。但此种选择的结果，不得剥夺未选择法律时依照第 1 款本应该适用的法律中不能通过协议加以减损的强制性条款给消费者的保护。邹国勇：《外国国际私法立法选择》，武汉大学出版社 2017 年版，第 459 页。

③ 除了《罗马公约》第 5 条、第 9 条设定了保护消费者的规定以外，还有瑞士《国际私法》第 120 条、澳大利亚旧《国际私法》第 41 条、UCITA 第 109 条（a）、韩国《国际私法》第 27 条等。具体条款译文参见法例研究会『法例の見直しに関する諸問題（1）——契約・債権譲渡等の準拠法について——』（商事法務，2003 年）58—59 頁。

此日本也应采用这样的做法,才能有效地保护消费者。然而,也有人认为要采用更有利于消费者的法律适用原则,就必须对基于各种法律体系的法律适用效果进行比较,否则无法确定准据法,对于处于诉讼阶段的当事人来说,这无疑是个很重的负担,结果将可能导致诉讼迟延和司法成本的提高。① 另外也有不同意见,认为消费者合同应排除消费者意思自治,只依据消费者经常居所地法,或者认为消费者可以自由选择依据合同准据法和消费者经常居所地法。对此,前者的观点对准据法的确定没有任何选择的余地,只能依据消费者经常居所地法,这对营业者来说过于残酷,因此未能获得大量赞同。至于后者,也有人认为,即便将准据法的选择权赋予当事人,也未必真正有助于保护消费者。

法制审议会针对消费者合同的成立和效力的准据法做出了以下提案:在选择了准据法的情况下,消费者要求根据自己经常居所地法中的强制性规范进行保护时,适用该强制性规范。在没有选择准据法的情况下,只将消费者经常居所地法作为准据法。之后,审议会对于该提案进行整理,关于消费者合同成立(包括方式)及效力的法律适用,提出《中间草案》第4条第5款,即A、B两个方案。

A方案——

"1. 合同的成立和效力,即便当事人选择了准据法,该合同为消费者合同时,关于该合同的成立(包括方式)和效力,在消费者要求依据其经常居所地法中的强制性规范时,适用其要求的强制性规范。

2. 当事人没有选择准据法时,消费者合同成立(包括方式)和效力

---

① 小出邦夫『一問一答 新しい国際私法——国際私法の現代化に関する通則法の解説』(商事法務,2006年)72頁。日本著名律师手塚裕之在"《通则法》的成立——《法例》全面改革"的座谈会上也谈到这些观点,具体内容见ジュリスト1325号(2006年)。

不受《中间草案》第 4 条第 3 款第 1 项及第 5 条的限制,①依消费者经常居所地法。

3. 上面 1 和 2 中所说的消费者合同是消费者(企业或代表企业的合同当事人外的个人)与经营者(法人及其他社团、财团、企业或者代表企业的合同当事人情况下的个人)之间缔结的合同(劳动合同除外)。

4. 上面 1 和 2 中的消费者保护规定,符合下列情形之一的,不予适用。

(1) 消费者在经营者营业所所在地签订消费者合同,且消费者经常居所地与经营者营业所所在地处于不同法域时。但消费者在其经常居所地受到经营者的要约,在经营者营业所所在地签订消费者合同的情况除外。

(2) 经营者的营业所与消费者经常居所地处于不同法域,消费者在该营业所所在法域受领了或被认为受领了履行消费者合同的全部债务时。但消费者在其经常居所地的法域受到经营者的要约,在与经营者的营业所所在法域领受履行消费者合同全部债务的情况除外。

(3) 经营者不知道,且有充分理由证明其不知道消费者经常住所地在哪个法域时。

(4) 经营者误认为且有充分理由证明其是误认为对方非消费者本人时。

---

① 《中间草案》第 4 条第 3 款第 1 项规定,当事人没有选择准据法时,其法律行为的成立及效力依照与法律行为有最密切联系的地方的法律。《中间草案》第 5 条规定:1. 将《法例》第 8 条第 1 款"法律行为的形式,依规定该法律行为效力的法律",改为"法律行为的形式,适用该法律行为成立应适用的法律"。2. 位于不同法域的当事人之间的法律行为(1) 位于不同法域的当事人的意思表示,将其发出通知地看作行为地;(2) 位于不同法域的当事人订立的合同方式,可以依照要约地或承诺地的法律。

(注)A方案4(1)(2)但书中关于什么场合下可以说受到经营者的'要约'这一点,有待商议。"

B方案——

"消费者合同不设特别消费者保护规定。

(注)不管根据哪个方案,都将不受任何合同准据法的限制,适用保护消费者的法院地的绝对强制性规范。"

《中间草案》第 4 条第 5 款从 A、B 两个方案讨论了从保护弱者的立场来看是否要设定特殊规则。A 方案主张设定保护消费者的特殊规则,其第一项是当事人即便选择了准据法,若当事人主张基于其经常居所地法中的强制性规范,则适用该强制性规范。其第二项是当事人没有选择准据法时,将消费者经常居所地法作为准据法。其第三项和第四项则规定了该消费者保护规定的适用范围。与此相反,B 方案则主张不设定保护消费者的特殊规则。否定的理由首先是,按照以往的理论解释[①]可以实现必要的消费者保护。其次,无限制地承认当事人意思自治,在确定准据法方面就不可能考虑保护消费者。最后,通过"绝对强行法规"来保护消费者时,是根据将哪个范围的法律规定为"绝对强行法规"独立地适用为准据法,所以并非能够期待一直能得到充分的保护,特别是第三国家的"绝对强行法规"更成问题,故法律适用关系缺乏透明性。民意调查结果表明大多数人赞同 A 方案,也就是主张设定保护消费者的特殊规则。但是也有人提议应该采用优先比较,或者不赞同允许消费者合同选择准据法,认为应只适用消费者经常居所地法的客观连结。

---

① 作为以往的理论解释,少数人认为消费者合同不应适用《法例》第 7 条来确定准据法,而应适用客观连结来确定准据法。多数人认为应承认消费者合同适用《法例》第 7 条来确定准据法,同时为了实现国家利益、社会政策,出于保护弱者的立场,在国际私法关系中即便选择了准据法,也往往确保适用应该适用的强制性规范。

另外，关于《中间草案》A方案中的"注"这一项，需要讨论如何理解"引诱"（日语是"誘引"）这个词的概念的表述。对其范围是限定为由于信件广告带来的个别引诱，还是包含网络上的普通广告带来的引诱进行的讨论，①产生了两种意见：一是限定为网络的网页上出现的普通广告带来的引诱，二是限定为面向消费者经常居所地进行的比较积极、个别的宣传活动（个别引诱）。通过法制审议会的再次审议讨论，结果决定根据《中间草案》A方案设定保护消费者的特殊规则，并将前面提到的"引诱"的概念进行整理，限定为个别性劝诱，结果《国际私法现代化纲要》②和《中间草案》的内容几乎相同，除了将表示个别性劝诱意思的"引诱"改成了《消费者合同法》第4条中的"劝诱"这个词语。

《通则法》根据《国际私法现代化纲要》的宗旨，采用了更具分析性的规定方式，对消费者合同的法律适用分门别类地做了比较详尽的规定。《通则法》第11条的规定更加详细具体，概括起来主要有以下三个方面的重要内容：第一，消费者保护强制性规范的适用。《通则法》第11条第1款规定，对于消费者合同的成立和效力，如果当事人没有选择消费者经常居所地法作为准据法，只要消费者向企业表示了应适用其经常居所地法中强制性规范的意思，则该强制性规范应予以适用。依照该规定，消费者只有提出主张，才可以享受其经常居所地法强制性规范的保护。这一点和欧盟的做法不同，后者没有规定这种条件。1980年《罗马公约》第5条第2款规定，由双方当事人所做出的法律选

---

① 別冊 NBL 編集部『法の適用に関する通則法関係資料と解説』（商事法務，2006年）105頁。

② 法制审议会总会于2005年决定的《国际私法现代化纲要》（「国際私法現代化要綱」）。具体内容见別冊 NBL 編集部『法の適用に関する通則法関係資料と解説』（商事法務，2006年）67—73頁。

择,不得剥夺消费者经常居所地国法律的强制性规定对其提供的保护。① 可以说该规定是为了通过更有利于保护消费者的法律适用原则来实现保护消费者权益,同时也表明了限制准据法选择的效果。但日本实务界认为,由法官对当事人选择的准据法和消费者经常居所地法进行查明并做出比较,会加重法官负担,也不利于节省司法成本、提高案件处理效率。因此,宜由当事人自行比较选择。第二,最密切联系原则的排除适用。《通则法》第11条第2款规定,如果当事人没有选择准据法,则不能根据最密切联系原则确定消费者合同的准据法,此时消费者合同应适用消费者经常居所地法。第三,例外规定。为了实现企业和消费者利益的平衡,避免对企业的正当利益造成损害,《通则法》第11条第6款规定,如果消费者合同与企业所在地有更密切的联系,或者因产品的国际流通导致企业对法律适用完全不可预见,上述旨在保护消费者的特殊规则将不适用。具体情形包括:消费者前往营业者营业地签订合同,或者消费者在该营业地接受合同的全部履行;签订合同时营业者有合理理由不知消费者的经常居所地;签订合同时营业者有合理理由认为对方不是消费者。

综上,为了顺应国际上国际私法发展趋势,日本政府对《法例》进行了全面修订,特别是在合同的法律适用这一章。《通则法》对消费合同的法律适用做了比较全面的规定:适用当事人选择的法律、依照最密切联系原则确定法律的一般性规定、消费者保护适用强制性规范的特别规定、法律适用的例外规定。

---

① 法例研究会『法例の見直しに関する諸問題(1)——契約・債権譲渡等の準拠法について——』(商事法務,2003年)58頁。

二、劳动合同的法律适用

与消费者合同一样，劳动合同在《法例》中也没有特殊规定。日本学术界对于《法例》第 7 条的规定是否适用于劳动合同也存有争议。

我们首先可以分析一个日本空姐向德国航空公司要求支付加班津贴的案例。[①] 案情简介：甲（原告，在日本有住所的日本人）作为以东京空港为根据地的远东航线的乘务员与乙（被告，总公司在德国的一家航空公司）的法兰克福总公司签订雇佣合同，但双方关于国际裁判管辖及准据法均未明示合意。乙从 1974 年开始就支付附加津贴给日本空姐，但是后来以由于个人所得税征收办法的变更，乙以甲的到手工资总额增加为由，在 1991 年 8 月以后取消了附加津贴。雇佣合同里有乙保留取消或削减附加津贴权利的条款，这次附加津贴的取消就是基于此项规定。但甲主张撤回权的保留条款本身无效或撤回权的行使无效，要求对方支付附加津贴。法院判决结果是驳回诉讼请求。判决理由如下：第一，《法例》第 7 条规定虽说规定了劳动合同的准据法，但当事人之间为明示合意的，根据该条第 1 款规定的当事人意思自治的原则，从合同内容等具体情况综合考虑应该推定当事人默示的意思。第二，本案的劳动合同中规定甲的权利义务依据乙与德国的劳动工会缔结的劳动协议，这已达成合意；该协议基于德国劳动法规，规定了基本的劳动条件；接受该协议劳动条件的交涉是通过法兰克福总公司的从业人员代表来完成的，甲的个别劳动条件是通过和总公司交涉确定的，对甲具体劳动管理、指挥命令以及飞行日程的安排都是德国负责部门

[①] 桜田嘉章、道垣内正人『國際私法判例百選（新法対応補正版）』（有斐閣，2007年）66 頁。本案件为东京地方法院平成九年 10 月 1 日判决。

来运作的；甲的工资是用德国马克计算，在德国扣除所得税之后汇到日本的；虽说对甲的面试是在日本进行的，但是是德国公司总部人事部的人来日本进行面试，当事人是和德国总公司的负责人之间签订的劳动合同。将以上情况综合起来考虑，本案件的劳动合同的准据法，根据默示合意可以推定为德国法律。第三，甲的主要业务就是搭乘服务，根据准据法默示意思的推定关系，甲的劳务提供地是跨多个国家的，应该可以说没有单一的劳务提供地。另外，本案件中对甲的具体劳务管理及指挥命令都是法兰克福总公司乘务员人事部来运作，而根据合同，东京空港根据地只负责乘务员的休养时间、假期等安排。只凭根据地在日本，不足以推定合同合意的准据法为日本法律。第四，根据德国判例，本案件所谓的附加津贴算不上劳动合同的本质要素，只不过是补贴而已，不能说本案件的保留条款无效，所以这是属于德国《民法》第315条所规定的"公正的裁量"范围，可以行使撤回权。而且，本案件中由于征收办法的变更已达到附加津贴的支付目的，由此来看，撤回附加津贴符合公正的裁量，应该有效。

　　日本学界普遍认为，劳动合同为私法上的民事法律行为，因而劳动合同可以适用《法例》第7条，准据法的确定遵循当事人意思自治原则。① 但是，现实中由于劳动者对法律不甚了解，很多时候用人单位就会选择对其单方有利的法律，对此日本学者更倾向于为了保护本国劳动者，通过适用强制性规范来限制劳动合同领域的意思自治原则。例如，日本学者折茂豊提出采取属地原则适用本国公法（乃至强制性规定）。② 松冈博则提出积极适用国际私法上的公共秩序条款（《法例》第

---

① 山川隆一「労働契約の準拠法」『国際私法判例百選（新法対応補正版）』（有斐閣，2007年）67頁。桜田嘉章、道垣内正人『注釈国際私法（第1巻）』（有斐閣コンメンタール，2011年）272頁。
② 折茂豊「労働契約の準拠法について（2完）」法学30巻4号（1967年）。

33条)来保护劳动者。① 迷津孝司提出模仿《罗马公约》第6条第2款第1项②,将劳动合同的最密切联系地法的保护标准作为最低标准,当事人选择的法律对劳动者的保护不能低于该标准。③ 山川隆一提出承认劳务提供地法等这一所谓的"强制性规范"的特别连结因素。④ 在司法实践中,也有许多案例表露出在劳动合同的准据法确定时限制意思自治的考虑。例如,美国加州法人解雇自己雇佣的在日本国内工作的美国人之判例⑤也是根据"作为具有属地性效力的公共秩序的劳动法"肯定了限制当事人意思自治的做法。

在《通则法》制定过程中,学者们强烈主张为了保护劳动者,应该限制当事人通过意思自治选择准据法。因此,《通则法》第12条第1款对劳动合同的法律适用做了明确的特别规定,即为了保护劳动者,适用强制性规定。

一般来说,劳动合同适用特征性给付理论的话,劳动者的经常居所地法将作为劳动合同的准据法。但国际公约和其他国家关于劳动合同

---

① 松冈博「国際契約と適用法規——当事者による明示の法選択のある場合を中心に」『阪大法学』39卷3、4(合刊)(1990年)。

② 《罗马公约》第6条第2款第1项规定,"尽管有第4条的规定,而未根据第3条做出任何法律选择时,雇佣合同应当适用受雇佣者在为履行合同而惯常工作的国家的法律,即使他是在另一国家内临时受雇"。櫻田嘉章、道垣内正人『注釈国際私法(第1卷)』(有斐閣コンメンタール,2011年)273頁。

③ 迷津孝司『国際労働契約法の研究』(尚学社,1997年)195頁。

④ 山川隆一『国際労働関係の法理』(信山社,1999年)229頁。

⑤ 审理本案件的法院认为:解雇的效力应适用作为劳务提供地的日本的劳动法来进行判断,因此只要与此有关,就可以理解为不适用《法例》第7条(《通则法》第7条)的规定。但约束劳动合同关系的劳动法与调整劳务合同关系的一般私法法规不同,它干预的是那些缺乏抽象的普遍性、各个国家根据自身的要求在本国实行实际劳务给付的劳务合同关系,用各自国家的方法来限制、调整其自由,所以与本案件一样,基于劳动合同的实际劳务给付继续在日本国内实行的话,《法例》第7条所采用的自由选择准据法的原则就会受到作为具有属地性效力的公共秩序的劳动法的制约。东京地方法院昭和四十年(1965年)4月26日判决,载『判例時報』408号。

的国际私法立法时没有采用特征性给付理论,而是将劳务提供地的法律作为准据法,如《罗马公约》第6条,①瑞士《国际私法》第121条,②韩国《国际私法》第28条③等。日本的判例和学术界在探求劳动合同的准据法的默示意思时,更加倾向于劳务提供地。④ 在法制审议会的讨论中,很多人认为与劳动者的经常居所地相比,劳务提供地与劳动合同的关联性更强。所以法制审议会提案关于劳动合同不根据特征性给付理论推定最密切联系地法,而将劳务提供地法推定为最密切联系地法。但由于国际劳动合同的多样性,有时劳务提供地不总是合适的连结点,所以与前面所述的消费者合同不同,劳务合同通过推定规则来确定准

---

① 《罗马公约》第6条规定,尽管有第3条的规定,在雇佣合同中,当事人做出的法律选择不得剥夺雇者在没有做出选择时,依照第2款所要适用的法律的强制性规范对其提供的保护。尽管有第4条的规定,在未根据第3条做出任何法律选择时,雇佣合同应当:(a)适用受雇者为履行合同而惯常工作的国家的法律,即使他是在另一国家内临时受雇;或者(b)如果受雇者并不惯常地在任何一国工作,则适用其受雇佣的营业所所在地国家的法律。除非从整个情况看,合同与另一国家具有更密切的联系,则在这种情况下,该合同应适用那个国家的法律。https://wenku.baidu.com/view/0bb7d72fed630b1c59eeb55a.html,访问日期:2018年12月24日。

② 瑞士《国际私法》第121条规定,劳动合同适用劳动者从事经常性劳动所在地国法律;如果劳动者在多个国家从事经常性劳动,则劳动合同适用雇主的营业所所在地国家的法律,或者,在雇主无营业所时,适用其住所地或经常居所地国家的法律;当事人可以约定劳动合同适用劳动者的经常居所地国法律或者雇主营业所所在地、住所地或经常居所地国的法律。邹国勇:《外国国际私法立法选择》,武汉大学出版社2017年版,第402页。

③ 韩国《国际私法》第28条规定,劳动合同中当事人选择的准据法,不能剥夺由第2款规定所指定的准据法所属国的强制性规定对劳动者的保护;当事人没有选择准据法时,劳动合同不受第26条规定的限制,根据劳动者日常提供劳务的国家的法律;劳动者不是日常在一个国家内提供劳务的情况下,适用雇主雇佣劳动者的营业所所在地国的法律。http://www.law-walker.net/gjsf/Articleshow.asp?id=70,访问日期:2018年12月28日。

④ 以工作业绩及工作态度不好为由,英国法人解雇自己所雇佣的在日本工作的英国人的判例,东京地方法院昭和六十三年(1988年)12月5日判决,载劳働民例集39卷6号(1988年)。美国加州法人解雇自己雇佣的在日本国内工作的美国人的判例,东京地方法院昭和四十年4月26日判决,载『判例时报』408号。山川隆一『国際労働関係の法理』(信山社,1999年)135頁;陳一「国際的労働関係の適用法規の決定に関する一考察(1)(2完)」『法学協会雑誌』111巻9号(1994年);桜田嘉章・道垣内正人『注釈国際私法(第1巻)』(有斐閣コンメンタール,2011年)288—289頁(高杉直);神前禎『解説 法の適用に関する通則法——新しい国際私法』(弘文堂,2006年)108—109頁。

据法。所以,《通则法》第12条第2款和第3款在制定时,均采用了推定规定,即"2. 适用前款时,该劳动合同约定的劳务提供地法(难以确定劳务提供地的,适用雇佣该劳动者的营业所所在地法,下同),推定为与该劳动合同有最密切联系地法。3. 劳动合同的成立及效力,未依本法第7条的规定做出选择时,不受本法第8条第2款的规定的限制,推定该劳动合同劳务提供地法为最密切联系地法"。

综上,《通则法》明确规定了劳动合同的法律适用,是基于劳动者和雇主之间实力上的差距,通常劳动者处于弱势地位,这些规定体现了保护弱者的原则,顺应了现代国际私法的发展趋势,其条款内容与国际公约和多数国家的国际私法立法一致。

本章小结

通过对《通则法》和《法例》在"法律行为"领域的法律适用进行对比分析,可知《通则法》在"法律行为"的法律适用规定既保留了《法例》的一些传统规则,体现了日本国际私法的本土化,同时又顺应了国际私法发展趋势,体现了日本国际私法的现代化进程。主要表现有以下几个方面:第一,《通则法》放弃了通过探求当事人意思来确定准据法的陈旧思想,引进了客观连结点,采用特征性给付理论推定最密切联系地法。对以不动产为标的物的法律行为,推定不动产所在地法为与该法律行为有最密切联系的国家的法律。这样既强调了法律选择的灵活性,又兼顾了确定性和稳定性。第二,将意思自治原则适用于法律行为的形式要件,不再囿于行为方式适用属地法原则。法律行为方式与两个国家相联系时,符合其中一国法律规定即为有效的规定,符合"与其使之无效,不如使之有效"原则,有利于维护社会关系的稳定。① 第三,为了更好地保护弱者,《通则法》对消费合同和劳动合同的法律适用设置了强制性的特殊规定,另外还设置了各种保护方面的规定。《通则法》关于法律行为领域法律适用的规定,与国际上发达国家以及国际公约的相关规定基本一致,日本的国际私法规则进一步与国际接轨。当然,日本国际私法现代化的改革仍具有一定的保守性。例如,针对设定或处分动产或不动产等物权及其他应该登记权利的法律行为形式时,虽说"应登记权利"的意思表达不是很明确,但在《通则法》制定时也没有提出更合适的表达,结果"应登记权利"这一措辞继续使用。

---

① 齐湘泉:《日本2007年〈法律适用通则法〉评介》,载《中国国际私法与比较法年刊》2008年第11卷。

第四章
法定之债的法律适用问题

本章主要对《法例》中法定之债①相关规定的立法改革过程以及相关案例进行分析,以阐述日本为了顺应当代国际私法的发展,在法定之债方面进行的国际私法现代化立法改革,并且评述其立法、司法中所涉及的问题,希望最终从日本国际私法的现代化历程中汲取有益经验。

第一节 法定之债立法的现代化体现

一、《法例》中法定之债的法律适用问题

关于法定之债的法律适用,《法例》第 11 条第 1 款规定"因无因管理、不当得利或侵权行为而发生债权的成立及效力,依其原因事实发生地的法律"。可见,无因管理、不当得利或侵权行为一律适用原因事实发生地法。日本有些学者认为,之所以这样规定是因为上述任何一种

---

① 在日本的国际私法领域里,无因管理之债、不当得利之债、侵权行为之债被称作"法定之债"(日语叫"法定債権")。

制度一般与当事人意思无关，均立足于公平正义进行法律规制，所以无因管理、不当得利或侵权行为与原因事实发生地的公共利益密切相关，适用该地法律最合适。[1] 进入20世纪70年代后，国际经济往来日渐频繁，面对国际间众多复杂的债权问题，《法例》第11条已不能满足现实需要，在法律适用方面出现了诸多问题。

首先，《法例》第11条规定侵权行为一律适用原因事实发生地法，但由于侵权行为地常属偶然，与当事人并无实质上的重大牵连，因此以原因事实发生地法为准据法实属不妥。在侵权行为地为国家领域外的地区（如公海、南极等）时，则根本谈不上侵权行为地法。另外，侵权行为地和侵权结果发生地不同时，很难确定原因事实发生地为何地。

其次，从传统意义上来说，无因管理、不当得利、侵权行为是基于公平正义的观念维持公共秩序的法律制度，适用属地法最为适当，但近代以来却被认为是旨在调整当事人之间利益的法律制度，应重视当事人的意思自治。

最后，《法例》第11条第2款规定，只有日本法承认的侵权才能根据该条第1款规定适用外国的法律；该条第3款规定在外国发生并且依日本法属于侵权行为的侵权事实，必须依日本法提出损害赔偿或其他请求。这些规定在日本被称作"特别保留条款"（中文翻译成"双重可诉原则"），由于双重可诉原则过度优先适用内国法，所以在立法方面有学者强烈主张将其删除。[2]

---

[1] 国際法学会『国際私法講座（第Ⅱ卷）』（有斐閣，1955年）462頁；山田鐐一『国際私法（第3版）』（有斐閣，2004年）341頁；溜池良夫『国際私法講義（第3版）』（有斐閣，2005年）382頁；桜田嘉章『国際私法（第5版）』（有斐閣，2006年）222頁。
[2] 溜池良夫『国際私法講義（第3版）』（有斐閣，2005年）378頁；山田鐐一『国際私法（第3版）』（有斐閣，2004年）362頁。

二、《通则法》关于法定之债法律适用的改革

由于《法例》在法定之债的法律适用方面出现了以上诸多问题,再加上美国在20世纪50年代末到70年代初出现了一场"冲突法的革命",《第二次冲突法重述》针对侵权之债的法律适用采用了最密切联系原则,这给侵权行为地法适用问题带来了很大冲击。在这样的内外形势下,日本内阁会议于平成十三年(2001年)通过了《推进规章制度改革的三年计划》、平成十六年又通过了《推进规章制度改革和民间开放的三年计划》,指出要全面重新认识侵权之债的法律适用问题,对《法例》进行修订以实现现代化。

《通则法》第14条到第22条虽说都是法定之债法律适用方面的相关规定,但将无因管理、不当得利和侵权行为的法律适用分开了,第14条到第16条为无因管理、不当得利的法律适用规定,第17条到第22条为侵权行为的法律适用规定。《通则法》较之前的《法例》有突破性的进步,主要表现在以下几个方面。

第一,在语言表述上,采用通俗易懂的现代日语。《通则法》第14条内容虽说是承袭了《法例》第11条第1款关于无因管理与不当得利的规定,但其语言表达则采用了现代日语。

第二,无因管理与不当得利的法律适用与侵权行为法律适用分开规定,增加了例外条款(最密切联系原则)和意思自治,并优先适用。《通则法》与《法例》不同的是,《通则法》除了第14条的原则性规定,还新设了第15条例外条款以及第16条承认当事人意思自治的特殊规定。因此,在无因管理与不当得利的情况发生时,有可能会适用其原因事实发生地法律以外的法律。另外,《〈中间草案〉补充说明》关于这三

条的适用关系做了说明,为了确保准据法确定的灵活性,在适用上第15条的例外条款优先于第14条的原则性规定;为了尊重和保障当事人的利益以及确保交易行为的有效性和可预见性,第16条的承认当事人意思自治条款优先于第15条的例外条款。[1]

第三,《通则法》第17条至第22条都是关于侵权行为法律适用新设的规定。从这些增加的条文可以看出,侵权行为的法律适用问题在这次《通则法》修订中属于内容变更很大的领域,也更能体现关于侵权行为法律适用的现代化:一是侵权行为地法规定的精细化(第17条);二是侵权行为的类型化(第18、19条);三是引进灵活的例外条款和承认当事人意思自治(第20、21条);四是保留双重可诉原则(第22条)。

下文将分别对无因管理、不当得利和侵权行为的法律适用在这次修订中如何实现现代化改革进行具体分析。

第二节 无因管理及不当得利的法律适用

一、原则性规则

明治二十三年公布的《法例》第7条规定,"不当得利、非法侵害以及法律上的管理,依其原因发生地法"。明治三十一年《法例》第11条

---

[1] 别冊NBL編集部『法の適用に関する通則法関係資料と解説』(商事法務,2006年)191頁;小出邦夫『逐条解説・法の適用に関する通則法』(商事法務,2009年)181頁,189—190頁。

仿照当时《民法》的修订,对这条规定的措辞进行多处修改,如将"非法侵害"改成"侵权行为","法律上的管理"改成"无因管理"。另外关于侵权行为,当原因发生地与原因事实发生地不同时,单单依据其原因发生地法律时,往往会带来不适当的结果,如:位于 A 国的工厂产生的煤烟给 B 国的居民带来健康上的危害,但是原因发生地(A 国)的法律往往无法给予 B 国受害居民充分保护。因此,明治三十一年的《法例》第 11 条将明治二十三年的《法例》第 7 条的"其原因发生地法"改成"其原因事实发生地的法律"。对此,也有学者提出批评说,侵权行为地与侵权结果地不同时,确定原因事实发生地比较困难。[①]

在制定《通则法》的法制审议会国际私法(现代化关系)部会上,关于无因管理、不当得利仍然适用原因事实发生地法这一做法没有不同意见,但针对涉及不同法域的无因管理、不当得利,是否有必要规定明确的连结点引发了热烈讨论,还有人提议无因管理适用管理客体所在地法,不当得利适用得利发生地法。[②] 最终《通则法》第 14 条维持了《法例》第 11 条第 1 款的规定,无因管理、不当得利适用原因事实发生地法。主要原因如下:1. 实务上侵权行为发生地与侵权结果地不同的无因管理、不当得利的法律行为并不常发生,鉴于无因管理、不当得利的多样性,与其设置特殊规定来确定连结点,倒不如对原因事实发生地进行灵活解释来确定准据法,有利于灵活处理具体案件;2. 无因管理未必一直都存在管理客体;3. 不当得利即便是适用得利发生地法,但得利发生地也未必能够明确;4. 世界上其他主要国家关于无因管理和不当得利的规定,大多选取了与原因事实发生地同义的连结点,如德国

---

① 折茂豊『国際私法(各論)[新版]』(有斐閣,1972 年)172 頁。
② 国際法学会『国際私法講座(第 II 卷)』(有斐閣,1955 年)463 頁、467 頁;山田鐐一『国際私法(第 3 版)』(有斐閣,2004 年)344 頁、351 頁;溜池良夫『国際私法講義(第 3 版)』(有斐閣,2005 年)388 頁;桜田嘉章『国際私法(第 5 版)』(有斐閣,2006 年)223 頁、226 頁。

《〈民法〉施行法》第 38 条第 3 款和第 39 条第 1 款,①意大利《国际私法》第 61 条,②瑞士《国际私法》第 128 条,③奥地利《国际私法》第 46 条和第 47 条,④韩国《国际私法》第 30 条第 1 款和第 31 条,⑤等等。

二、例外条款

《通则法》第 15 条规定,"除前条规定外,因无因管理或者不当得利而产生的债权的成立及其效力,在该原因事实发生时,如果存在当事人在同一法域有经常居所,或者基于当事人间已有的合同关系而产生无因管理或不当得利等情况,则将这些情况进行对比,与原因事

---

① 德国《〈民法〉施行法》第 38 条第 3 款规定"在其他情况下,基于不当得利而产生的返还请求权,适用不当得利发生地国法律",第 39 条第 1 款规定"因料理他人事务而产生的法定请求权,适用事务实施地国法律"。邹国勇:《外国国际私法立法选择》,武汉大学出版社 2017 年版,第 118—119 页。

② 意大利《国际私法》第 61 条规定"只要本法无其他规定,无因管理、不当得利、未到期债务的支付以及其他任何法定之债依照导致该债权产生的事实发生地国法律"。法例研究会『法例の見直しに関する諸問題(2)——不法行為・物権等の準拠法について——』(商事法務,2003 年)125 頁。

③ 瑞士《国际私法》第 128 条规定"因不当得利提出的请求,适用支配不当得利据以发生的现有的或假定的法律关系的法律。无此种法律关系时,因不当得利而提出的请求适用不当得利发生地国法律;当事人可以约定适用法院地法律"。邹国勇:《外国国际私法立法选择》,武汉大学出版社 2017 年版,第 403—404 页。

④ 奥地利《国际私法》第 46 条规定"不当得利的请求权,依照不当得利发生地国法律判定。但在履行法律义务或关系的过程中产生的不当得利,以该法律关系的准据法所属国的实体规范为准;本规定类推适用于替他人进行支付而产生的补偿请求权",第 47 条规定"无因管理,依照此种管理行为实施地国法律判定;但如果无因管理与另一法律关系具有内在联系,则类推适用第 45 条的规定"。不过,奥地利关于不当得利的规定第 46、47 条现已废除。邹国勇:《外国国际私法立法选择》,武汉大学出版社 2017 年版,第 163 页。

⑤ 韩国《国际私法》第 30 条第 1 款规定"无因管理适用管理地法,但基于与当事人之间的法律关系而实施的无因管理依据该法律关系的准据法",第 31 条规定"不当得利适用不当得利发生地国法。但基于与当事人之间的法律关系而实施的不当得利依据该法律关系的准据法"。法例研究会『法例の見直しに関する諸問題(2)——不法行為・物権等の準拠法について——』(商事法務,2003 年)125 頁。

实发生地相比,如果存在一个与案件明显有更密切联系之地,则应适用该更密切联系地法"。这是修订后的《通则法》关于无因管理或者不当得利的法律适用新增加的例外条款。之所以增设该条是因为考虑到无因管理及不当得利的类型多样,在个别具体案件中,原因事实发生地未必和案件有密切联系。可见,《通则法》第15条增设的例外条款使连结点的确定更具有多样性,具体案例也可以适用更合适的准据法。下文将分别就无因管理与不当得利的法律适用予以分析。

(一) 无因管理

《法例》第11条第1款规定"因无因管理、不当得利或侵权行为而发生债权的成立及效力,依其原因事实发生地的法律"。该款表明,包括无因管理在内的冲突规范,不管管理人与本人之间是否有管理事务的协议,一律适用原因事实发生地法律。对此,在《法例》的解释论方面存在两种不同意见。斋藤武生、折茂豊、溜池良夫等学者认为,即便管理人与本人之间有管理事务的协议,且管理人为了本人做了超出该协议义务范围的行为,此时是否仍然构成无因管理,应依据原因事实发生地法律(无因管理地法律)来认定。[①] 但也有一些日本学者认为,上述法律关系可以看作无因管理准据法和协议准据法的冲突,应该考虑优先适用该协议的准据法。[②] 笔者比较倾向于后面一

---

① 国際法学会『国際私法講座(第Ⅱ卷)』(有斐閣,1955年)465頁;折茂豊『国際私法各論』(有斐閣,1972年)158頁;溜池良夫『国際私法講義(第3版)』(有斐閣,2005年)385頁。
② 三浦正人「国際私法における事務管理」『谷口知平教授還暦記念・不当利得・事務管理の研究(3)』(有斐閣,1972年)457—459頁;山田鐐一『国際私法(第3版)』(有斐閣,2004年)345頁;木棚照一、松岡博『基本法コンメンタール国際私法』(日本評論社,1994年)76頁。

种观点,理由是:第一,原因事实发生地法律主义重视公益的观点,把无因管理地看作最密切联系地,但无因管理当事人之间存在基本关系时,从当事人之间的利害关系来看,其法律关系的准据法就会变得很重要。第二,《法例》的立法论方面,日本学界主张当管理人与本人之间有特别的法律关系时,与无因管理地的公共利益相比,应更加重视当事人之间的利益,所以根据当事人之间的法律关系适用法律更适当。①

在《通则法》立法的过程中,法制审议会从各个方面讨论了什么情况下应适用原则性准据法以外的法律。在对《通则法》第 15 条的规定进行审议之际,审议会参照 2007 年《欧盟非合同义务法律适用条例》(以下简称《罗马规则Ⅱ》)第 11 条第 4 款,②德国《〈民法〉施行法》第 41 条第 1 款关于无因管理设置例外条款的规定,③讨论了为了适应现代形态多样的无因管理而设定例外条款的事宜;参照前述欧盟的《罗马规则Ⅱ》第 11 条第 2 款关于无因管理的当事人拥有共同经常居所地时法律适用的规定,④讨论了是否应该设定适用共同经常居所地法的

---

① 国際私法立法研究会「契約、不法行為等の準拠法に関する法律試案(一)」『民商法雑誌』112 巻 2 号(1995 年);溜池良夫『国際私法講義(第 3 版)』(有斐閣,2005 年)385 頁。

② 欧盟的《罗马规则Ⅱ》第 11 条第 4 款规定"当从案件总体情况来看,未经正当授权而在他人事务方面从事某种行为所产生的非合同义务明显地与第 1 款、第 2 款和第 3 款所指以外的某个国家存在更为密切的联系的,该其他国家的法律应予适用"。http://www.rzfanyi.com/7589.html,访问日期:2019 年 1 月 30 日。

③ 德国《〈民法〉施行法》第 41 条第 1 款规定"如果某一国家的法律比根据第 38 条至第 40 条第 2 款本应适用的法律存在实质性更密切联系,则适用该国的法律"。邹国勇:《外国国际私法立法选择》,武汉大学出版社 2017 年版,第 119 页。

④ 欧盟的《罗马规则Ⅱ》第 11 条第 2 款规定"在根据第 1 款无法确定需适用的法律,而当导致损害的事件发生时,当事人双方在同一国家拥有经常住所地的,该国的法律应予适用"。http://www.rzfanyi.com/7589.html,访问日期:2019 年 1 月 30 日。

特殊规定;另外还参照欧盟《罗马规则 II》第 11 条第 1 款,①奥地利《国际私法》第 47 条但书,②以及韩国《国际私法》第 30 条第 1 款但书③关于当无因管理当事人之间存在其他法律关系时法律适用相关的规定,讨论了无因管理是否应该设定依据该法律关系进行法律适用的特殊规定。④ 最终,虽然《中间草案》设定了例外条款和两个特殊规定。但是审议会还是决定只设定例外条款。"究其原因是考虑到这两个特殊规定虽说在很多情况下也能给出妥当的结论,但未必一直能给出妥当的结论,还是需要适用例外条款来处理。所以与其对这两个特殊规定进行单独明文规定,倒不如在适用例外规定时将这两个特殊规定的实质内容作为考虑要素来安排,这样显得比较妥当。"⑤最终《通则法》基本采用了《国际私法现代化纲要》的观点,只是在语言表达上做了一下修改,内容更加明确。

(二) 不当得利

《法例》第 11 条第 1 款规定不当得利一律适用原因事实发生地法律,即不当得利地法律。但不当得利在很多时候都是基于构成不当得

---

① 欧盟的《罗马规则 II》第 11 条第 1 款规定"未经正当授权而在他人事务方面从事某种行为所产生的非合同义务,而涉及到当事人既有的诸如由合同或者侵权或过失不法行为导致的某种关系,而此种关系与该非合同义务之间存在密切联系时,该非合同义务应受此关系所适用法律的调整"。http://www.rzfanyi.com/7589.html,访问日期:2019 年 1 月 30 日。

② 奥地利《国际私法》第 47 条但书规定"如果无因管理与另一法律关系具有内在联系,则类推适用第 45 条规定"。邹国勇:《外国国际私法立法选择》,武汉大学出版社 2017 年版,第 163 页。

③ 韩国《国际私法》第 30 条第 1 款但书规定"基于当事人之间法律关系而实施的无因管理,根据该法律关系的准据法"。法例研究会『法例の見直しに関する諸問題(2)——不法行為・物権等の準拠法について——』(商事法務,2003 年)105 頁。

④ 小出邦夫『逐条解説・法の適用に関する通則法』(商事法務,2009 年)182—183 頁。

⑤ 別冊 NBL 編集部『法の適用に関する通則法関係資料と解説』(商事法務,2006 年)59 頁。

利原因的一些基础法律关系而产生的,当不当得利当事人之间存在基础法律关系时,不当得利不是依据不当得利地法,而是依据该基础法律关系的准据法。这就是日本国际法学界所谓的"基础法律关系的准据法主义"。① 譬如,由买卖合同的无效或被取消而产生的不当得利应适用该买卖合同的准据法,由赠与被撤回而产生的不当得利应适用被撤回的赠与合同的准据法,由添附(附合、混合、加工)而产生的不当得利应适用物权的准据法。学界之所以支持该主张,主要基于以下两个原因:一是不当得利在本质上可以看作基础法律关系的发展,由此可以认为与不当得利地法律相比,不当得利与基础法律关系的准据法有着更密切的关系。② 二是实质上可以回避认定法律关系性质这一难题。譬如,与合同的无效或被取消、被解除时的清算有关的一系列问题,如不当得利返还请求权、损害赔偿请求权等,每个国家的实体法对其性质的认定是不同的,故不当得利通过适用基础法律关系的准据法,才能符合当事人预期。

法制审议会在对《通则法》第 15 条的条文进行审议时,与前述的无因管理一样,讨论了为了适应现代社会形态多样的不当得利,是否有必要设定例外条款。此外,还讨论了另外两种情形,即当不当得利的当事人拥有共同经常居所地时,是否应该规定适用共同经常居所地法的特殊规定;如果不当得利当事人之间有其他法律关系时,与该法律关系

---

① 斎藤武生「事務管理、不当利得、不法行為」『国際私法講座(第Ⅱ卷)』(有斐閣,1955 年)468 頁,451—486 頁;江川英文『国際私法(修訂版)』(有斐閣全書)』(有斐閣,1957 年)226—227 頁;山田鐐一『国際私法(第 3 版)』(有斐閣,2004 年)349 頁;溜池良夫『国際私法講義(第 3 版)』(有斐閣,2005 年)385—386 頁。

② 山田鐐一『国際私法(第 3 版)』(有斐閣,2004 年)349 頁;溜池良夫『国際私法講義(第 3 版)』(有斐閣,2005 年)386 頁。

有联系的不当得利是否应根据该法律关系进行法律适用。① 尽管《中间草案》里规定了例外条款和前述两个特殊规定,但审议会还是决定只设定例外条款,理由与前述的无因管理一样。②

三、承认当事人意思自治

《通则法》第 16 条规定,无因管理或不当得利的当事人在原因事实发生后,可以变更因无因管理或不当得利所引起的债权的成立及效力应适用的准据法。但变更准据法损害第三人权利的,其不得对抗该第三人。这意味着在无因管理或不当得利所引起的债权准据法问题中,承认当事人意思自治。

在法定之债的准据法适用方面,对当事人意思自治的承认主要集中在侵权领域。但是近年来,随着世界各国立法改革的推进,不仅针对侵权行为所产生的债权承认当事人意思自治,针对其他法定之债也开始承认当事人意思自治。这股趋势最早可以追溯到奥地利 1978 年的《国际私法》第 35 条第 1 款"债务关系依据当事人明示的或决定的法律来判断"。③ 随后,瑞士 1987 年的《国际私法》第 128 条第 2 款也规定:"在不存在前项规定的法律关系的情况下,基于不当得利的请求依据不当得利发生地国法律。但当事人可以合意适用

---

① 小出邦夫『逐条解説・法の適用に関する通則法』(商事法務,2009 年)182—183 頁。
② 参见别册 NBL 编集部『法の適用に関する通則法関係資料と解説』(商事法務,2006 年)59 頁。
③ 山内惟介「オーストリアの国際私法典について」法学新報 88 卷 5、6 号(1981 年)。法例研究会『法例の見直しに関する諸問題(2)——不法行為・物権等の準拠法について——』(商事法務,2003 年)48 頁。

法院地法。"①另外,德国1999年的《〈民法〉施行法》第42条规定:"产生合同以外的债务关系的事实发生以后,两当事人可以选择该准据法。第三者的权利不受其影响。"②欧盟2007年的《罗马规则Ⅱ》第14条也有承认当事人意思自治的相关规定。③

在20世纪90年代,日本学界讨论的中心主要是侵权行为产生的债权中的当事人意思自治承认问题,并没有将无因管理或不当得利产生的债权如何适用法律作为中心议题。④但是随着对侵权行为制度理解的转变,以前认为侵权行为制度是与原因事实发生地的公共利益和秩序有关的制度,现在则认为是调整当事人之间利益的制度,这样便开始肯定由侵权行为产生的债权适用当事人意思自治。那么,与侵权行为相比,更重视当事人之间利益调整的无因管理或不当得利制度,便没有理由排除当事人的意思自治。因此,在《通则法》立法过程中,对由无因管理或不当得利产生的债权中的当事人意思自治这一问题的讨论的结果是,承认当事人意思自治。

---

① 法例研究会『法例の見直しに関する諸問題(2)——不法行為・物権等の準拠法について——』(商事法務,2003年)132頁。

② 奥田安弘「1987年のスイス連邦国際私法(四)」戸籍時報377号(1989年)。法例研究会『法例の見直しに関する諸問題(2)——不法行為・物権等の準拠法について——』(商事法務,2003年)48頁。

③ 《罗马规则Ⅱ》第14条规定:"1. 当事人可以通过以下方式约定将其非合同义务交由选择的法律来调整:(1)导致损害的事件发生后,达成的协议;或者(2)在当事人各方均在从事一项商业活动的场合,导致损害的事件发生前,各方自由商定的一项协议应当明确表达出来,且不应损害第三方的权利。2. 当导致损害的事件发生时,与案件情况有关的全部因素均位于被法律选中的国家以外的某一国家时,当事人的法律选择不得损害该另一国中禁止当事人协议背离的法律规定的执行。3. 当导致损害的事件发生时,与案件情况有关的全部因素处在一个或多个成员国中时,当事人对某一成员国法以外的法律所做的适用选择,不得损害在法院地成员国中正常执行并禁止当事人协议背离的欧盟法律规定的执行。"http://blog.sina.com.cn/s/blog_4dae264e0102w3mv.html,访问日期:2018年11月2日。

④ 中野俊一郎「不法行為に関する準拠法選択の合意」『民商法雑誌』102卷6号(1990年)。

第三节　侵权行为的法律适用

一、侵权行为地法规定的精细化

《法例》第 11 条第 1 款规定："因无因管理、不当得利或侵权行为而发生债权的成立及效力,依其原因事实发生地的法律。"可见侵权行为适用原因事实发生地法律,但是当侵权行为地和结果发生地不同时,到底何地为原因事实发生地?《法例》对此没有做出明确规定。对此,日本不少学者提出批评说:当加害行为地和结果发生地分属不同法域时,侵权行为地就会不明确。① 在实践中也产生了不少争议,典型的案例有日本最高法院平成十四年 9 月 26 日的一起涉外专利权侵权案例。② 本案涉及的主要问题是美国专利权因日本境内的侵权行为而受到侵害,是否可以请求损害赔偿的问题。在该案中,日本最高法院认为乙在日本的行为如果积极诱导侵犯本案的美国专利权,那么侵权结果地是美国,所以适用美国法;且只要乙打算通过其子公司向美国出口并销售该产品,就不会影响侵权人乙的预见性,所以最终将本案的侵权结果发生地(美国)解释为原因事实发生地,根据《法例》第 11 条第 1 款规定适

---

① 西谷祐子「新国際私法における不法行為の準拠法決定ルールについて」NBL813 号(2005 年);神前禎「解説法の適用に関する通則法——新しい国際私法」(弘文堂,2006 年)115—116 頁;中西康「法適用通則法における不法行為——解釈論上の若干の問題について」『国際私法年報』9 号(2007 年)。

② 桜田嘉章、道垣内正人『国際私法判例百選(新法対応補正版)(別冊ジュリスト) No. 185』(有斐閣,2007 年)74 頁;『最高裁判所民事判例集』56 巻 7 号(2000 年)1551 頁。

用了美国法。但由案件内容得知甲所主张的乙的侵权行为全都是发生在日本国内的,日本应是《法例》第11条第1款所规定的原因事实发生地,所以该案件又应适用日本法。这样一来,一个案件就出现了适用不同的准据法的情况,使案件审理复杂化。本案件表明,若两地法律不同,如何适用法律将是一个棘手的问题,这也是《法例》需要修改以适应时代发展要求的一个例证。对此,《通则法》第17条将侵权行为地法的规定精细化,将"依据加害行为的结果发生地法"作为原则性规定,同时规定,侵权结果在该地发生没有预见性时,依据侵权行为地法。

  关于侵权行为冲突规范的修订最初是在法制审议会第六次会议上提出来的,并针对侵权行为冲突规范的原则性规定进行了讨论。讨论的结果是,考虑到加害行为实施地与侵害结果发生地可能不一致,从弥补受害者的损失立场出发,原则上适用侵害结果发生地法。[①] 但如果所有的侵权行为都适用侵害结果发生地法,就会降低法律适用的可预见性,有些不妥。后来《中间草案》第7条第1款第1项关于侵权行为的原则性连接政策的规定提出以下两个方案:A方案规定侵权行为产生的债权的成立及效力依据侵害结果发生地法;B方案规定侵权行为产生的债权的成立及效力依据侵害结果发生地法,但在侵权人不能预见侵害结果且不能预见时不存在过失的情况下,依据侵权行为地法。通过民意调查,一部分人认为B方案虽说可以确保侵权人准据法适用的可预见性,但连结点被当事人主观控制,这样就会影响侵权行为法律适用的明确性,而且有无过失需要对个案进行调查取证,这样诉讼关系人的负担就会增大,故选择了A方案。但法制审议会从平衡受害者与加害者之间利益的角度考量,最终还是采用了B方案。为了回避"过

---

① 神前祯『解説法の適用に関する通則法——新しい国際私法』(有斐閣,2006年)117頁。

失"这样一个主观且模糊不清的概念,《现代化纲要》在制作时删除了相关表述,变成了现行《通则法》第17条,即"侵权行为产生的债权成立及效力,依加害行为的结果发生地法。但其行为结果发生地通常无法预见的,则依加害行为地法"。

二、侵权行为的类型化

《法例》第11条规定,侵权行为冲突规范一律以侵权行为地为连结点。但侵权行为有多种类型,如公路交通事故、产品责任、侵犯名誉权、不正当竞争、侵犯知识产权等,这样往往就会出现侵权行为地不适合作为连结点的情况,所以需要将侵权行为类型化。但《通则法》只对产品责任、侵犯名誉权两类个别的侵权行为做了规定,对其他个别侵权行为均没有进行规定。原因如下:

涉外公路交通事故是一类比较特殊的侵权行为,仅仅根据一般侵权行为冲突规范很难较好地解决它的法律适用问题。由于日本和其他国家在陆地上互不连接,所以从实务的角度来看没有必要对其进行规定。

关于不正当竞争,可以适用《法例》第11条规定。但与一般的侵权行为不同,不正当竞争与市场的公益有关。有学者主张灵活解释原因事实发生地,具体的做法是将不正当竞争分成与市场相关的不正当竞争(不正当广告等)和与营销相关的不正当竞争(营销诽谤等),前者为了保护公众的利益适用市场所在地法律,后者为了保护受害经营者的利益适用经营者营业所所在地法律。在《通则法》立法之际,对是否要明文设定关于不正当竞争和竞争限制行为适用市场所在地法律这一特殊规定进行了详细的讨论,由于竞争限制相关的法律具有公法性质,日本法院不会适用外国法,而且与不正当竞争相关的法益种类很多,一律以市场所在地为连结点实属不妥,所以关于不正当竞争和竞争限制不设特殊规定,与之相关的问题留待司法机关解释。

知识产权包括著作权、商标权、专利权等多种权利,具有属地性,其内容、属性和存续的时间限定等一般由该国法律决定。赋予这些权利的国家被称作知识产权的"保护国"。国际上各国及国际组织的相关法律文件中,关于侵犯知识产权的法律适用,大多采用了以保护国法为准据法的办法,如瑞士《国际私法》第110条第1款和第2款,[1]《罗马规则Ⅱ》委员会提案第8条[2],《伯尔尼保护文学和艺术作品公约》第5条第2款[3]都规定了以保护国法作为知识产权侵权的准据法。但是日本学界对于何为"保护国"存有争议。由于"保护国法"这个概念有很多含义,除非将其内容明确化,否则设置规定就比较困难。因此审议会讨论了要不要将保护国法作为知识产权侵权的准据法,并且设置特殊规定。若设置该特殊规定,那么侵害对象只限于受行为地法律保护的知识产权,这与属地原则一致。如日本最高法院平成十四年9月26日第一小法庭判决的"读卡机专利权侵权案件",[4]关于原告的第一和第

---

[1] 瑞士《国际私法》第110条第1款规定"知识产权,适用被请求保护知识产权的国家的法律",第2款规定"对于因侵害知识产权而提出出货的请求,当事人可在损害事件发生后随时约定适用法院地法律"。邹国勇:《外国国际私法立法选择》,武汉大学出版社2017年版,第399—400页。

[2] 《罗马规则Ⅱ》委员会题案第8条规定"因侵犯知识产权所引起的非合同义务应适用被请求对该知识产权实施保护的国家的法律。在因侵犯某项欧盟一元化知识产权而产生的非合同义务的情况下,关于不受欧盟相关文件调整的任何问题方面,应当适用侵权行为实施地国的法律"。法例研究会『法例の見直しに関する諸問題(2)——不法行為・物権等の準拠法について——』(商事法務,2003年)99頁。

[3] 《伯尔尼保护文学和艺术作品公约》第5条第2款规定"享有和行使这些权利不需要履行任何手续,也不论作品起源国是否存在保护。因此,除本公约条款外,保护的程度以及为保护作者权利而向其提供的补救方法完全按被要求给以保护的国家的法律规定"。https://wipolex.wipo.int/zh/text/283696,访问日期:2019年3月29日。

[4] 桜田嘉章、道垣内正人『国際私法判例百選(別冊ジュリスト)No.185』(有斐閣,2007年)74頁。『最高裁判所民事判例集』56卷7号1551頁。

二个请求属于专利权效力的问题,根据日本条理,应根据最密切联系地法,即美国法。但美国法的适用违反了日本的公共秩序,故排除适用美国法。原告的第三个请求"基于侵权行为请求损害赔偿"关涉侵权行为,根据《法例》第 11 条第 1 款(《通则法》第 17 条有所变更)规定,当根据原因事实发生地法,因为侵权事实发生在美国,所以适用美国法。根据美国《专利法》第 271 条第 2 款和第 284 条规定,该案件的行为已构成侵权。但根据《法例》第 11 条第 2 款(《通则法》第 22 款)的规定,可以重叠适用日本法。根据属地原则,日本法没有规定专利权的效力可以涉及本国领域外的积极诱导行为,所以专利权的效力达不到注册国领域外,那么领域外的积极诱导侵犯专利的行为就不构成违法。故驳回原告的第三个请求。① 总之,鉴于将知识产权保护国法规定为行为地法还存在疑问,且有人提出设置相关规定为时尚早,法制审议会决定就知识产权侵权的法律适用不设置特殊规定,相关问题留待司法机关解释。

因此,《通则法》只对产品责任(第 18 条)与名誉、信用的损毁(第 19 条)做了特殊规定。

(一) 产品责任的法律适用

产品责任,又称产品侵权损害赔偿责任,是指产品存在可能危及人身、财产安全的不合理危险,造成消费者人身或者其他财产(缺陷产品除外)损失后,缺陷产品的生产者、销售者应当承担的特殊的侵权法律责任。在 20 世纪 50 年代,产品责任案件已经非常普遍。日本和其他很多国家对产品责任都有相关规定。特别是 20 世纪 60 年代在美国出

---

① 樱田嘉章、道垣内正人『国際私法判例百選(別冊ジュリスト)No. 185』(有斐閣,2007 年)74 頁。

现的严格责任理论,①更是使消费者保护进入了一个新时代。之后,作为保护消费者的一个新的政策,欧盟于1985年发布了第374号指令,即《欧盟产品责任指令85/374/EEC》②。鉴于此,日本于1994年也制定了《产品责任法》。产品责任属于介于合同与侵权行为之间的责任类型,而在国际私法上,都将其作为侵权行为来确定准据法,显然这种做法是不妥当的。因此,在1973年海牙国际私法会议制定了《产品责任法律适用公约》③之后,很多国家的国际私法中都增设了与产品责任相关的特殊规定。日本的《法例》对产品责任的法律适用没有进行专

---

① "美国产品责任法发展的重要标志是1916年的'麦克弗森诉布克汽车公司'案。卡多佐法官在该案中宣布:制造商给予合理注意的责任不受合同关系制约,受害人无须与制造商有相互关系以获得赔偿。继该案裁决之后,许多法院在裁定缺陷产品责任时依据了广泛的过失基础。加州最高法院在1944年的'埃斯科拉诉可口可乐瓶装公司'案中做出了另一重大裁决。法院援引了'事实自证'原则,仅从存在缺陷这一事实做出过失的推定。然而该案最引人注目的是特雷纳法官出于对公共政策的考虑而创立的严格责任理论。新泽西州最高法院在'海尼森诉布龙菲尔德汽车公司'案中的裁定冲击了担保范畴中的相互关系。法院明确了商销性及合目的性的默示担保概念,并陈述了日后证明严格责任之合理性的理论基础:因使用有缺陷产品所致损害的责任应由'有能力控制危险或在损害确实发生后可平均分担损失'的人来承担。1963年,加州最高法院在'格林曼诉尤巴电力公司'案里,首次确立了有缺陷产品的严格责任。法院裁决援引了'海尼森'案所表述的原则,即'确保有缺陷产品所致损害之费用由将此类产品投放市场的制造者来承担。'1965年,美国法学研究所正式公布了《侵权法第二次重述》,其中第402条A采纳了格林曼案的严格责任理论。第402条A规定:'任何出售有不合理危险的缺陷产品者应对最终使用人或消费者因此遭受的人身或财产的损害承担赔偿责任。'至此,严格产品责任制正式确立并以惊人的速度在美国绝大多数州里发展起来。"黄列:《美国严格产品责任的形成及现状》,载《法学研究》1991年第6期。

② 《欧盟产品责任指令85/374/EEC》的英文为 Harmonization of Rules on Product Liability in EU Member States and the Most Important Provisions of European Product Liability Directive(85/374/EEC)。

③ 《产品责任法律适用公约》1977年10月1日生效。截至1983年9月1日,法国、荷兰、挪威、南斯拉夫、比利时、意大利、卢森堡、葡萄牙已签字。其目的在于确定制造商、包括成品或零配件的制造商、天然产品的生产者、产品的供应者、在产品准备或销售商业环节中的其他人,包括修理人和仓库管理人,以及以上人的代理人或雇员因产品造成的损害,包括因对产品的错误说明或对其质量、特性或使用方法未提供说明而造成的损害责任所适用的法律。http://pkulaw.cn/%28S%28pvgj1x45wuwnwm5555df4e55%29%29/fulltext_form.aspx?Gid=100669529&Db=eagn,访问日期:2019年3月6日。

门规定,为了更好地解决与世界各国不断发生的产品责任赔偿问题,①同时也为了保护消费者及国家权益,日本《通则法》第 18 条特别规定产品责任的法律适用原则上根据受害人产品取得地法,在产品取得通常不能预见的情况下,依据生产者等的主要营业所所在地法(生产者等没有营业所时依据经常居所地法)。

针对产品责任的法律适用问题,在立法过程中日本学界提出了各种富有洞见的学理意见,这对产品责任的法律适用规定的纳入和完善起到了特殊的作用。学者山田镣一、佐野宽、溜池良夫认为,产品责任是《法例》没有设想到的新责任法理,适用侵权行为地法未必合理,因此《法例》对产品责任的法律适用应该依据"一般法律原则"确定合理的准据法。②但是,"一般法律原则"的具体内容是什么,日本学界并没有统一的说法。山田镣一、溜池良夫认为应以保护受害人利益为中心,

---

① 假设一个案例:2007 年 1 月,日本人 X 在 A 国买了一台吹风机,该吹风机由在 A 国有主要营业所的 A 国法人 Y 在 A 国制造。X 回到日本后,在使用该吹风机的过程中,由于该产品有缺陷而受伤。X 在日本法院对 Y 的公司提出损害赔偿。Y 的公司在日本既没有营业所,也没有业务代表。那么,对 X 的请求做出判断的准据法是 A 国法还是日本法?首先要解决的问题就是日本有没有国际审判管辖权。由于 Y 的公司在日本既没有营业所,也没有业务代表,是个外国法人,在日本也没有住所,一般来说不认为日本有国际审判管辖权。但是,产品责任在国际审判管辖问题上属于侵权行为的一种,所以根据《民事诉讼法》第 5 条第 9 款规定,如果在日本有侵权行为地的审判籍,只要没有特殊情况,就承认日本具有管辖权。这种情况下,加害行为地和结果发生地都属于侵权行为地,该案件中结果发生地在日本,所以日本具有管辖权。根据《法例》第 11 条规定,结果发生地日本的法律为准据法。但根据《通则法》第 18 条,交付地 A 国的法律为该案件的准据法。可见《法例》和《通则法》所适用的准据法是不同的。根据《法例》第 11 条规定的适用日本法所做出的判决,在 A 国能否得到承认与执行将是个问题,这样对消费者利益的保护就是不利的。若根据《通则法》第 18 条规定适用 A 国的法律进行判决,则该判决在 A 国基本能够得到承认与执行,这样就保护了消费者的利益。

② 池原季雄『国际私法(総論)』(有斐閣,1973 年)94 頁;山田鐐一、澤木敬郎『国際私法演習』(有斐閣,1973 年)81 頁;佐野寛「生産物責任の法選択に関する一考察(3 完)」名古屋大学法正論集 99 号(1984 年);山田鐐一『国際私法(第 3 版)』(有斐閣,2004 年)372 頁;溜池良夫『国際私法講義(第 3 版)』(有斐閣,2005 年)401 頁。

适用受害人经常居所地法,①但佐野宽却认为应适用生产者与受害人双方所希望的市场地法,即产品取得地法。② 松冈博则认为从实质性地保护受害人利益来考虑的话,应在市场地法、受害人的经常居所地法以及生产地法中,适用原告所选择的法。③ 这些学者的观点为如何制定侵权行为冲突规范提供了许多重要的参考。

在法制审议会第七次会议上,关于产品责任的法律适用有多个方案被提出:方案一主张不设立特别规定。方案二主张设立特别规定,产品责任应依据受害人取得产品地法,但产品生产者不能预见被害者在产品生产地取得产品时,应依据产品生产者主要营业所在地法。方案三主张设立特别规定:1. 产品责任依据产品生产者主要营业所在地法;2. 不受前项规定限制,被害者可以选择产品取得地法或侵害结果发生地法,但产品生产者不能预见被害者取得产品地或侵害结果发生地时除外。方案四主张仿照1973年的海牙《产品责任法律适用公约》的规定。④ 审议会主要讨论了"受害人取得产品地法"这个方案,同时

---

① 山田镣一『国際私法(第3版)』(有斐閣,2004年)372頁;溜池良夫『国際私法講義(第3版)』(有斐閣,2005年)401頁。

② 佐野寛「生産物責任の法選択に関する一考察(3完)」『名古屋大学法正論集』99号(1984年)。

③ 松岡博『現代国際取引法講義』(法律文化社,1996年)228頁。

④ 《*产品责任法律适用公约*》第4条:适用的法律应为侵害地国家的国内法,如果该国同时又是直接遭受损害的人的经常居所地,或被请求承担责任人的主营业地,或直接遭受损害的人取得产品的地方。第5条:尽管有第4条的规定,适用的法律仍应为直接遭受损害的人的惯常所在地国家的国内法,如果该国同时又是被请求承担责任的人的主营业地,或直接遭受损害的人取得产品的地方。第6条:如果第4条和第5条指定适用的法律都不适用,除非原告基于侵害地国家的国内法提出其请求,适用的法律应为被请求承担责任的人的主营业地国家的国内法。第7条:如果被请求承担责任的人证明他不能合理地预见产品或他自己的同类产品会经由商业渠道在该国出售,则第4条、第5条和第6条规定的侵害地国家和直接遭受损害的人的惯常所在地法均不适用。http://pkulaw. cn/%28S%28pvgj1x45wuwnwm5555df4e55%29%29/fulltext_form. aspx? Gid = 100669529&Db = eagn,访问日期:2019年3月6日。

还发现这些特殊规定的适用范围仍存有问题。在上述会议讨论的基础上，法制审议会第十七次会议再次进行审议，提出设立特殊条款，即适用产品取得地法，但对于该地无可预见性时，则适用产品生产者等的经常居所地法。在此基础上，《中间草案》对因产品质量问题侵害他人生命、身体或财产而产生的债权之成立及效力的准据法是否要设定特殊规定提出 A、B 两个方案。A 方案是生产有质量问题的产品并使其流入市场因而产生的产品责任应根据市场地法。之所以这样规定，是因为对于生产者与受害人双方来说，市场地法是中立的法律，也是最密切联系地的法律，这样可以平衡双方利益。但是，考虑到产品流通的不受限制，通常会发生该产品的销售市场范围超出事先预期的情况，在这种情况下适用取得地法将会妨碍准据法的可预见性。因此，在发生这种情况且生产者的不能预见不存在过失时，应根据生产者等营业所在地法。① B 方案则主张仍像《法例》一样，公路交通事故、产品责任、侵犯名誉权、不正当竞争、侵犯知识产权等所有的侵权行为一律适用侵权行为地法，关于产品责任的法律适用不设立特殊规定。通过民意调查，虽说主张不设立特殊规定的 B 方案得到一定的支持，但法制审议会考虑到涉外产品责任案件的增多，为了更好地解决与世界各国不断发生的产品责任赔偿问题，同时也为了保护消费者以及国家权益，参考世界各国国际私法的相关规定，结合本国国情，最终采用了 A 方案，即应设立特殊规定。不过和《通则法》第 17 条一样，为了回避"过失"这样一个主观且模糊不清的概念表述，审议会在最后的条文中删除了相关表述，仅规定："不受第 17 条的规定所限，针对产品（生产或加工的物品，下同）交付后因该产品的瑕疵给他人的生命、身体或财产造成非法侵害

---

① 别冊 NBL 編集部『法の適用に関する通則法関係資料と解説』（商事法務，2006 年）105 頁。

的生产者(产品的生产者、加工者、进口商、出口商、批发或零售商,下同)或那些在产品上表明他们可以被认可为生产者的人(以下统称"生产者等")所引发的债权之成立及效力,依受害者受让产品所在地法。但通常认知能力不能预见产品交付地的,则依生产者等主营业地法(生产者无营业所的,则依其经常居所地法)。"

如前所述,日本《产品责任法》是平成六年(1994年)制定的,所以在《法例》制定时不可能存在针对产品责任的法律适用的规定。随着涉外产品责任案件的增多,为了更好地解决与世界各国不断发生的产品责任赔偿问题,同时也为了保护消费者以及国家权益,参考世界各国国际私法的相关规定,结合本国国情,《通则法》增设了产品责任准据法的特殊规定,设立相对合理的条款。这不仅完善了法律规定,也充分顺应了国际私法的发展趋势。

(二)侵犯名誉权的法律适用

《通则法》第19条是针对侵犯名誉权的法律适用做出的新的特殊规定,而《法例》对侵犯名誉权未做明文规定,相关判例也几乎没有。[①] 学界的观点也仅局限于对因报纸、杂志引起的侵权行为,将报纸及杂志发行地当作侵权行为地的讨论。[②] 尽管20世纪60年代出现了关于侵犯名誉权法律适用的论文,[③]但为数尚少,关于侵犯名誉权的法律适用问题讨论并不热烈。到了90年代后半期,随着网络、卫星转播等通讯技术的飞速发展,名誉权侵权问题在世界范围内得到热议。此时,仍按

---

① 五十嵐清『人格権概説』(有斐閣,2003年)291頁。
② 久保岩太郎『国際私法概論』(厳松堂,1953年)188頁;实方正雄『国際私法概論(再訂版)』(有斐閣,1953年)233頁。
③ 平良「アメリカにおける名誉侵害不法行為の準拠法」『法学研究』35卷4号(1962年);砂川惠伸「多数州際の名誉棄損の抵触法問題」『国際私法外交雑誌』64卷6号(1966年)。

照一般侵权行为冲突规范进行法律适用明显不妥。随着美国、瑞士以及欧盟等对侵犯名誉权的法律适用问题予以关注,日本学者也不断发表关于侵犯名誉权的法律适用问题的论文,①与此相关的讨论也更加有针对性,并开始出现在国际私法的教科书上。②

虽然《法例》第 11 条第 1 款关于侵犯名誉权的法律适用没有明文规定,但针对如何理解原因事实发生地有两种不同看法。一种看法认为,一个侵犯名誉权的行为可以同时在多个法域产生侵犯名誉权的结果。这属于侵犯名誉权吗?受害人可以对侵权人提出什么要求?这些问题将由各国法律作为原因事实发生地法来解决。另一种看法主张,将原因事实发生地看作结果发生地。例如东京地方法院平成四年(1992 年)9 月 30 日的一个请求损害赔偿的案例:③一个在马来西亚和新加坡发展的日本籍骑手甲,受到日本乙报社的名誉侵害,影响波及日本、马来西亚、新加坡等地,甲的家人也受到很大的影响,精神上很痛苦,故甲起诉乙报社侵犯名誉权,要求乙报社赔偿并刊登致歉广告。而乙报社以其报道系以公益为目的进行的事实报道,不属于违法行为,且不是故意而为,不存在过失为由予以抗辩。东京地方法院认为,一般读者通常会认为乙报社实施了违法行为,造成社会对甲的不良评价,最终导致损坏甲的名誉。且乙报社对甲的报道不仅在日本国内,也在马来西亚、新加坡等地传播,严重侵犯了甲的名誉权,故适用日本法驳回乙报社的抗辩。本判决没有涉及国际私法,当事人主张以日本法为前提。

---

① 出口耕自「アメリカ抵触法における名誉毀損」『上智法学論集』38 卷 3 号(1995 年);中西康「出版物による名誉毀損事件の国際裁判管轄に関する欧州司法裁判所 1995 年 3 月 7 日判決について」『法学論叢』142 卷 5、6 号(1998 年)。

② 道垣内正人『ポイント国際私法各論』(有斐閣,2000 年)235—252 頁;溜池良夫『国際私法講義(第 3 版)』(有斐閣,2005 年)396—397 頁。

③ 桜田嘉章、道垣内正人『国際私法判例百選(別冊ジュリスト)No.185』(有斐閣,2007 年)82 頁;『判例時報』1483 号 79 頁;『判例タイムズ』825 号 193 頁。

其实该案件具有涉外性,根据《法例》第 11 条的"根据原因事实发生地法"也能解释得通。以上两种认识的差异也影响了法律的修订。

在《通则法》修订的过程中,法制审议会第七次会议对侵犯名誉权的法律适用提出了两种方案:A 方案主张明文规定以受害人经常居所地法为准据法。适用受害人经常居所地法,不仅保护受害人,还可以一定程度地保证侵权人对准据法的可预见性。且即便在多个法域发生名誉或信用损害,通常最重大的社会损失也被认为发生在受害人经常居所地所在国,所以这种观点具有合理性。B 方案则主张不明文规定以受害人的经常居所地法作为准据法。然而即使采用 B 方案,当适用例外条款时,例外条款的适用也有可能会产生与 A 方案同样的结论。①在民意调查显示支持 A 方案者较多的基础上,《现代化纲要》采用了 A 方案,仅仅在语言上进行若干调整,最终成为《通则法》第 19 条,即"不受第 17 条规定所限,毁损他人名誉或信用的侵权行为引起的债权成立及效力,依受害人经常居所地法(受害人为法人或其他社团、财团时,依其主营业地法)"。

三、引进灵活的例外条款和当事人意思自治

(一) 例外条款

《通则法》第 20 条规定,虽有前面三条的相关规定,由侵权行为产生的债权的成立及效力,对照当事人实施侵权行为时在同一法域有经常居所地,或违反基于当事人之间的合同之义务实施侵权行为等,如明

---

① 别册 NBL 编集部『法の適用に関する通則法関係資料と解説』(商事法務,2006 年)101 頁。

显有比前三条规定的地点更为密切联系地时,则适用该密切联系地法。这是修订后的《通则法》关于侵权行为的法律适用新增加的"例外条款"。

之所以在法律修订中增设该条规定,是因为考虑到侵权行为的类型多样,《通则法》第17条规定适用结果发生地法(侵权人没有可预见性时为侵权行为地法),但结果发生地未必与该侵权行为有密切联系。此外,尽管对特别的侵权行为(如产品责任与侵犯名誉权)设定了特殊的规则,但这些规定的连结点在特定案件中未必与该案件有密切联系,故有必要设定这个例外规定,以确保在个别案件中,将最密切联系地法作为准据法。由此可见,《通则法》通过在法律规定中增设例外条款使连结要素多样化,即便是在网络环境下也能实现个案正义。

《通则法》第20条在立法之际,法制审议会国际私法(现代化关系)部会在《中间草案》第7条第4项第1款设定了例外条款,规定如果存在一个比客观连结点与案件明显有更密切联系的地方,则应适用该更密切联系地法。

另外,提案还将各种侵权行为地法主义作为例外条款独立规定,如《中间草案》第7条第2款第1项规定,当侵权行为的当事人在同一法域有经常居所地,依据共同经常居所地法;第7条第3款第1项规定,当侵权行为、无因管理和不当得利与当事人之间的法律关系有关联时,依据该法律关系的准据法。① 当事人共同经常居所地法的适用优先于侵权行为地法。这是因为,当事人的共同属人法是当事人双方共同生活的社会环境的法,与彼此之间的权利义务有着密切联系,特别是实际生活状况反映出损害赔偿的必要性以及赔偿计算的标准。有利于保护

---

① 別冊 NBL 編集部『法の適用に関する通則法関係資料と解説』(商事法務,2006年)98—99頁。

受害人。"有利原则"的应用是晚近国际私法立法的新动向。日本以往的很多学说及判例①针对第 7 条第 3 款第 1 项,特别是在侵权行为违反当事人之间签订的合同所规定的义务时,由于合同与侵权行为的法律适用不同,承认国际私法上的请求权竞合(这里主要指债权之间的竞合,即违约责任和侵权责任请求权的竞合)。但日本学者国友明彦、折茂丰认为,这种侵权行为是在双方当事人之间签订的合同下发生的,因此作为合同问题,应依据合同应适用的准据法解决。②《中间草案》提案,同各国立法一样,认为基于双方当事人之间的基础法律关系而发生的侵权行为在确定为国际私法上的侵权行为之后,适用基础法律关系的准据法。其根据是:1. 该侵权行为可以说属于该基础法律关系框架内的问题,适用该基础法律关系的准据法符合当事人合理的期待;2. 使双方当事人之间的基础法律关系的准据法与侵权行为的准据法一致,可以回避棘手的定性及请求权竞合等问题。③ 由此可见,在此情况下,共同经常居所地法与基础法律关系准据法在适用时,应以后者为优先。

虽然《中间草案》第 7 条第 2 款第 1 项与第 7 条第 3 款第 1 项在民意调查中得到多数人的支持,但法制审议会国际私法(现代化关系)部会指出,即便设定这些特殊规定也未必能得到妥当的结论,有时还需要通过例外条款来解决问题。另外还指出如果分别设定规定的话,法律

---

① 国際法学会『国際私法講座(第 II 卷)』(有斐閣,1955 年)478 頁;溜池良夫『国際私法講義(第 3 版)』(有斐閣,2005 年)398 頁;山田鐐一『国際私法(第 3 版)』(有斐閣,2004 年)363 頁;道垣内正人『ポイント国際私法総論(第 2 版)』(有斐閣,2007 年)103 頁。判例有:大阪地判平成 7・5・23 判時 1554・91、東京地判平成 10・5・27 判時 1668・89、東京地判平成 12・9・25 判時 1745・102。

② 国友明彦『交際私法上の当事者利益による性質決定』(有斐閣,2002 年)44 頁;折茂豊『国際私法各論』(有斐閣,1972 年)165 頁。

③ 別冊 NBL 編集部『法の適用に関する通則法関係資料と解説』(商事法務,2006 年)187 頁。

适用关系将会变得很复杂。因此提案不主张设定独立规定，在适用例外规定时将这两个特殊规定的实质内容作为考虑要素来安排。①另外在语言表述上也进行了修改，将《中间草案》第7条第3款第1项中"侵权行为与双方当事人之间的法律关系有关联时"改成《现代化纲要》第6条第2款第1项的"违反基于双方当事人之间的法律关系所规定的义务而进行的侵权行为"，在制定《通则法》第20条时又一次将这句的表述修改为"违反当事人之间订立的合同之义务"。这样一次次的修改，使得法律条文在表意上更为明确。

《通则法》第20条在立法过程中也受到了国外立法的影响。如德国《〈民法〉施行法》第41条第1项规定"如果某一国法律比依照第38条至第40条第2款所确定适用的法律存在实质的更密切联系，则适用该国法律"②；《罗马规则Ⅱ》预备草案第3条第3款规定"对照案件的所有情况，与他国存在实质的更密切联系，且非合同债务与根据第1款和第2款规定其指定的法律为准据法的国家之间不存在实质性联系时，则适用该国法律"③；《罗马规则Ⅱ》委员会提案第3条第3款规定"不受前2项规定限定，对照案件的所有情况，非合同债务关系明显与他国存在实质的更密切联系时，则适用该国法律。更密切联系取决于

---

① 别冊NBL編集部『法の適用に関する通則法関係資料と解説』(商事法務，2006年)59頁。

② 法例研究会『法例の見直しに関する諸問題(2)——不法行為・物権等の準拠法について——』(商事法務，2003年)40頁。

③ 《罗马规则Ⅱ》预备草案第3条第3款规定的内容参考法例研究会『法例の見直しに関する諸問題(2)——不法行為・物権等の準拠法について——』(商事法務，2003年)38頁。最终的《罗马规则Ⅱ》第4条第3款规定"从案件的所有情况来看，侵权或过失不法行为明显与前两款所指国家以外的某个国家明显存在更为密切的联系，则应当适用该另一国的法律。与另一国之间的明显更为密切的联系可以基于双方之间既存的特殊关系(例如合同)并与涉案的侵权或过失不法行为紧密联系"。http://www.rzfanyi.com/7589.html，访问日期：2019年3月20日。

与非合同债务关系有关联性的合同当事人之间的关系"①;1995年英国《国际私法(杂项规定)》第12条规定"对照案件的所有情况,如任何与侵权有重要联系的国家的法律在实体法上更适合于解决案件中的问题,那么该有最重要联系的国家的法律应取代侵权事件发生地国法这一一般原则";瑞士《国际私法》第15条规定"根据所有情况,如果案件与本法所指定的法律的关系并不密切,而与另一法律的联系明显更为密切时,则可以作为例外,不适用本法所指定的法律";韩国《国际私法》第8条第1款规定"虽有前面三条的相关规定,由侵权行为产生的债权的成立及效力,对照当事人实施侵权行为时在同一法域有经常居所地,违反基于当事人之间的合同之义务实施侵权行为等,如明显有比前三条规定的地点更为密切联系时,则适用该密切联系地法"②;等等。后来经过民意调查,多数人支持该例外条款,最终就作为《通则法》第20条确定下来。关于该款规定适用最密切联系地法的提议,早在2000年日本学者横山润就提出过:"与侵权行为地相比,存在与案件联系更为密切的地点时,依该密切联系地法。"③

(二) 承认当事人意思自治

《通则法》第21条规定"侵权行为的当事人在侵权行为发生后,可以变更因侵权行为所引起债权的成立及效力应适用的准据法。但当该变更损害第三人权利时,其变更不能对抗第三人"。这是关于在侵权行为所引起的债权问题中承认当事人意思自治的规定。

---

① 译文参考法例研究会『法例の見直しに関する諸問題(2)——不法行為・物権等の準拠法について——』(商事法務,2003年)42頁。
② 別冊 NBL 編集部『法の適用に関する通則法関係資料と解説』(商事法務,2006年)190頁。
③ 横山潤「不法行為地法主義の限界とその例外」『国際私法年報』2号(2000年)。

关于由侵权行为所引起债权的成立及效力应适用的准据法，传统上一般否认当事人的意思自治。① 主要原因包括：第一，侵权行为制度的目的是为了维持侵权行为地的社会秩序，因此适用侵权行为地法是无可非议的，无须考虑当事人意思自治；② 第二，与由当事人意思表示而产生的合同债权不同，与当事人意思无关的情况下产生的法定之债，没有理由以当事人的意思自治为连结点；第三，在实体法上不承认个人意思自治，那么在冲突规范的设置上也没有必要承认当事人意思自治。③ 由此可见，《法例》第 11 条无论在解释论上还是立法论上都就侵权行为的债权肯定了适用侵权行为地法的客观连结，否定了基于当事人意思自治的主观连结。

但是近几十年来，特别是 20 世纪 60 年代以后，在侵权行为的法律适用方面，世界各国开始承认当事人意思自治。这是因为：第一，侵权行为的债权承认当事人的任意处分，允许放弃请求权或和解；第二，与合同一样，当事人最了解适合调整自己纠纷的法律；第三，可以回避界定侵权行为地的困难，使法律适用更具明确性；第四，这样规定使大多数现实案例最终适用的是法院地法，使得问题得以迅速而简明地解决；第五，当事人意思自治的滥用，不仅会发生在侵权领域，所有允许当事人自治的领域都会出现该问题。④ 比如，德国学者克洛弗勒（Jan Kropholler）肯定了根据当事人意思自治确定侵权行为准据法，他认为与合同法中的当事人意思自治一样，侵权行为的法律适用也可以承认当事人意思自治，且鉴于侵权领域主要是私人之间的利益冲突，故没有必要

---

① 折茂豊『涉外不法行為法論』（有斐閣，1976 年）153 頁。
② 山田鐐一『国際私法（第 3 版）』（有斐閣，2004 年）359 頁。
③ 桜田嘉章、道垣内正人『注釈国際私法（第 1 巻）』（有斐閣コンメンタール，2011 年）510 頁。
④ 桜田嘉章、道垣内正人『国際私法判例百選（新法対応補正版）』（有斐閣，2007 年）77 頁。

适用侵权行为地的强制性规定。① 日本学者冈本善八、中野俊一郎也赞同根据当事人的意思自治确定侵权行为准据法的做法。② 在立法方面，随着世界各国关于侵权行为立法改革的推进，不仅因侵权行为所产生的债权，其他法定之债也开始承认当事人意思自治。如德国《〈民法〉施行法》第 42 条③，奥地利《国际私法》第 35 条第 1 款④，瑞士《国际私法》第 132 条⑤，荷兰 2001 年的《侵权冲突法》第 6 条第 1 款及第 2 款⑥，以及韩国的《国际私法》第 33 条⑦，都体现了承认由侵权行为产生的债权适用当事人意思自治。另外还有欧盟 2007 年的《罗马规则 II》第 14 条。⑧ 由此可见，在因侵权行为产生的债权的法律适用问题上，越

---

① 转引自樱田嘉章、道垣内正人『注釈国際私法（第 1 巻）』（有斐閣コンメンタール，2011 年）512 頁。

② 冈本善八「国際私法における法定債権」『同志社法学』42 巻 1 号（1990 年）；中野俊一郎「不法行為に関する準拠法選択の合意」『民商法雑誌』102 巻 6 号（1990 年）。

③ 德国《〈民法〉施行法》第 42 条规定："在非合同之债据以产生的事件发生后，各方当事人可以选择支配该非合同之债的法律。第三人的权利不受影响。"邹国勇：《外国国际私法立法选择》，武汉大学出版社 2017 年版，第 119 页。

④ 奥地利《国际私法》第 35 条第 1 款规定："不在《关于合同之债法律适用的第 593/2008 号条例》（以下简称《罗马规则 I》）适用范围内的合同之债，依照当事人明示或者默示选择的法律判定。"邹国勇：《外国国际私法立法选择》，武汉大学出版社 2017 年版，第 160 页。

⑤ 瑞士《国际私法》第 132 条规定："当事人可在侵害事件发生后随时约定适用法院地法律。"邹国勇：《外国国际私法立法选择》，武汉大学出版社 2017 年版，第 160 页。

⑥ 译文参考法例研究会『法例の見直しに関する諸問題（2）——不法行為・物権等の準拠法について——』（商事法務，2003 年）49 頁。荷兰 2001 年的《侵权冲突法》第 6 条第 1 款及第 2 款的规定："如果当事人已经选择了有关侵权或准侵权任何事项的准据法，则该法应当适用，而无须考虑前述第 3 条、第 4 条和第 5 条的规定；当事人的法律选择必须是明示的，或者以合理的确定性来表明这种选择。"参见荷兰《国际私法：2001 年侵权冲突法》，http://article.chinalawinfo.com/ArticleFullText.aspx? ArticleId = 25290&listType = 0，访问日期：2019 年 3 月 20 日。

⑦ 韩国《国际私法》第 33 条规定"虽有第 30 条至第 32 条规定，当事人可以根据无因管理、不当得利和侵权行为发生后的合意，选择大韩民国法律为准据法。但第三人权利不受影响。"http://chiba-shihou.com/Reference_room/%E7%BF%BB%E8%A8%B3/%E5%A4%A7%A7%E9%9F%93%E6%B0%91%E5%9B%BD%E5%9B%BD%E9%9A%9B%E7%A7%81%E6%B3%95.html，访问日期：2019 年 3 月 20 日。

⑧ http://www.rzfanyi.com/7589.html，访问日期：2019 年 1 月 30 日。

来越多地出现了承认当事人意思自治的立法例,这不仅顺应了国际私法的发展趋势,也满足了国际社会的现实需要。

早期,随着日本学界对侵权行为制度理解的改变(即以前认为侵权行为制度是与原因事实发生地的公共利益和秩序有关的制度,现在则认为是调整当事人之间利益的制度,逐步开始承认由侵权行为产生的债权适用当事人合意选择的法律①),日本的实务界从案件的需要考虑,也开始支持上述观点。② 相关的判例如千叶地方法院平成九年7月24日判决的请求损害赔偿一案。③ 住在日本的两个人甲、乙参加了加拿大的滑雪旅行,在滑雪过程中,乙从甲的后方横穿时,滑板与甲的滑板相碰,致使甲摔倒受伤。回国后,甲向千叶地方法院提起诉讼,以乙过失侵权为由,请求乙支付治疗费、去医院看病的交通费、误工费以及慰问金。千叶地方法院认为,本案件是在加拿大滑雪时发生的,甲提出的损害均是在日本产生的。根据《法例》第11条规定"因……侵权行为而发生债权的成立及效力,依其原因事实发生地的法律",当然也可以理解为适用该侵权行为的损害发生地,即加拿大法律和日本法律。根据《法例》第11条第2款和第3款规定,外国法为准据法时,可以重叠适用日本法律。本案中,甲、乙并没有特别指定准据法,最后法院根据两者同意选择日本法为准据法,对此案做了公正的判决。可见,此案件承认侵权行为产生的债权适用当事人合意选择的法律。

《通则法》立法过程中,法制审议会对由侵权行为产生的债权的法

---

① 中野俊一郎「不法行為に関する準拠法選択の合意」『民商法雑誌』102卷6号(1990年)。
② 小出邦夫『逐条解説・法の適用に関する通則法』(商事法務,2009年)251頁。
③ 桜田嘉章、道垣内正人『国際私法判例百選(新法対応補正版)』(有斐閣,2007年)76頁;『判例時報』1639号86頁。

律适用承认当事人意思自治这一点进行了讨论,同时也受到了理论界和实务界的影响,最终决定承认由侵权行为产生的债权适用当事人合意选择的法律。法制审议会第八次和第九次会议的讨论中,曾考虑到加害者有可能滥用意思自治,主张将准据法限定为日本法,但也有反对意见。考虑到案情可能被复杂化,第十七次会议决定不再限定准据法的选择,但从防止当事人滥用意思自治的角度考虑,承认只能事后选择准据法。故关于侵权行为准据法选择的有效性及准据法事后的变更,与法律行为准据法选择的有效性及准据法事后的变更采用同样规定,即"侵权行为的当事人,在实施侵权行为后,可以变更因侵权行为而产生的债权的成立和效力所应适用的法律。但此变更侵害第三人的权利的,不得对抗该第三人"。

四、双重可诉原则的保留（关于公共秩序保留问题）

《通则法》第22条是关于侵权行为法律适用中重叠适用日本法的规定。该条规定"侵权行为所应适用的准据法为外国法时,如果该行为依日本法不构成侵权,则不得基于该外国法提出损害赔偿及其他处分请求;侵权行为应适用的准据法为外国法时,即使该外国法及日本法皆认定该行为构成侵权,受害人也只能对日本法所承认的损害赔偿及其他处分提出请求"。其内容与《法例》第11条第2款和第3款[①]内容基本一样,只是语言表达更加现代化。

[①] 《法例》第11条第2款规定,侵权行为发生在外国,依日本法律不属于侵权行为的,不适用前款规定。第3款规定,在外国发生的事实,虽依日本法律为侵权者时,除非是日本法律认许的损害赔偿或其他处分,受害人不得请求之。

明治二十三年制定的旧《法例》没有类似规定。明治三十一年《法例》制定时设定了第 11 条第 2 款和第 3 款的规定，即在一定范围内重叠适用日本法。之所以做出如此规定，其原因概括起来是：第一，英美法系采用了行为地法及法院地法的并行主义；第二，德国《〈民法〉施行法》第 12 条规定依据法院地法，限制行为地法。① 日本立法者参考这些立法，明确提出《法例》第 11 条第 2 款和第 3 款重叠适用日本法，也是出于保护日本国民的立场。② 实践中也有不少案例采取了该立场。③ 但也有不少学者在立法方面对《法例》第 11 条第 2 款和第 3 款的规定提出相反意见。他们普遍认为，侵权行为的法律适用不能仅依据法院地法，应注意公共秩序保留条款（《法例》第 33 条）的运用。④

因此，在制定《通则法》的法制审议会上，与会者对《法例》第 11 条第 2 款和第 3 款是否删除进行了讨论。主张维持该两款规定的理由除了前面提到的原因，还有一个更大原因就是通过日本法规定侵权行为的成立要件及损害赔偿的种类、方法，可以充分确保日本的公

---

① 德国《〈民法〉施行法》第 12 条规定"对于德国人在外国所为的侵权行为的请求，不得大于德国所承认之请求"。樱田嘉章、道垣内正人『注釈国際私法（第 1 巻）』（有斐閣コンメンタール，2011 年）527 頁。

② 法例研究会『法例の見直しに関する諸問題（2）——不法行為・物権等の準拠法について——』（商事法務，2003 年）51 頁。

③ 平成十四年 9 月 26 日日本最高法院受理的"CardReader 案件"，关于基于侵害专利的损害赔偿请求适用《法例》第 11 条第 2 款，根据日本《专利法》及《民法》确定侵权行为的成立要件。另外还有平成十年（1998 年）5 月 27 日东京地方法院受理的"色氨酸案件"，昭和二十八年（1954）年 6 月 12 日东京地方法院受理的"满洲专利案件"等，都是采取重叠适用日本法的做法。法例研究会『法例の見直しに関する諸問題（2）——不法行為・物権等の準拠法について——』（商事法務，2003 年）50 頁。

④ 斎藤武生「事務管理・不当利得・不法行為」『国際私法講座（第 2 巻）』（有斐閣，1955 年）473 頁；折茂豊『国際私法（各論）（新版）（法律学全集）』（有斐閣，1972 年）185 頁；木棚照一、松岡博、渡辺惺之『国際私法概論（第 5 版）』（有斐閣ブックス，2007 年）72 頁；山田鐐一『国際私法（第 3 版）』（有斐閣，2004 年）366 頁；溜池良夫『国際私法講義（第 3 版）』（有斐閣，2005 年）400 頁。

共秩序不被破坏。主张删除该两款规定的原因是：一方面，《通则法》第 21 条与第 7 条均尊重当事人意思，这和《通则法》第 22 条以保护侵权行为地的公共秩序为前提的观点不相容；另一方面，尽管当事人事后选择了准据法，但重叠适用日本法可能会违背当事人的合理期待。① 但是，关于是否删除该规定没能达成统一意见，只好维持现状，只是将《法例》第 11 条第 2 款和第 3 款进行语言上的修改，措辞上更加现代化。②

最早提出双重可诉原则的国家是英国，英国法院也在实务中坚持重叠适用侵权行为地法和法院地法，但它是以法院地法为主，只参考行为地法。但此项原则历经一百多年后出现了重大例外情形，即不适用法院地法而是适用侵权行为地法。Red Sea Insurance Co Ltd v. Bouygues SA 一案改变了英国法院以往一味采用法院地法的立场，在特殊情况下考虑侵权行为地法的适用。该案也反映了英国法律委员会对于双重可诉规则予以修正的观点，而这种改革观点最终被 1995 年《国际私法（杂项规定）》完全接受。然而直到现在日本还未进行相关立法修订，可见日本国际私法现代化也有其保守的一面。

---

① 法例研究会『法例の見直しに関する諸問題(2)——不法行為・物権等の準拠法について——』(商事法務,2003 年)51—52 頁;別冊 NBL 編集部『法の適用に関する通則法関係資料と解説』(商事法務,2006 年)194—195 頁。
② 《法例》第 11 条第 2 款、第 3 款的规定条文与《通则法》第 22 条相比较了在语言表述上稍有差异，内容基本是一样的。具体来说，如第 2 款中"不适用前款规定"改为"不得基于该外国法提出损害赔偿及其他处分请求"；第 3 款中"在外国发生的事实"改为"侵权行为所应适用的准据法为外国法时"，"虽依日本法律为侵权行为"改为"即使该外国法及日本法皆认定该应适用外国法的事实是侵权行为"。显然修改后的《通则法》条文显得更加明确。

本章小结

通过本章分析，我们可以发现《通则法》在债权立法现代化改革方面，对日本国际私法的发展具有十分重要的意义。从表面上来看，这次《通则法》的制定在侵权方面做了很多修订。数量上，比《法例》多了六条规定。内容上，由单一适用原因事实发生地法改为以适用结果发生地法律为原则、适用加害行为地法为例外。增加了两类特殊案件，即产品责任和名誉侵权。增加了最密切联系原则和意思自治原则。通过连结点的软化以及引入最密切联系原则和当事人意思自治原则，增加了侵权冲突规范的灵活性，也使得日本国际私法与西方其他国家的相关立法趋同，在一定程度上顺应了国际私法近来的发展趋势。

唯一感到遗憾的是，双重可诉原则未变。尽管该原则受到学术界普遍批评，一部分国家也放弃了该原则，但日本在平成十九年的《通则法》中仍对此予以保留，这也体现了日本国际私法立法在改革过程中积极学习借鉴他国的经验，但不会一味照搬照抄。在涉及本国国情重大利益方面，日本的立法仍然会充分考虑本国国情，选择谨小慎微、循序渐进的方式。

第五章
婚姻家庭与继承关系的法律适用问题

婚姻家庭与继承法的有效实施有利于维护社会和谐与稳定。随着经济全球化、一体化发展，各国人民之间交往日益频繁，涉外婚姻与涉外继承案件的数量呈上升趋势。由于各国婚姻法与继承法制度存在较大差异，涉外婚姻与涉外继承的法律冲突现象十分常见。比较各国的涉外婚姻与涉外继承法律制度，研究解决涉外婚姻与涉外继承法律冲突的国际私法冲突规范，实现本国涉外婚姻与涉外继承法律制度跟上国际发展的潮流，对于保护自己本国公民的权益，预防和避免"跛脚婚姻"，具有重要的现实意义。近几十年来，一些国家已在法律上承认同性婚姻，子女也可以借由生殖科技而顺利降生，以前的法律规定已经不能对这些新问题做出调整，无法满足社会需要。日本为了顺应时代发展，于昭和十七年对认领的规定进行了修订，昭和二十二年对婚姻成立要件、婚姻的效力、夫妻财产制的规定进行了修订，昭和三十九年对遗嘱、抚养与遗嘱方式的规定进行了修订，昭和六十一年对抚养与遗嘱方式的规定进行了修订，平成元年对婚姻成立要件、婚姻的效力、夫妻财产制、离婚、婚生关系的成立、非婚生关系的成立及认领、准正、收养、父母子女间的法律关系、身份法律行为的方式和亲属关系的规定进行了修订，平成十一年对监护、保佐及辅助的规定进行了修订，又于平成十八年对《法例》进行了整体修订。本章主要讨论日本国际私法中婚姻家庭与继承关系领域的总体变迁,通过对《法例》中存在的问题以及修订后的《通则法》中未能解决的问题进行分析,结合相关案例,阐述日本国际私法中婚姻家庭与继承关系立法的现代化进程,进而探寻其立法方面的优点与不足,以供借鉴。

第一节 婚姻关系的法律适用

明治三十一年的《法例》第13条到第16条是关于涉外婚姻的法律适用规定,虽然日本在昭和二十二年对《法例》关于婚姻成立要件、婚姻的效力、夫妻财产制的规定进行了修订,又在平成元年除了对《法例》关于婚姻成立要件、婚姻的效力、夫妻财产制的规定进行修订外,还对离婚的规定进行了修订,但学界对于第13条第3款但书和第16条但书的规定①仍有批评意见。② 所以法制审议会除了对婚约、姘居和登记伙伴关系的准据法进行讨论以外,还对以上两款但书进行了讨论,最终《通则法》第24条到第27条是关于涉外婚姻的法律适用规定,内容上与《法例》第13条到第16条的相关规定基本一样,只是在若干语句的语言表达上进行了修改,体现了立法的现代化。如婚姻的成立要件及方式,除了采用现代语言外,还将「当事者ノ一方ノ本国法二依リ

---

① 《法例》第13条第3款规定,"在依当事者一方的本国法时,结婚方式不受前款规定所限视为有效。但在日本举行婚姻且当事人一方是日本人时不受此限"。第16条规定,"第14条的规定准用于离婚。但夫妻一方为在日本有常居所地的日本人时,离婚依日本法律"。

② 別冊 NBL 編集部『法の適用に関する通則法関係資料と解説』(商事法務,2006年)215頁。

タル方式」(依当事人一方本国法的结婚方式)修改为「当事者の一方の本国法に適合する方式」(适用当事人一方本国法的结婚方式),也就是将词语"依リタル"(依)修改为"適合する"(适用)。条款内容虽说一样,但在语言表达上,更凸显了现代语言的使用逻辑,也显得更加柔和。再如婚姻的效力与离婚这两款,除了采用现代语言外,还将"法律"改成"法",更加体现了现代语言的严谨性。① 下文将把婚姻的法律适用问题拆分成婚姻成立要件、婚姻的效力、夫妻财产制及离婚四个部分分别进行讨论。

一、婚姻成立的法律适用

(一) 婚姻成立的实质要件

《法例》第 13 条第 1 款规定,婚姻成立的实质要件,依各当事人本国法。这种"分配式"的适用方法,是在《法例》制定时采用的。根据当时的法律,结婚要变更国籍,所以只根据一方国家的法律判断婚姻的成立与否是不适当的。而且结婚是两个人的事情,所以必须两者同等看待。国际上一些国家的立法、②国际法协会的决议以及 1894 年海牙会议决议也都采用了同样的方法。但在平成元年《法例》修订时,由于这

---

① "法"与"法律"有无区别,我国学者虽有论及,但仍未取得共识,许多人仍将两者混淆。依日本学者星野英一的考证,在西方,区分"法"与"法律"为一般常识,用词各异。在罗马法上为 ius 与 lex;在法国为 droit 与 loi;在德国为 recht 与 gesetz;在意大利为 diritto 与 legge。lex、loi、gesetz 为权威者制定的依靠国家权力保证实施的"法律";ius、droit、recht 的含义更为广泛,指社会规范的总体或社会秩序,又指正确的规则或一方对他方享有的权利。刘士国:《"法"与"法律"的区别与民法解释》,载《法制与社会发展》2004 年 6 期。
② 法例研究会『法例の見直しに関する諸問題(4)——代理、信託、親族関係等の準拠法及び総則規定について』(商事法務,2004 年)65 頁。

种"分配式"的适用方法使准据法的适用关系复杂化,法制审议会参考了国际组织于1978年签署的《海牙结婚仪式和承认婚姻有效性公约》第3条①,在《法例》修订中间报告阶段提出并讨论了以下方案:1. 就婚姻成立的实质要件,当事人一方有婚姻举行地国籍,或在婚姻举行地有经常居所时,依婚姻举行地法(但,当事人有同一本国法时,依其本国法);2. 除前项规定外,婚姻成立的实质要件依各当事人本国法。② 这一方案在学说上虽说有个别学者赞同③,但最终因为考虑到日本户籍实务处理上的现实问题,没有被采用。究其原因,在日本户籍实务中,受理国际婚姻时,对于日本人要通过户籍或户籍副本来确定其身份关系,进而审查其是否具备结婚的实质要件;但对于外国人,则要求其提供本国开出的结婚要件证明书,进而审查其是否具备日本法律规定的结婚实质要件。若采取本方案,就必须具体地对每个外国人的身份关系进行调查,即审查其是否具备日本法律规定的结婚实质要件,这样一来就给户籍实务带来了很大的困难。再者,没有一个国家会根据婚姻举行地法(即外国法)出具《婚姻要件具备证明书》来证明当事人具备婚姻举行地法规定的结婚要件。即便外国人开出了具备日本法律规定的结婚要件的申述书,并通过了日本的审查,这

---

① 1978年《海牙结婚仪式和承认婚姻有效性公约》第3条规定,缔结婚姻必须:1. 未来的配偶双方符合婚礼举行地国内法的实质要件,并且配偶一方具有该国国籍或在该国设有经常居所;或者2. 未来的配偶各自符合婚礼举行地国家法律选择规则所规定的国内法的实质要件。http://pkulaw.cn/(S(pvgj1x45wuwnwm5555df4e55))/fulltext_form.aspx? Db=alftwotitle&Gid=04506f0043de75b847541291f3eb4538bdfb,访问日期:2018年2月21日。

② http://www.asahi-net.or.jp/~pb6y-nkns/dip/chukan86.htm,访问日期:2016年9月12日。

③ 烁場準一等「法例改正をめぐる諸問題と今後の課題」『ジュリスト』934号(1989年)。

也有可能助长重婚及假结婚。①《通则法》制定时对于该款规定没有进行特别讨论,②只是将其语言表达改成现代日语,即"结婚条件,依各当事人的本国法"。

(二) 婚姻成立的形式要件

关于婚姻成立的形式要件,《法例》制定时设置了与现行《通则法》不同的规定。这样做的理由是,结婚方式是各国立法者出于公共利益、社会风俗或道德义理的需要而制定的,有些方式是为了确定婚姻成立的证据或明确婚姻的时间而设置的。所以《法例》第 13 条第 1 款但书规定婚姻方式依婚姻举行地法,只将婚姻举行地作为连结点。关于领事婚姻,明治三十一年的《法例》第 13 条第 2 款规定"前款规定,不妨碍《民法》第 777 条的适用"。在昭和二十二年,随着日本《民法》的修改,《法例》第 13 条第 2 款规定也做了相应的调整,将《民法》第 777 条调整为《民法》第 741 条③,即规定"前款规定,不妨碍《民法》第 741 条的适用"。这是日本政府鉴于国际条约规定的领事婚姻的普及,为承认日本人之间的领事婚姻而设置的法律规定。④

---

① 烁場準一等「法例改正をめぐる諸問題と今後の課題」『ジュリスト』934 号(1989 年)。

② 之所以没有特别讨论,是因为《法例》第 13 条第 1 款规定结婚要件根据各当事人的本国法,这不仅保护了双方当事人,也符合两性平等的观点。

③ 日本《民法》第 741 条规定,在外国的日本人结婚时,可以向驻该国的日本大使、公使或领事申报,在这种场合下,准用前两条规定。第 739 条规定,婚姻根据《户籍法》的规定,经过申报而生效。第 740 条规定,申报婚姻,必须经断定其婚姻确实不违反第 731 条至第 737 条(婚姻的实质性要件)和前条第 2 项规定以及其他法令,否则不予受理。https://ja.wikisource.org/wiki/%E6%B3%95%E4%BE%8B_(%E6%98%AD%E5%92%8C17%E5%B9%B4%E6%B3%95%E5%BE%8B%E7%AC%AC%E5%8F%B7%E3%81%AB%E3%82%88%E3%82%8B%E6%94%B9%E6%AD%A3),访问日期:2018 年 2 月 20 日。

④ 法務大臣官房司法法制調査部(監修)『法典調査会法例議事速記録』(商事法務研究会,1986 年)129 頁。

对于以上这些规定,有学者指出,在一些要求特定宗教仪式的国家,拥有不同信仰的外国人结婚时,仍然采用绝对性举行地主义就会成为不适当的要求,而且在国际上认可领事婚姻的情况下,贯彻绝对性举行地主义已经没有充分理由。另外日本《民法》第741条只规定了日本人之间的领事婚姻,至于外国人在日本的领事婚姻,以及不同国籍之间的领事婚姻是否受承认,这在司法解释上依然存在问题。还有,根据以往的户籍先例,在国外的日本人给户籍所在地寄送结婚登记申请(即结婚申请寄到日本)时,按照婚姻举行地的法律来规定婚姻成立,就会将婚姻当事人并未在场的地方当作婚姻举行地,这种解释明显不妥。① 因此,平成元年对昭和二十二年的《法例》第13条第2款和第3款进行了修改,除了根据婚姻举行地法之外,也可以根据婚姻当事人任一方的本国法。另外,由于根据当事人任一方的本国法的婚姻方式也包含了领事婚姻,所以与领事婚姻相关的特别规定也删除了,但在第3条但书上添加一条"日本人条款",即"在日本举行婚姻且当事人一方是日本人的不受此限"。之所以添加这一"日本人条款",是因为日本人和外国人在日本结婚,其婚姻方式若根据外国人的本国法,只要没有提出结婚登记,该婚姻就不能在日本户籍上进行登记,这样日本人的身份关系就不能正确地反映在户籍上,这明显和日本的户籍管理制度不符。另外,在日本结婚,即使要求当事人提出结婚登记,也不能给当事人施加太大的负担。②

《通则法》在制定时,对第3款但书规定的"日本人条款"是否要删除进行了讨论。对于这个例外规定,学界有所批评。简单地说,在日本

---

① 澤木敬郎、南敏文『新しい国際私法——改正法例と基本通達』(日本加除出版,1990年)6頁。

② 澤木敬郎、南敏文『新しい国際私法——改正法例と基本通達』(日本加除出版,1990年)8頁。

结婚的外国人，根据其对象是否是日本人而被差别对待了。其对象也是外国人的话，承认其婚姻方式依其本国法，但若其对象是日本人的话，其婚姻方式必须依日本法。此外，对和外国人在国外结婚的日本人，承认其婚姻方式依该外国人本国法，但如果在日本结婚，则不承认该外国人本国法，这种"日本人条款"明显是不平等的。①试举一个发生在平成元年《法例》修订前的案子为例。具有外国国籍的A与日本人B在日本依该外国法的方式结了婚，二人生活在A名下的房子里。A死亡后，A的弟弟C向东京地方法院提出诉讼，主张因A和B没有依日本法结婚登记，婚姻无效，不能继承A名下的房产，向B要求收回前述的房屋，并要求其让出土地。根据当时的《法例》规定，婚姻方式依婚姻举行地法律，A和B没有依日本法结婚登记，婚姻无效，不能继承A名下的房产，故法院同意C的请求。②该判决是当事人缺乏法律意识及《法例》的规定错位导致婚姻方式不符合日本法规定的结果。这一点在立法之际值得再次考虑。

《中间草案》针对平成十一年的《法例》第13条第3款的但书规定提供了A、B两个方案。③ A方案主张维持第13条第3款的但书规定。原因如下："第一，维持日本对户籍制度的信赖性，从这个观点来看，起码日本人在日本国内结婚的时候，需要在户籍上登记身份变动；第二，实务中，依据该款但书规定，不会产生特别不便；第三，日本人在日本国内结婚时进行申报是常识，所以即便是根据日本法要求申报，对于当事人来说，也不会是强人所难。"④与此相反，B方案则主张删除该款但书

---

① 澤木敬郎、道垣内正人『国際私法入門（第6版）』(有斐閣，2006年)106頁。
② 东京地方法院昭和四十八年(1973年)4月26日判决。『判例時報』721号66頁。
③ 別冊NBL編集部『法の適用に関する通則法関係資料と解説』(商事法務，2006年)103頁。
④ 別冊NBL編集部『法の適用に関する通則法関係資料と解説』(商事法務，2006年)216頁。

规定。其原因除了上面提及的以外,还特别强调了要求根据日本法进行申报,有可能产生与当事人预期相反的结果。因为当事人基于外国法的方式缔结婚姻,当事人认为这是有效婚姻,但适用第13条第3款的但书规定,该婚姻则为无效婚姻。

最终,民意调查结果显示,支持A方案的占多数,《通则法》第24条内容基本维持《法例》第13条第3款的规定,只是将古代日语表达的词语修改为现代日语。

二、婚姻效力与夫妻财产制的法律适用

婚姻成立后夫妻间的法律关系分为夫妻人身关系和夫妻财产制,[①]《法例》与《通则法》均将两者区别开来,规定了各自的准据法。所以这里论述的婚姻的效力的法律适用是指婚姻的身份效力的法律适用,即夫妻人身关系的法律适用。

(一) 婚姻效力的法律适用

在明治三十一年《法例》制定时,关于婚姻的效力的法律适用是这样规定的:"婚姻的效力,依丈夫的本国法。外国人和女户主构成入赘婚姻,或成为日本人童养婿的,婚姻的效力依日本法律。"当时的日本是一个男尊女卑的社会,以丈夫的本国法为准据法,这在冲突法上是对丈夫的优待,保护了丈夫的利益。根据日本《户籍法》的实务规定,外国人入赘到日本人家庭以及成为日本人的童养婿,必须加入日本国籍,且放弃本姓,随女方姓氏。这样一来双方都是日本国籍,日本法

---

① 樱田嘉章『国際私法(第6版)』(有斐閣,2012年)279页。

律自然就成了其婚姻效力的准据法。因此,明治三十一年的《法例》第 14 条第 2 款的规定似乎是多余的,于是在昭和二十二年删除了这一款规定。

"婚姻的效力依丈夫本国法",的确这在冲突法上是对丈夫的优待,保护了丈夫的利益,却无视了妻子的利益,在学界被批评为违反了冲突法上要求的两性平等。① 随着《国籍法》上两性平等的发展,夫妻国籍独立主义不断渗透,再加上各国国际私法的修订,平成元年《法例》采用了两性平等的观点,通过将夫妻类型化来决定合适该夫妻的准据法;对《法例》第 14 条进行修订,探求夫妻共同的连结点,即找出夫妻共同的国籍与共同的居所地,选择适合夫妻平等理念的准据法的选定方法,也就是现行法所使用的"阶梯式连结",这样就可以更合理地保护当事人双方的权利。

考各国立法例,如 1986 年的德国《〈民法〉施行法》第 14 条规定婚姻效力的准据法采用"五层阶梯适用方式";② 比利时《国际私法》也有相关规定,与同一本国法相比,优先适用同一经常居所地法。③

《通则法》在制定时,对该款没有做特别讨论,继续采用同样的"阶梯式连结"。《通则法》第 25 条维持了《法例》第 14 条规定:当夫妻属同一国籍时,婚姻的效力适用同一本国法;夫妻双方非同一国籍时,适用夫妻同一经常居所地法。前述两个连结点都不存在时,适用与该夫

---

① 溜池良夫『国際私法講義(第 3 版)』(有斐閣,2005 年)436 页。
② 《〈民法〉施行法》第 14 条第 1 款规定:"婚姻的一般效力适用:1. 配偶双方所属国家的法律,或者配偶双方在婚姻持续期间最后共同所属国家的法律,后者以仍有一方为该国国民为前提;或者 2. 配偶双方共同经常居所地所在国法律,或者配偶双方在婚姻持续期间最后的共同经常居所地所在国法律,后者以仍有一方之经常居所地位于该国为前提;或者 3. 作为辅助性的准据法,应考虑配偶双方以其他方式有共同的最密切联系国家的法律。"http://article.chinalawinfo.com/ArticleHtml/Article_71793.shtml,访问日期:2016 年 9 月 13 日。
③ 桜田嘉章、道垣内正人『注釈国際私法(第 2 巻)』(有斐閣,2011 年)27 页。

妻有最密切联系地法。但语言表述上采用了现代日语,且将"法律"改为"法",这样的表述符合日本立法现代化改革的精神。

(二) 夫妻财产制的法律适用

明治三十一年《法例》制定时,关于夫妻财产制的法律适用同婚姻的效力的法律适用规定的条文基本一样,即"夫妻财产制,依结婚当时丈夫本国法"。两者均采用属人法。连结点方面选取了结婚当时丈夫的国籍,即采纳了"不变更主义"。之所以这样规定,是因为夫妻财产制具有永久性,并且也是为了防止出现丈夫任意变更财产关系,产生违反夫妻结婚目的的结果。

"夫妻财产制依结婚当时丈夫本国法"这种法律适用规定和前面论述过的"婚姻的效力依丈夫本国法"一样,在学界被批评为违反了冲突法上要求的两性平等。[①] 为了两性平等,指定准据法的国际统一,平成元年对《法例》第15条规定做了很大程度上的修改。修改后的该条第1款规定,夫妻财产制准用婚姻效力的法律适用规定,也就是所谓的"阶梯式连结"。这种多层阶梯式连结包含了最密切联系地法的适用规则,有可能会使得当事人对自身夫妻财产制的法律适用缺乏预期。再者,与修改前的《法例》条款不同,本次修改的条款采用了"变更主义"。之所以采用"变更主义",理由如下:第一,应该确保夫妻财产制的准据法与婚姻身份效力的准据法的一贯性;第二,应该根据现在的最密切联系地法来规定影响现在生活的法律关系;第三,应该确保统一处理夫妻财产制与离婚、继承等相关问题;第四,若根

---

① 桜田嘉章、道垣内正人『国際私法判例百選(進法対応補正板)別冊ジュリスト No. 185』(有斐閣,2007年)230頁;溜池良夫『国際私法講義(第3版)』(有斐閣,2005年)436頁。

据将夫妻共同要素作为连结点的"婚姻身份效力的准据法",就没有必要特别考虑保护妻子的利益。所以对于希望法律适用具有明确性、稳定性的当事人来说,将个人意思自治选择的法律作为夫妻财产制的准据法是比较妥当的。① 所以,第 1 款的但书规定了当事人意思自治,这一规定符合平成元年《法例》的修订目的之一,即对接 1978 年海牙国际私法会议上通过的《夫妻财产制法律适用公约》,顺应国际私法统一趋势。修改后的第 2 款与第 3 款,考虑了日本《民法》第 757 条②保护内国交易的立法意图。③ 第 2 款规定:"依外国法的夫妻财产制,对于在日本实施的法律行为及在日本的财产,不得对抗善意的第三人。于此情形……在与第三人的关系上,夫妻财产制依日本法律。"第 3 款规定:"依外国法所签订的夫妻财产契约,在日本登记后,不受前款规定,可以对抗第三人。"

《法例》第 15 条与《通则法》第 26 条都是关于夫妻财产制的法律适用规定,内容基本相同,不同的是《通则法》第 26 条除了采用现代语言外,还针对夫妻选择夫妻财产制准据法的效力问题,规定"该情况下此规定只适用于签订协议后的夫妻财产制"。增加此项规定是因为,《通则法》第 9 条没有明确规定法律行为准据法变更的效果是否具有溯及既往的效力,只是概括地规定完全根据当事人意思来定。此举的意义在于清楚地表明"夫妻以往拥有的财产仍适用旧的准据

---

① 南敏文『改正法例の解説』(法曹会,1992 年)73 頁。
② 日本《民法》第 757 条原文为"外国人が、夫の本国の法定財産制と異なる契約をした場合において、婚姻の後、日本の国籍を取得し、又は日本に住所を定めたときは、一年以内にその契約を登記しなければ、日本においては、これを夫婦の承継人又は第三者に対抗することができない"。中文的意思是"外国人签订了与丈夫本国的法定财产制不同的合同,婚后取得日本国籍或者在日本有固定住所的,一年内必须登记其合同,否则在日本不能对抗夫妻的继承人或第三人"。
③ 参见日本《法例》修订座谈会中南敏文教授的讲话。『ジュリスト』943 号(1989 年)。

法，而由夫妻选择的准据法只适用于夫妻选择准据法之后取得的财产"。简而言之，该款规定的夫妻选择的准据法只具有面向将来的效力。

本次《法例》第15条的大幅修改实现了冲突法上要求的两性平等，而且还参照了1978年海牙国际私法会议上通过的《夫妻财产制法律适用公约》，实现了指定准据法的国际性统一，可以说本次修订体现了日本国际私法立法现代化。所以在《通则法》制定时，法制审议会对该条规定没有进行特别讨论，只是提议将《法例》第15条第1款的但书作为《通则法》第26条第2款内容，《法例》第15条第2款与第3款就相应地变成了《通则法》第26条第3款与第4款。此外，就夫妻选择夫妻财产制准据法时的效力问题，补充规定"该情况下此规定只适用于签订协议后的夫妻财产制"，体现了《通则法》自身的统一性。

三、离婚的法律适用

在平成元年《法例》修订前，关于离婚的法律适用规定是"离婚依其原因事实发生时丈夫的本国法"[①]。平成元年修订前把丈夫的国籍作为连结点，且和此次修订前夫妻财产制一样，都采用了"不变更主义"。因为，离婚原因事实发生后，丈夫可能会通过变更国籍，进而变更离婚应适用的准据法，获得对自己有利的结果。为了防止这种情况的发生，要将确定准据法的基准时间固定在一定时期。另外，此次修订

---

① 1898年《法例》的第16条规定，"离婚依其原因事实发生时丈夫的本国法，但除非依日本法律也承认其原因事实为离婚原因的，法院才能宣告离婚"。樱田嘉章、道垣内正人『国際私法判例百選（進法対応補正板）別冊ジュリストNo.185』（有斐閣，2007年）230頁。

前的《法例》第 16 条的但书规定,"除非依日本法律也承认其原因事实为离婚原因的,法院才能宣告离婚"。可见,离婚与法院地的法律秩序有着密切关系,承认了法院地法的介入。

昭和二十二年日本民法典为了配合新宪法的制定和实施,对亲属与继承两编做了全面修改,实现男女平等为其核心的修改原则之一。之后随着两性平等原则的普遍推广,平成元年《法例》修订时也根据两性平等原则对该条做了很大程度上的修订,采用与夫妻相关的连结点来确定准据法。以婚姻效力为例,"夫妻的本国法相同时,依该法律;无其法律时,夫妻经常居所地法律相同时,依该法律;无前述任何一种法律时,依与夫妻有最密切联系地的法律"。由于在司法实践中找不到不变更主义很好地发挥作用的案例,而且用离婚原因事实发生时的准据法来处理与离婚有关的一切问题是不妥当的,[1]故将不变更主义改成变更主义。日本的离婚法承认离婚自由,想通过前述第 16 条但书来阻止离婚,几乎没有此类案例。即便删除该规定,必要时也可以根据公共秩序的保留条款达到目的。再加上立法上提倡简化冲突法规,所以在这次《法例》修订时废除了与离婚原因有关的法院地法的介入这种规定。但《法例》第 16 条添加了新的但书规定,"夫妻一方为在日本有经常居所地的日本人时,离婚依日本法律",这就是所谓的"日本人条款"。之所以增设这个但书规定,是因为如果仅仅准用第 14 条规定,处理协议离婚的案件就比较麻烦。在日本的协议离婚制度下,户籍官员必须先进行形式审查,这样一来就必须判断对方的国籍以及经常居所地,进而判断最密切联系地法,这无疑加大了户籍工作人员的工作难度。

---

[1] 南敏文『改正法例の解説』(法曹会,1992 年)94 頁。

但是学界对《法例》第 16 条的但书规定提出了以下批评：第一，根据该条但书规定，夫妻一方为在日本有经常居所地的日本人时，当然可以适用最密切联系地法，但是，本条规定的其他情况，有可能会无视关于另一方当事人是外国人的所有连结点。这样的结论不符合平等对待内国人和外国人的国际私法基本理念。第二，若没有该条但书规定，在处理协议离婚申报时，需要判断对方国籍及经常居所地，进而判断最密切联系地法。这个时候，要听取对方当事人意见才可以确认离婚意思。但是，根据该条但书规定，判断配偶为日本人的经常居所地在日本时，不做任何调查就可受理协议离婚申报，导致无法确认离婚意思。①

对比各国立法情况，离婚的法律适用与日本有同样规定的有韩国《国际私法》第 39 条规定②和德国《〈民法〉施行法》第 17 条第 1 款规定③。法制审议会在综合考虑国际上相关立法例以及学界意见之后，对是否删除第 16 条但书规定进行了讨论，指出设置该条但书的目的是可以通过"住民票"简单确认是否具备离婚条件，这在很大程度上简化了户籍工作人员的工作流程。有学者指出，该但书不仅在实务上提供了便利，而且若一方当事人是在日本有经常居所地的日本人，日本法当属最密切联系地法，所以从实质上来看，这种做法是妥当的。④ 还有学

---

① 別冊 NBL 編集部『法の適用に関する通則法関係資料と解説』（商事法務，2006 年）217 頁；小出邦夫『逐条解説・法の適用に関する通則法』（商事法務，2009 年）322 頁。

② 韩国《国际私法》第 39 条条文翻译参见法例研究会『法例の見直しに関する諸問題(4)——代理、信託、親族関係等の準拠法及び総則規定について』（商事法務，2004 年）73 頁。韩国《国际私法》第 39 条规定"第 37 条的规定准用于离婚。但夫妻一方为在大韩民国有经常居所地的大韩民国国民时，离婚依大韩民国法律"。

③ 德国《〈民法〉施行法》第 17 条第 1 款规定"离婚依婚姻效力的准据法。婚姻依照该法不能解除且提出离婚的配偶此时为德国人或缔结婚姻时为德国人的，离婚依德国法"。邹国勇：《外国国际私法立法选择》，武汉大学出版社 2017 年版，第 117 页。

④ 南敏文『改正法例の解説』（法曹会，1992 年）94 頁。

者提出,与欧洲各国立法例一样,在日本有经常居所地的日本人根据日本法离婚后,同样也有根据日本法再婚的可能性,这可能是制定该条但书的目的之一。① 由于大多数人主张维持该条但书规定,《中间草案》第 9 条(注)提案维持了《法例》第 16 条但书规定。于是《通则法》第 27 条承袭了《法例》第 16 条的内容,仅将其语言表达改成现代日语。笔者认为,《法例》第 16 条关于离婚的法律适用规定,与韩国、德国等多个国家相关规定基本相似,不仅体现了现代国际私法两性平等的理念,而且使用阶梯式连结,增强了法律适用的灵活性,更符合国际民商事关系的实践。特别是经常居所地法及最密切联系地法的适用,顺应了现代国际私法发展的总趋势。

第二节　涉外亲子关系与一般亲属关系的法律适用

涉外亲子关系一般包括婚生地位、非婚生认领及准正。亲属关系一般包括夫妻、父母、子女、兄弟姊妹、祖父母和外祖父母、孙子女和外孙子女、儿媳和公婆、女婿和岳父母,以及其他三代以内的旁系血亲,如叔、伯、姑、舅、姨、侄、甥、堂兄弟姊妹、表兄弟姊妹等。而一般亲属关系是指《法例》规定的婚姻及亲子关系以外的亲属关系,即兄弟姊妹等其他亲属关系。《通则法》第 28 条到第 31 条是关于亲子关系成立的法律适用规定,《通则法》第 32 条是关于亲子间的法律关系,即父母与婚生

---

① 横山潤『国際家族法の研究』(有斐閣,1997 年)136 頁。

子女、非婚生子女或养子女之间的法律关系的法律适用规定,《通则法》第 33 条是关于一般亲属关系的法律适用规定。本节将主要对平成元年《法例》关于涉外亲子关系与一般亲属关系的法律适用的修订以及《通则法》的修订进行分析,探讨日本国际私法在此方面的现代化进程。

一、涉外亲子关系的法律适用

(一) 亲子关系成立

《通则法》第 28 条到第 32 条是关于亲子关系成立的法律适用规定。在《法例》修订之际,针对是否效仿东欧各国做法,即平等对待婚生子女和非婚生子女,有不少相关讨论。日本法针对婚生子女亲子关系和非婚生子女亲子关系的成立做了不同规定。[①] 本小节主要针对《法例》到修订《法例》再到《通则法》这样一个立法修订过程进行论述,进而探寻日本国际私法立法的现代化趋势。

1. 婚生子女亲子关系成立的法律适用

平成元年《法例》修订前关于婚生子女的冲突规范为"婚生子为嫡出与否,依其出生时母之丈夫本国法,如母之丈夫在子出生前死亡,依其丈夫最后所属国法律"(《法例》第 17 条)。这主要是采用父亲本国法主义,明显违背了两性平等的理念,日本学者对此也进行了指责。[②] 的确,从两性平等的观点来看,母亲的本国法也应该考虑在内,这有

[①] 南敏文『改正法例の解説』(法曹会,1992 年) 103 頁。
[②] 溜池良夫「嫡出決定の準拠法について」『国際私法の基本問題:久保岩太郎先生還暦記念論文集』(有信堂,1962 年) 245 頁。

利于保护的孩子利益。因此,平成元年《法例》修订时除了整体上将古文的表达形式改为现代日语表达之外,最重要的是将婚生子女亲子关系成立与否从依"其出生时母之丈夫本国法"改为依"父亲或母亲的本国法"。

随着生殖辅助医疗技术的进步,因病不能生育的夫妻可以借用他人的精子或卵子,甚至可以借用其他女性的身体来生育,但根据哪个国家的法律来决定出生子的父母还是一个问题。在民法领域,只要发生了分娩的事实,即可成立法律上的母子关系,但在上述全新的现象出现之后,如何确定亲子关系亟待讨论。要知道,日本原则上是禁止代孕的。这方面比较典型的案例有最高法院平成十九年3月23日第二小法庭判决的代孕判例(民集第61卷第2号第619页)。①

本案件的概要:居住在日本的日本人夫妇甲、乙为了尝试用自己的精子和卵子进行代孕,于2003年与美国人女性A及其丈夫B(二人均居住在美国内华达州)签订了代孕合同。代孕合同包含以下条款:出生的孩子在法律上的父母是甲、乙,A、B夫妇对于该子没有保护权、探望权等所有的法律权利及责任。另根据内华达州的法律,代孕合同是合法的,合同中被定为父母的一方即为孩子的亲生父母。于是A通过甲的精子和乙的卵子体外受精怀孕,同年11月份生下双胞胎。同年12月1日,内华达州瓦肖郡(Washoe County)第二司法地方法院家事部就甲、乙的申请做了亲子关系鉴定,确认了甲、乙是出生的两个孩子的亲生父母。2004年1月22日,甲、乙向品川区长Y提交了这两个孩子的出生登记申请,但Y不予受理。故甲、乙根据《户籍法》第118条(平成十九年修改前,现在为第121条)申诉要Y受理该出生登记申请。

---

① 樱田嘉章、道垣内正人『国际私法判例百選(進法対応補正板)別冊ジュリスト No. 210』(有斐閣,2012年)142页。

在第一审①中,法院不承认甲、乙与本案件出生的两个孩子之间存在婚生亲子关系,因此甲、乙提出抗告,结果原审②判决本案件可以适用或类推适用《民事诉讼法》第 118 条的规定,即本案件的两名孩子是甲、乙的婚生子女,命令出生登记处受理该案件的出生登记申请。故 Y 获得了东京高等法院的批准并提起抗告。

法院最后决定撤销原判决,废止对原判决进行的抗告。第一,根据《民事诉讼法》第 118 条,在日本要承认外国法院的判决,其判决内容必须不违反日本的公序良俗。外国法院的判决若被认为不符合日本法秩序的基本原则或基本理念,即违反了公共秩序。然而,日本民法只承认怀胎诞生了孩子的女性为该孩子的母亲,提供卵子但没有怀胎诞生的女性不是该孩子的母亲。故本案中外国法院的判决有违日本法秩序的基本原则或基本理念,应属无效。第二,关于甲、乙与本案件出生的两个孩子的亲子关系,适用的法律应该是甲、乙的本国法,即日本法。因此,甲、乙与本案件出生的两个孩子之间不成立婚生子女的亲子关系。

从这起代孕案例可以看到,《法例》已不能满足现实需要。虽然《通则法》的立法过程指出了生殖辅助医疗的问题,特别是代孕情况下如何判断孩子的母亲,但仍无定论,也未制定相应法律条文,故目前这类问题只能依据《通则法》的司法解释予以解决。③ 这体现了《通则法》立法的保守性。

---

① 参见東京家審平成 17.11.30 民集 61 卷 2 号 658 頁。
② 参见東京高等裁判所判決平成 18.9.29『判例時報』1957 号 20 頁。
③ 根据《通则法》第 28 条第 1 款规定,子女出生时,依夫妻一方的本国法该子女为婚生的,视为婚生。

2. 非婚生子女亲子关系成立的法律适用

非婚生子女包括婚前所生子女及婚姻关系外所生子女。非婚生子女面临的最大问题是亲子关系的认定,关于非婚生子女亲子关系的成立问题,各国立法不同。有根据已确定的出生事实来认定亲子关系的"事实主义"(又叫"血统主义"),如德国、意大利、法国等大陆法系的国家。① 也有需要根据父母的认领这个意思表示来认定亲子关系的"认领主义"(又叫"意思主义"),如英美法系的国家。在 1989 年修订前,《法例》第 18 条规定非婚生子女认领之成立要件,依认领当时父亲或母亲的本国法来确定其父母,依认领当时非婚生子女所属国法律来确定为该非婚生子女,认领的效力依父亲或母亲的本国法。② 日本学者江川英文、折茂豊等认为,该条可以类推适用于根据事实主义成立的亲子关系。③ 日本学者溜池良夫认为,出生时成立的亲子关系,根据在平成元年《法例》修订前的第 22 条规定,应依父母的本国法:父子关系依父亲的本国法,母子关系依母亲的本国法。④ 日本学者山田鐐一认为,因出生而成立的亲子关系很多时候与抚养、继承等其他具体法律关系产生关联,故依据其他具体法律关系的准据法来判断亲子关系成立足矣。⑤

昭和四十七年(1972 年)由法制审议会国际私法部会发布的《〈法

---

① 陈荣传:《国际私法各论集》,(中国台湾)五南图书出版公司 1998 年版,第 312 页。
② 桜田嘉章、道垣内正人『国際私法判例百選(進法対応補正板)別冊ジュリスト No. 185』(有斐閣,2007 年)230 頁。
③ 江川英文『国際私法(修訂版)(有斐閣全書)』(有斐閣,1957 年)279 頁;折茂豊『国際私法(各論)』(有斐閣,1972 年)343 頁。
④ 溜池良夫「嫡出決定の準拠法について」『国際私法の基本問題:久保岩太郎先生還暦記念論文集』(有信堂,1962 年)255 頁。
⑤ 山田鐐一『国際私法(現代法学全集)』(筑摩書房,1982 年)398 頁。

例〉修订纲要草案(亲子关系部分)》,虽然没有对由出生而成立的非婚生子女的亲子关系进行特别规定,①但考虑到很多国家法律承认由事实主义成立的亲子关系,加上户籍实务上通过确认子女与外国父亲是否具有亲子关系,在孩子的户籍上记上父亲的名字,符合子女利益。②因此,在平成元年《法例》修订时设定了关于非婚生子女亲子关系成立的冲突规范。

关于非婚生子女认领的冲突规范,明治三十一年《法例》第18条规定"私生子女的认领要件对其父或母,依认领时父或母的本国法,对其子女,依认领时子女的本国法;认领的效力,依父或母的本国法"。昭和十七年《法例》第一次修订时,由于"私生子"这种表述带有贬义,旧《民法》删除了"私生子"一词,改为现行《民法》的"非婚生子女"(目前中文一般译为"非婚生子女"),所以《法例》也相应地将第18条中的"私生子"一词替换为"非婚生子女"。考虑到认领成立与否会对认领人和被认领人双方的身份产生重大影响,平成元年《法例》修订前的第18条第1款规定采用"分配式适用主义"。但当事人本国法的分配式适用实际上往往出现必须重叠适用双方的本国法的情况,这样一来非婚生子女亲子关系就很难成立,不利于保护子女利益。③ 于是,在平成元年《法例》修订时,出于"认领保护"的需要,对分配式适用进行了修改。非婚生子女亲子关系成立的一般准据法为子女出生时认领人(父亲或母亲)的本国法(《法例》第18条第1款),另外还可以根据认领时认领人或子女的本国法(《法例》第18条第2款)。但是这种选择性的

---

① 山田鐐一「法例改正要綱試案(親子の部)解説」『民商法雑誌』72卷2号(1975年)。
② 法務省民事局内法務研究会『改正法例下における渉外戸籍の理論と実務』(テイハン,1989年)187—200頁。
③ 折茂豊『国際私法(各論)』(有斐閣,1972年)338頁。

连结方法在根据认领人(父母)的本国法承认认领时,即便子女的本国法要求具备被认领子女本人的同意或其母亲的承诺等要件,但如果这些要件未被规定在认领人本国法中,子女权益也将无法得到保护。因此,在《法例》修订时,就引进了这样一条所谓的保障条款,即认领时子女的本国法规定以子女或第三人的承诺或同意为认领要件时,应具备该要件(《法例》第18条第1款后段,第2款后段)。根据现代化立法改革宗旨,《通则法》第29条同样是选择性冲突规范,语言表达也已转变为现代日语。

3. 非婚生子女准正的法律适用

非婚生子女的准正是指非婚生子女取得婚生子女地位。各国的实体法对此规定不同。常见的有非婚生子女因生父母事后结婚而取得婚生子女地位的(结婚准正),也有父母结婚后,婚外出生的子女通过认领取得婚生子女地位的(认领准正)。平成元年《法例》修订前,关于非婚生子女准正没有明文规定,只是通过《法例》的司法解释来解决问题,但是日本学界一直主张非婚生子女准正的问题属于取得子女婚生性问题的范畴,故按照有关婚生子女的冲突规范(《法例》第17条)来确定非婚生子女准正的法律适用,即依事实发生时其父亲的本国法。[①] 曾有两个判例都是关于非婚生子女准正的,均适用了父母结婚时父亲的本国法:一个适用加拿大不列颠哥伦比亚州法;[②]另一个适用墨西哥法。[③]

昭和四十七年由法制审议会国际私法部会发布的《〈法例〉修订纲

[①] 折茂豊『国際私法(各論)』(有斐閣,1972年)356頁;国際法学会『国際私法講座第2巻』(有斐閣,1955年)601頁。
[②] 昭和四十七年2月14日東京家庭裁判所『審判家月』25卷2号115頁。
[③] 昭和六十二年(1987年)5月27日静岡家庭裁判所『審判家月』40卷5号164頁。

要草案(亲子关系部分)》对非婚生子女的准正问题进行了单独规定,适用和子女婚生性的准据法相同的准据法。① 平成元年《法例》修订时,关于非婚生子女的准正,以和婚生子女亲子关系成立的法律适用保持一致为前提,为了实现两性平等以及保护子女利益,借鉴《法例》第18条第2款关于认领的冲突规范(依认领当时子女的本国法),特别是考虑到认领准正的情况,增加了"也可以根据子女的本国法"这一规定。如果不承认根据子女的本国法准正,子女准正就有可能不会被承认,这样一来子女只能是非婚生子女。② 所以从保护子女利益的观点来考虑,要承认适用子女的本国法,而且仅仅准用婚生子女的准据法是远远不够的,关于准正很有必要设置一项独立的规定,于是就增设了《法例》第19条,即"子女在准正要件事实完成,依父、母或子女的本国法成立准正时,取得婚生子女身份;前款所载者在准正要件事实完成前死亡时,将其死亡当时的本国法视为前款规定的本国法"。

比较近年来有关非婚生子女准正的国际私法立法,我们可以发现为了方便子女取得婚生子女的身份,很多国家都采取了和婚生子女亲子关系成立的法律适用保持一致的做法。如希腊和罗马尼亚的国际私法规定适用婚姻效力的准据法来决定婚生子女亲子关系成立。③ 此

---

① 山田镣一「法例改正要綱試案(親子の部)解説」『民商法雜誌』72卷2号(1975年)。
② 南敏文『改正法例の解説』(法曹会,1992年)131—132頁;溜池良夫『国際私法講義(第3版)』(有斐閣,2005年)500—501頁;山田镣一、早田芳郎「法例改正について」『法学教室』112号(1990年)。
③ 希腊《民法》第22条规定"准婚生适用准婚生行为时父亲的本国法,如在准婚生行为以前父亲已经死亡,适用父亲死亡时的本国法"。樱田嘉章、道垣内正人『注釈国際私法(第2卷)』(有斐閣,2011年)102頁。罗马尼亚《国际私法》第2604条规定"如果父母被允许通过事后结婚而使婚前出生的子女准正,则其条件依照支配婚姻一般效力的法律"。《中国国际私法与比较法年刊》(第15卷),北京大学出版社2012年版,第717页。

外,也有国家倾向于规定选择性冲突规范。如2006年修订前的法国《民法》第311条第16款第1项规定,准正依据婚姻效力的准据法,或夫妻一方的本国法,或子女的本国法;意大利《国际私法》第34条第1款与韩国《国际私法》第42条第1款规定,准正依据父亲或母亲的本国法,或子女本国法。①

平成元年《法例》修订时,对非婚生子女准正的法律适用做了比较彻底的修订,增设的第19条采用选择性连结的规定也顺应了现代国际私法发展趋势,故《通则法》在制定时,关于非婚生子女准正的规定(《通则法》第30条)没做太多的讨论,而是承袭了平成元年《法例》第19条的内容,仅在语言表达上采用了现代日语表达方式。

4. 收养关系成立的法律适用

平成元年《法例》修订前,收养关系的成立与否与养父母和养子女的利益密切相关,所以第19条关于收养关系成立的冲突规范是以适用养父母的本国法和养子女的本国法为宗旨而设定的。但平成元年《法例》修订时废止了这种分配式适用,这是因为:第一,世界各国实体法规定的收养关系成立要件多式多样,因此分配适用本身是一件复杂且困难的事情;②第二,分配适用养父母和养子女双方的本国法往往会导致收养关系很难成立;③第三,重叠适用养父母和养子女双方的本国法,也会导致收养关系很难成立。④ 对此,日本有很多学者如南敏文、溜池良夫、山田镣一等都主张废止这种分配式适用,原则上以养父母的

---

① 樱田嘉章、道垣内正人『注釈国際私法(第2巻)』(有斐閣,2011年)102頁。
② 溜池良夫『国際私法講義(第3版)』(有斐閣,2005年)505頁;南敏文『改正法例の解説』(法曹会,1992年)134頁。
③ 樱田嘉章『国際私法(第6版)』(有斐閣,2012年)316頁;南敏文『改正法例の解説』(法曹会,1992年)134頁。
④ 横山潤『国際家族法の研究』(有斐閣,1997年)210頁。

本国法为准据法,重叠适用一部分养子女的本国法。①

很多国家规定收养关系成立后,养子女拥有与养父母相同的国籍,因此适用养父母的本国法就是适用养子女的本国法,不会造成法律适用上的困难。但是,仍然存在养子女与养父母国籍不同的情形。对此,德国、奥地利、比利时、法国等国规定了补充条款,重叠适用一部分养子女的本国法。②

在制定《通则法》时,法制审议会国际私法(现代化关系)部会就《法例》的第 20 条没有进行特别讨论,这是因为平成元年《法例》修订时,重点修改了这一条款。故《通则法》第 31 条承袭了修订《法例》第 20 条的内容,只在语言表达上采用了现代日语表达形式。

(二) 亲子间法律关系的法律适用

在日本,"亲子间的法律关系"一般是指父母与婚生子女、非婚生子女或养子女之间的法律关系。③ 我国称之为"父母与子女间的法律关系"。

平成元年修订前的《法例》第 20 条规定,"亲子间法律关系依父亲的本国法,或父亲不在时依母亲的本国法"④。该规定将父亲的本国法放在第一位,母亲的本国法放在第二位,没有考虑子女的本国法。之所以如此规定,是与当时的社会背景分不开的。明治三十一年日本正式实施以德国法为蓝本,结合日本国情制定的民法典。其婚姻家庭法弥

---

① 南敏文『改正法例の解説』(法曹会,1992 年)134—136 頁;溜池良夫『國際私法講義(第 3 版)』(有斐閣,2005 年)505 頁;山田鐐一『國際私法(第 3 版)』(有斐閣,2004 年)504 頁。
② 桜田嘉章、道垣内正人『注釈国際私法(第 2 卷)』(有斐閣,2011 年)110 頁。
③ 桜田嘉章、道垣内正人『注釈国際私法(第 2 卷)』(有斐閣,2011 年)127 頁。
④ 桜田嘉章、道垣内正人『国際私法判例百選(進法対応補正版)別冊ジュリスト No. 185』(有斐閣,2007 年)230 頁。

漫着浓厚的封建家族道德气息,确认了以男性为中心的家庭制度。①这明显不符合新宪法上的两性平等原则和保护子女权利的原则,这也是平成元年修订《法例》的主要原因。

平成元年《法例》修订之际,分别对婚生子女、非婚生子女、养子女的亲子间法律关系的法律适用进行了详细讨论。首先,婚生子女亲子间的法律关系是适用婚姻效力的准据法？还是子女的本国法？抑或是子女的经常居所地法？其次,非婚生子女亲子间的法律关系是只适用子女的属人法吗？最后,养子女亲子间的法律关系是适用子女的属人法还是养父母的本国法？最终出于两性平等的考虑,修订后的《法例》采用了阶梯式连结。与适用子女的属人法相比,将养父母的本国法作为亲子间法律关系的准据法有损法律的稳定性,所以不再考虑将养父母的本国法作为亲子间法律关系的准据法。②于是关于婚生子女、非婚生子女、养子女这三种亲子关系的法律适用进行统一立法,只需要讨论是依子女本国法还是子女经常居所地法。经过讨论,最终还是决定"亲子间的法律关系,子女的本国法与父或母的本国法相同时,或父母的一方不在与另一方的本国法相同时,依子女的本国法"。这样不仅可以便于当事人行使亲权、监护权、法定代理权,③而且更重要的是不会给户籍实务带来很大影响。④但是,当亲子间的本国法不一样时,也就是说:1. 父母与子女的本国法各不相同时;2. 父母的本国法相同,但与子女本国法不同时;3. 父母一方死亡,或失踪,另一方与子女的本国法不同时,就不能采用本国法主义了。如果亲子间有共同居所地,则依

---

① 卢乐山:《中国女性百科全书:婚姻家庭卷》,东北大学出版社1995年版,第477页。
② 南敏文『改正法例の解説』(法曹会,1992年)158頁。
③ 南敏文『改正法例の解説』(法曹会,1992年)158頁。
④ 澤木敬郎、道垣内正人『国際私法入門(第6版)』(有斐閣,2006年)139頁。

据共同居所地法,如果亲子间没有共同居所地,则依据最密切联系地法,亲子间的法律关系适用的最密切联系地法为子女经常居所地法。①所以,平成元年《法例》第 21 条后半段规定"其他情况则依子女经常居所地法"。

修订后的《法例》第 21 条规定,"亲子间法律关系,子女的本国法与父或母的本国法相同时,或父母的一方不在与另一方的本国法相同时,依子女的本国法。其他情况则依子女经常居所地法"②。可见本次修订赋予夫妻双方本国法以平等地位。正如某位学者评述的那样:"《法例》的修订重点关注了男女平等、保护弱者利益等方面,遵循了日本宪法原则,已顺应国际私法的新发展。"③

比较各国相关立法情况,德国《〈民法〉施行法》第 21 条规定"子女与其父母之间的法律关系,适用该子女经常居所地法"④。所以就亲权的成立和内容,为了保护子女的利益,均适用子女经常居所地法。但是该条的适用范围除了受收养(第 18 条)及姓氏(第 10 条)相关规定限制以外,还受国际公约的限制,如 1961 年《关于未成年人保护的管辖权和法律适用的公约》、1996 年《关于父母责任和保护儿童措施的管辖权、法律适用、承认、执行及合作的海牙公约》。法国对于婚生子的亲权及监护权问题,适用婚姻效力的准据法,关于非婚生子的问题则适用子女的属人法,关于姓氏的问题一般适用子女的本国法。但是关于保护儿童问题,法国则和德国一样优先适用上述 1961 年的《关于未成年人保护的管辖权和法律适用的公约》,抚养问题则适用 1973 年的《抚养义务法

---

① 南敏文『改正法例の解説』(法曹会,1992 年)161 頁。
② 桜田嘉章、道垣内正人『国際私法判例百選(進法対応補正板)別冊ジュリスト No. 185』(有斐閣,2007 年)229 頁。
③ 岑雅衍:《日本国际私法的新发展——1989 年〈法例〉修正案述评》,载《宁波大学学报》(人文科学版)1993 年第 6 卷第 2 期。
④ 邹国勇:《外国国际私法立法选择》,武汉大学出版社 2017 年版,第 117 页。

律适用公约》。瑞士《国际私法》第 82 条规定"父母与子女的关系,适用子女的经常居所地法。如果父母双方在子女经常居所地都没有住所,但父母与子女有共同国籍的,适用他们的共同本国法律"①。比利时《国际私法》第 72 条规定"亲权根据行使其权利者的经常居所地法,另一方面,亲权的行使根据子女的经常居所地法。根据子女的经常居所地法得不到最低限度的保护时,根据其本国法,实际情况或法律上不能适用外国法时,根据比利时法。关于抚养义务,根据 1956 年的《儿童抚养义务法律适用公约》"②。意大利《国际私法》第 36 条规定"父母子女间的人身和财产关系,包括亲权在内,应由子女的本国法支配"③。英国的做法则不同,子女的亲权、监护权等事项归英国法院管辖时,根据英国法。关于子女的财产管理,只要财产在英国且不损害子女利益,适用父母住所地法。亲权、监护权的分配以及监护人的选任作为英国法院管辖的问题来处理。④ 可见,各国关于亲子间法律关系的法律适用基本精神是一致的,子女的经常居所地法是首要的准据法,其次适用有利于保护子女利益的法律。这是亲子关系法律适用的一个发展趋势。

比较上述各国相关立法之后,在制定《通则法》时,关于第 32 条亲子间的法律关系的法律适用规定没有进行更多的讨论,继续维持修订《法例》第 21 条规定,但为了便于国民理解,在语言表达上使用现代日语,且将"父母的一方不在时"修改为"父母的一方死亡或国籍不明时",这样更加明确、易懂。

---

① 陈卫佐:《瑞士国际私法法典研究》,法律出版社 2005 年版,第 345—346 页。
② 樱田嘉章、道垣内正人『注釈国際私法(第 2 巻)』(有斐閣,2011 年)133 頁。
③ http://www.law-walker.net/gjsf/Articleshow.asp?id=64,访问日期:2017 年 11 月 17 日。
④ 樱田嘉章、道垣内正人『注釈国際私法(第 2 巻)』(有斐閣,2011 年)133—134 頁。

二、其他亲属关系和亲属关系法律行为方式的法律适用

（一）其他亲属关系的法律适用

明治三十一年《法例》第 22 条规定"前九条所规定之外的亲属关系及因此而产生的权利义务，依当事人本国法而定之"。近一个世纪之后，平成元年《法例》修订时，考虑到世界各国的相关立法中没有与本条类似的规定，于是针对是否删除本条规定进行了讨论。

该条规定的适用对象是《法例》规定的婚姻及亲子关系以外的亲属关系，即兄弟姐妹等其他亲属关系，而且由这些关系产生的权利义务也仅限于抚养。[①] 但因为关于抚养义务的冲突规范已经存在，故没有必要继续保留本条规定。且本条中当事人是多个的话，有可能重叠适用这些当事人的本国法。另外，关于该条的适用范围也存有争议，如分居、订婚、事实婚姻等都可以类推适用该条规定。[②] 但是也有学者提出，私法上的法律关系可以如前所述适用法律，但对于其他法律关系，还是需要决定是否存在婚姻、亲子关系以外的涉外亲属关系及范围。具体而言，如日本的《刑法》第 244 条第 1 款（亲属相盗）和第 257 条第 1 款，以及日本的《外国人登记法》第 15 条第 2 款第 4 项所规定的涉外亲属范围还是需要确认的。[③] 以下判例也说明了仍有必要维持该条规

[①] 参议院法务委员会上做了这样的主旨回答，监护具有财产关系的性质，故不纳入亲属关系。参见 1989 年 6 月 16 日参议院法务委员会会议纪录第 3 号第 19 页。
[②] 南敏文『改正法例の解説』（法曹会，1992 年）223 页。
[③] 桜田嘉章『国際私法（第 6 版）』（有斐閣，2012 年）326 页；南敏文『改正法例の解説』（法曹会，1992 年）224 页。

定。首先是最高法院平成十二年1月27日第一小法庭判决,根据韩国法而成立的嫡母庶子女关系,参照的法条为修订前《法例》的第17条、第18条第1款以及第22条,承认了设置本条的意义。① 同样符合修订前《法例》第17条、第18条第1款以及第22条立法意旨的判例还有神户地方法院昭和六十年(1985年)5月10日的判决②和东京地方法院昭和五十六年(1981年)2月27日的判决③。另外还有判例如东京家庭法院昭和三十八年(1963年)6月1日的审判④和东京家庭法院昭和三十九年2月14日的审判⑤准用修订前《法例》第22条,依当事人本国法实现姓氏的变更。⑥ 事实证明,修订前的《法例》第22条在法律实践中保护了当事人权益,有其存在的必要性。综上,平成元年《法例》修订时,只是将修订前第22条在语言文字上做了若干修改,承袭了其内容作为修订后的第23条。

在《通则法》立法过程中,针对平成元年修订后的《法例》第23条关于其他亲属关系法律适用的规定没有进行特别讨论,将其作为《通则法》第33条,内容是第24条至前一条所指亲属之外的亲属关系及因之而发生的权利义务,依当事人本国法而定,只是文字表述上有些差异。《通则法》第33条采用了现代日语表述,这是为了便于国民理解,顺应现代化立法改革的要求。

---

① 桜田嘉章、道垣内正人『国際私法判例百選(進法対応補正板)別冊ジュリスト No. 185』(有斐閣,2007年)118页;『大審院民(刑)事判例集』54卷1号第1页,http://www.courts.go.jp/app/hanrei_jp/detail2? id=52563,访问日期:2016年9月20日。
② 『家庭裁判月報』38卷4号111页。
③ 『判例時報』1010号85页。
④ 『家庭裁判月報』15卷9号230页。
⑤ 『家庭裁判月報』16卷7号77页。
⑥ 桜田嘉章、道垣内正人『注釈国際私法(第2卷)』(有斐閣,2011年)144页。

(二) 亲属关系法律行为方式的法律适用

法律行为方式,是指法律行为得以成立或发生法律效力所必须遵循的方式(如书面形式、口头形式,也有特定的方式如登记、公证等),当事人的意思表示因此而确定。这里所谓的"亲属关系法律行为方式"是指除去《法例》第 8 条所规定的一般法律行为方式之外的,发生在亲属关系间的法律行为方式,如婚姻家庭关系的法律行为方式等。

平成元年修订前《法例》第 8 条规定"法律行为的方式,依规定该行为效力的法律;依行为地法的方式,则不拘前款规定,为有效。但关于设定或处分物权及其他应登记权利的法律行为,不在此限",其中所论述的法律行为方式的法律适用,不是广义的法律行为方式的法律适用,而是狭义的一般法律行为方式的法律适用,[①]主要是指一般合同方式的法律适用,[②]对关于亲属关系的法律行为方式的法律适用没有进行特殊规定。《法例》第 8 条规定了选择适用法律行为效力的准据法和行为地法。然而,一些学者对此提出批评,认为这并非选择适用法律行为效力的准据法和行为地法,而是选择适用法律行为成立的准据法和行为地法,这一点已在第三章第二节中进行过论述,故在此不再赘述。平成元年《法例》修订前第 18 条第 1 款关于认领的要件及第 19 条第 1 款关于收养的要件均采用分配式适用主义,要使这些法律行为成立有时就必须根据多个准据法,所以这些法律行为方式很难成立,而且

[①] 樱田嘉章、道垣内正人『注释国际私法(第 1 卷)』(有斐閣コンメンタール,2011年)238 頁。
[②] 消費合同方式的法律适用设定特别规则(《通则法》第 11 条)。婚姻家庭关系的法律行为方式的法律适用见《通则法》第 34 条。

从保护儿童利益这个角度来看,这种规定尚需修订。

平成元年日本政府出于贯彻两性平等的理念、顺应国际私法的统一化、对户籍制度的考虑以及完善法律规定,对《法例》进行了修订。本次修订与前四次相比,算是一次比较大的修订了,修订主要集中在婚姻和亲子关系相关规定和总则方面。在修订之际,关于婚姻、亲子关系等法律行为方式的法律适用问题,除了婚姻关系成立,均废止了分配式适用,也不存在适用法律行为效力准据法的规定了。因此作为成立要件一部分的法律行为方式,与效力相比,还是和成立关系比较密切,于是新增加了《法例》第22条,选择适用法律行为成立的准据法和行为地法。① 本次《法例》修订除了新增加第22条外,还讨论了是否将第8条的规定改为一般法律行为方式选择适用行为成立的准据法和行为地法。但是由于本次《法例》修订对象只限于婚姻、亲子关系领域,没有充足的时间来讨论所有的法律行为,所以就设置了这样一条特殊规定。②

《通则法》第34条基本承袭了《法例》第22条的内容,但对其适用范围做了一些调整,也就是将《法例》第22条没有包含的关于其他亲属关系的第23条(《通则法》第33条)加入了其适用范围。《通则法》第10条(《法例》第8条)和第34条都规定了选择适用行为成立的准据法和行为地法,因此与其他亲属关系相关的事项都可以作为亲属关系的法律行为,应该属于本条适用范围。所以《通则法》在制定时和平成元年《法例》修订时一样,讨论过将《法例》第8条和第22条(《通则法》第34条)放在同一个条款中,但是其他亲属关系的法律行为方式不适用《通则法》第10条的第3项和第4项的特殊规定,所以这才另外

---

① 南敏文『改正法例の解説』(法曹会,1992年)170頁。
② 南敏文『改正法例の解説』(法曹会,1992年)171頁。

设定了第34条。①

通过比较,我们不难发现,《法例》第22条和第23条与《通则法》第33条和第34条的顺序有所改变。这是为什么呢?《法例》第22条的适用对象是从第14条到第21条所指的亲属关系的法律行为方式。这样一来,《法例》第23条关于其他亲属关系的法律行为方式,不属于《法例》第22条的适用范围,只能适用《法例》第8条。这样规定的原因是:第一,《法例》第23条规定"第13条至第21条所指亲属之外的亲属关系以及因之而发生的权利义务,依当事人本国法定之"②,所以当出现多个当事人时,适用哪个当事人的本国法? 换言之,是叠加使用还是分配式适用? 这一点不是很明确。第二,这样的亲属关系的法律行为方式出现问题时,若适用《法例》第22条,那么就必须适用《法例》第23条规定的准据法(当事人本国法),但是适用哪个当事人的本国法仍然不明确。因此,该其他亲属关系的法律行为方式的法律适用维持平成元年《法例》修订前的规定"依法律行为效力的准据法"是比较妥当的,也就是依据《法例》第8条的规定,而不是新增设第22条。③

但是平成元年《法例》的修订有它的特色:④一是实现了婚姻法、亲子法方面的两性平等,并将阶梯式连结应用于婚姻效力、夫妻财产制以及离婚等领域。⑤ 新近立法及国际公约中经常使用这种连结点的组合和阶梯式连结点的方法。二是对分割适用主义进行部分修改,采

---

① 小出邦夫『逐条解説・法の適用に関する通則法』(商事法務,2009年)315頁。
② 桜田嘉章、道垣内正人『国際私法判例百選(進法対応補正板)別冊ジュリスト No.185』(有斐閣,2007年)229頁。
③ 小出邦夫『逐条解説・法の適用に関する通則法』(商事法務,2009年)314頁。
④ 桜田嘉章『国際私法(第5版)』(有斐閣,2006年)57頁。
⑤ 参见"修订法例"第15、16、21条。

用了选择性连结点。三是这次修订虽说没有把统一国际私法作为直接目的,但针对海牙国际私法会议成立的《国际私法统一公约》以及当时世界各国修订国际私法的动向(德国、瑞士等最近的主要立法案例)进行了广泛的讨论,争取在最大范围内采取《国际私法统一公约》等关于采用经常居所地、夫妻财产制的准据法以及保护弱者(消费者、被害者等)及子女的优待原则等国际公约内容。由此可见,平成元年《法例》的修订抛弃了封建观念,体现了男女平等原则,并注重保护子女、被扶养人等"弱者"的权益,在立法精神上注入了现代化的元素。①

第三节　涉外继承的法律适用问题

本节主要针对日本《法例》第 26、27 条(《通则法》第 36、37 条)关于涉外继承的法律适用之问题,立足于立法改革的推进,分析继承领域立法的现代化进程。

一、涉外法定继承的法律适用

《通则法》第 36 条规定"继承适用被继承人的本国法",这和明治三十一年《法例》的第 25 条一样,不区分动产和不动产,也不考虑

---

① 岑雅衍:《日本国际私法的新发展——1989 年〈法例〉修正案述评》,载《宁波大学学报》(人文科学版)1993 年第 6 卷第 2 期。

财产的所在地点等,一律适用被继承人的本国法,这是采用了"继承统一主义"①中的本国法主义。涉外继承之所以采用本国法主义,是因为每个国家的继承法都会深深地受到本国的伦理观念和传统习惯的影响,而且与财产方面的继承相比,《法例》的起草者更重视人格方面的继承,所以模仿当时多数国家的立法,采用了"继承统一主义"的立场,同时以被继承人的国籍为连结点。② 这一立法政策可以说一直以来受到日本国际私法学界的有力支持。③

平成元年《法例》的修订,从实现两性平等出发,仅仅讨论了婚姻与亲子关系的法律适用,并没有对涉外继承进行讨论。但是,受同年的海牙《死者遗产继承准据法公约》④(以下简称《海牙继承公约》)的影响,有学者提出涉外继承应该在下一次《法例》修订之际进行讨论。⑤ 其中有学者提出,应该变更连结点,即由"国籍"变更为"经常居所",以及引进意思自治。⑥

在《通则法》制定过程中,在制定《中间草案》之际,审议会详细讨

---

① 继承原则上有两大立场:"继承统一主义"和"继承分割主义"。"继承统一主义"是不管继承财产的种类、所在地点等,所有相关关系均由被继承人本国法而决定。"继承分割主义"是将继承财产分为动产及不动产,动产以被继承人本国法,不动产以所在地国家的法律而定的观点。
② 参见法務大臣官房司法法制調査部(監修)『法典調査会法例議事速記録』(商事法務研究会,1986年)167頁。
③ 久保岩太郎『国際私法概論(改訂版)』(岩松堂,1949年)255頁;溜池良夫『国際私法講義(第2版)』(有斐閣,1999年)502頁;山田鐐一『国際私法(新版)』(有斐閣,2003年)564—565頁;桜田嘉章『国際私法(第3版)』(有斐閣,2000年)305頁。
④ 《死者遗产继承准据法公约》是1988年海牙会议通过的条约,其主要特点是采用了经常居所并附之以多元连结因素以实现遗产法定继承上的同一制。在一定程度上它还采纳了最密切联系和一定限度的意思自治原则。
⑤ 澤木敬郎「渉外相続事件をめぐる問題点」『講座・現代家族法(第5巻)』(日本評論社,1992年)263頁;松岡博『国際家族法の理論』(大阪大学出版会,2002年)124頁。
⑥ 木棚照一「法例26条、27条の改正に関する一考察」ジュリスト1143号(1998年);早川真一郎「国際的な局面における相続」『国際私法年報』1号(1999年);青木清「相続」『日本と国際法の100年(第5巻)』(三省堂,2001年)238頁。

论了涉外继承冲突规范的修订,对连结点的变更和意思自治的引进做了特别的讨论。① 关于连结点变更为"经常居所"这一点,支持当被继承人是生活在日本的外国人时,适用其经常居所地法,即日本的法律。但是,经常居所地的概念尚不明确,有可能给实务带来判断障碍。而且在国外的日本人其主要财产以及继承人的所在地是日本的可能性很高,所以关于这些生活在国外的日本人的涉外继承还是希望适用本国法,即日本法律。此外,涉外继承以本国法为准据法,这与其他身份关系及自然人的行为能力原则上适用本国法是一致的。即使是现在涉外的继承案件中,很多也都是居住在日本的韩国人等,在审理上采用本国法主义没有产生问题。② 根据以上理由,《通则法》继续采用本国法主义。

关于被继承人选择准据法,《法例》第 26 条不承认当事人意思自治,即不承认被继承人选择准据法。但是,各国立法的动向以及《海牙继承公约》都对当事人意思自治予以重视,③在这样的背景下,日本国际私法解释论方面有学者提出"根据《法例》第 7 条规定,允许被继承人选择准据法"④。另外,立法论方面有学者指出"从保护被继承人正当期待这个角度出发,允许被继承人选择准据法是正确的"⑤。的确,允许被继承人选择准据法,则被继承人可以选择适用与继承具有更密

---

① 小出邦夫『逐条解説・法の適用に関する通則法』(商事法務,2009 年)350 頁。
② 法例研究会『法例の見直しに関する諸問題(3)——能力、法人、相続等の準拠法について』(商事法務,2004 年)65 頁。
③ 德国《〈民法〉施行法》第 25 条第 2 款,瑞士《国际私法》第 90 条第 2 款但书,意大利《国际私法》第 46 条第 2 款,比利时《国际私法》第 79 条,列支敦士登《国际私法》第 29 条第 3 款和第 4 款,罗马尼亚《国际私法》第 68 条第 1 款和第 2 款,韩国《国际私法》第 49 条第 2 款,加拿大《魁北克民法》第 3098 条第 2 款等,还有《海牙继承公约》第 5 条都允许了被继承人选择准据法。
④ 木棚照一『国際相続法の研究』(有斐閣,1995 年)230—235 頁。
⑤ 木棚照一「法例 26 条、27 条の改正に関する一考察」『ジュリスト』1143 号(1998 年)。

切联系地的法律,还可以避免与夫妻财产制法律适用产生冲突。但是,允许被继承人选择准据法不仅有可能侵犯遗留份权利者[①]等利害关系人的利益,而且对于被继承人以外的人来说,继承的准据法可能会不明确。许多国家不允许被继承人选择准据法,如法国、卢森堡、奥地利、西班牙、葡萄牙、波兰、匈牙利、希腊、土耳其等。在审议会讨论是否引进被继承人选择准据法时,由于大部分人认为不应该引进意思自治,最终《通则法》继续维持《法例》第 26 条规定,即"继承适用被继承人的本国法"。

二、涉外遗嘱继承的法律适用

旧《法例》第 4 条第 2 款规定"继承及遗赠则以被继承人及遗赠者之本国法",可见这只对"遗赠"的法律适用做了规定。而平成元年《法例》对此做了修订,不仅仅对"遗赠",还对"遗嘱本身"做了相应规定,即《法例》第 27 条第 1 款"遗嘱的成立及效力,依其成立时遗嘱人的本国法"。这里所谓的遗嘱的成立(遗嘱的有效性)是指具有立遗嘱能力、遗嘱没有意思表示瑕疵。所谓的遗嘱的效力,简单地说是指遗嘱的法律拘束力。至于构成遗嘱的实质性内容的遗赠、认领、监护人的指定等,要根据各自法律行为的准据法。[②] 即遗赠根据《法例》第 26 条,认

---

① 根据日本民法,所谓遗留份,是指法律保障特定的继承人能最低限度取得的与遗嘱内容无关的份额。遗留份所认可的继承人(遗留份权利者)是配偶、孩子以及父母,不包括兄弟姐妹。

② 実方正雄『国際私法概論(再訂版)』(有斐閣,1953 年)380 頁;江川英文『国際私法(改訂版)(有斐閣全書)』(有斐閣,1957 年)303 頁;折茂豊『国際私法(各論)(新版)(法律学全集)』(有斐閣,1972 年)438 頁;澤木敬郎、道垣内正人『国際私法入門(第 6 版)』(有斐閣,2006 年)159 頁;桜田嘉章『国際私法(第 5 版)』(有斐閣,2006 年)316 頁;溜池良夫『国際私法講義(第 3 版)』(有斐閣,2005 年)546 頁;山田鐐一『国際私法(第 3 版)』(有斐閣,2003 年)586 頁。

领的成立及效力根据《法例》第 18 条第 1 款和第 2 款,监护人的指定根据《法例》第 24 条所指定的准据法。这样一来,遗嘱问题在内容上包含了多个法律行为,处理遗嘱问题就会变得很复杂,导致很难确保法律适用的可预测性。因此,有学者提出不同观点,即构成遗嘱实质性内容的各种法律行为,一律依继承的准据法。① 原因是,构成遗嘱实质性内容的各种法律行为,如遗赠、认领、监护人的指定等,都会给继承和财产继承带来影响,实质上可以说遗嘱和继承人的指定具有一样的效果。有学者主张将遗嘱的成立和效力的准据法和遗嘱成立当时继承应适用的法律统一起来。② 还有学者主张遗嘱的成立和效力的法律适用应允许当事人意思自治。③

对比各国立法情况,有很多国家就遗嘱的成立及效力的法律适用规定依照继承准据法,如德国④、法国⑤、比利时⑥、匈牙利⑦、葡萄牙⑧、

---

① 木棚照一『国際相続法の研究』(有斐閣,1995 年)387—388 頁。
② 木棚照一「法例 26 条、27 条の改正に関する一考察」『ジュリスト』1143 号(1998 年)。
③ 長田真里「相続の準拠法をめぐる立法論的課題」『民商法雑誌』135 卷 6 号(2007 年);木棚照一「法例 26 条、27 条の改正に関する一考察」ジュリスト 1143 号(1998 年)。
④ 德国《〈民法〉施行法》第 26 条第 5 款第 1 句规定,遗嘱的有效性及效力依照遗嘱成立当时的继承准据法。法例研究会『法例の見直しに関する諸問題(3)——能力、法人、相続等の準拠法について』(商事法務,2004 年)134 頁。
⑤ 根据法国的判例、通说,关于遗嘱的实质有效性依照继承准据法。关于动产的遗嘱的实质有效性依照被继承人死亡当时的最后的住所地法,关于不动产的遗嘱的实质有效性依照不动产所在地法。法例研究会『法例の見直しに関する諸問題(3)——能力、法人、相続等の準拠法について』(商事法務,2004 年)133 頁。
⑥ 比利时《国际私法》第 80 条第 1 款第 5 项规定,继承准据法尤其决定遗嘱的实质有效性。杜涛:《国际私法的现代化进程——中外国际私法改革比较研究》,上海人民出版社 2007 年版,第 366 页。
⑦ 匈牙利《国际私法》第 36 条第 2 款第 1 句规定,死因处分行为依照死者死亡当时的属人法。法例研究会『法例の見直しに関する諸問題(3)——能力、法人、相続等の準拠法について』(商事法務,2004 年)135 頁。
⑧ 葡萄牙《民法》第 62 条规定,遗嘱的实质有效性依照立遗嘱人死亡当时的本国法。法例研究会『法例の見直しに関する諸問題(3)——能力、法人、相続等の準拠法について』(商事法務,2004 年)135 頁。

波兰①等。也有国家考虑到尽可能使遗嘱有效,选择适用立遗嘱人死亡时或者立遗嘱当时的本国法,如奥地利。② 也有国家选择适用立遗嘱时或死亡时被继承人的本国法或经常居所地法,如列支敦士登。③

通过比较各国相关立法,我们可以发现各国从保障立遗嘱人的权利考虑,基本都会依照遗嘱人立遗嘱时或死亡时的本国法来认定其遗嘱的成立及效力。对于立遗嘱人来说,依照跟自己联系比较密切的本国法,也可以说是经常居所地法,来认定自己所立遗嘱的成立及效力,也合情合理。关于遗嘱的成立与效力的问题,立遗嘱人应该很希望依照其死亡时的继承准据法予以统一解决。鉴于此,为了尽可能使遗嘱有效,保障立遗嘱人的权利,审议会决定承袭《法例》第27条第1款规定,遗嘱的成立及其效力适用遗嘱成立时立遗嘱人的本国法。

《法例》第27条第2款规定"遗嘱的撤销,依撤销时立遗嘱人的本国法"。有学者主张对该款规定进行修订,不仅规定遗嘱的撤销,还要明确规定遗嘱的变更。④ 虽然该学者没有解释其提出该观点的理由,但是笔者同意该学者的观点。既然能撤销遗嘱,那么也可以变更遗嘱。

---

① 波兰《国际私法》第65条规定,遗嘱或者其他死因处分行为的有效性,适用立遗嘱人实施该项法律行为时的本国法,但第66条另有规定的除外。邹国勇:《外国国际私法立法选择》,武汉大学出版社2017年版,第135页。

② 奥地利《国际私法》第30条第1款规定,设立遗嘱的能力以及遗嘱、继承合同或者放弃继承的合同的其他有效要件,依照被继承人实施该法律行为时的属人法判定。依照该法无效,而依照被继承人死亡时的属人法为有效时,以后者为准。邹国勇:《外国国际私法立法选择》,武汉大学出版社2017年版,第158页。

③ 列支敦士登《国际私法》第29条第3款规定,外国被继承人可以通过遗嘱或者遗产处置协议选择其本国法或者其最后经常居所地国法作为其权利继承的准据法。第4款规定,住所在国外的本国被继承人可以通过遗嘱或者遗产处置协议选择其本国法或者其最后经常居所地国法作为其权利继承的准据法。杜涛:《国际私法的现代化进程——中外国际私法改革比较研究》,上海人民出版社2007年版,第295页。

④ 木棚照一「法例26条、27条の改正に関する一考察」『ジュリスト』1143号(1998年)。

换句话说,也就是将当事人意思自治引入继承准据法。此外,1988年《海牙继承公约》也允许被继承人指定继承准据法。但是,审议会上没有对此进行讨论,《通则法》维持了《法例》原来的规定,以本国法为准据法。

另外,日本批准了1961年海牙国际私法会议制定的《遗嘱处分方式法律冲突公约》,并将其主要内容并入国内立法——《关于遗嘱处分方式的准据法》,所以关于遗嘱处分方式的法律适用不在《法例》修订对象之列。

本章小结

通过本章分析,我们可以清楚地了解到日本《通则法》在婚姻以及遗嘱继承的法律适用方面的立法现代化进程。

首先,在婚姻方面,考虑到婚姻成立的实质要件涉及双方当事人本国的风俗习惯、文化传统和政策选择等因素,因此适用条件要严格一些,即对婚姻成立的实质要件重叠适用双方当事人本国法。与之相反,考虑到婚姻方式不涉及价值判断和政策选择,对冲突规范的设定要尽可能使婚姻成立,故对婚姻成立的形式要件(即婚姻方式),《通则法》规定了选择性的连结点。这一点与国际发展趋势是一致的。

其次,在婚姻的效力、夫妻财产制、离婚,涉外父母子女关系等涉外关系中遵循两性平等原则。特别在夫妻财产制、离婚和亲子间的法律关系的法律适用方面采用了阶梯式连结点,该规定充分体现了两性平等的理念。

最后,在涉外遗嘱继承方面,虽说学界提出了很多不同观点,审议会上也进行了详细讨论,但《通则法》仍然维持了《法例》的相关规定,加上日本未批准1988年的《海牙继承公约》,这些都体现了日本国际私法立法的本土化特征,并不一味地移植西方国家的立法经验,而是从本国国情、社会文化背景出发,谨慎地、适度地修改法律,甚至可以说有点保守。但在遗嘱方式的有效性方面,日本将1961年海牙国际私法会议制定的《遗嘱处分方式法律冲突公约》的主要内容并入了国内立法《关于遗嘱处分方式的准据法》,这体现了日本国际私法的国际趋同化进程。

第六章
日本国际私法立法对我国的启示

前面的论述中已经提到日本制定《法例》的历史背景,即为了摆脱欧美列强对日本不平等条约的束缚,日本政府迫切需要拥有像欧美列强那样的现代化法典,于是派出一批学者学习西方法律思想和法律制度。随着日本国内国际私法研究的推进,旧《法例》延期施行,一些学者提出要结合本国国情,以德国《〈民法〉施行法》草案为范本修订旧《法例》。① 修订过的《法例》于明治三十一年7月16日施行。

值得一提的是,日本国际私法立法对当时的中国影响极大。我国1918年制定的《法律适用条例》,其历史背景与日本《法例》的制定背景有很多相似之处。例如,两国都想摆脱被迫与西方列强签订的一系列不平等条约的束缚。晚清政府也曾派人到日本学习研究法律,引入了日本的法律思想和法学理论。当时的国际私法研究与其他学科一样,基本上是从日本引进的。晚清政府在20世纪初便以日本为参照开始进行法典编纂活动。之后,北洋军阀政府以清末的草案为依据颁布了《法律适用条例》,所以《法律适用条例》的内容和体系大多与日本明治三十一年《法例》相似。但不能忽视的是,《法律适用条例》并非全面

---

① 川上太郎『日本国における国際私法の生成発展』(有斐閣,1967年)75頁。

照搬日本《法例》。这部法律在借鉴日本法的基础上也体现了我国国情。如,1888年5月《中德人民互相嫁娶归夫治管辖章程》(以下简称《中德章程》)[1],1889年1月12日、1889年2月24日中意两国互换照会的内容[2]均载入《法律适用条例》之中,《中德章程》比日本《法例》早问世十年,中意照会比日本《法例》早问世九年,《中德章程》、中意照会的规定与《法律适用条例》第10条的规定[3]相同。因此,我们也不能简单地说当时的《法律适用条例》全面照搬日本《法例》。由此可见,法律移植并不是简单的照搬,尽管日本国际私法理论和立法对我国的《法律适用条例》影响很大,但我们仍然可以看到这部法律与《法例》一样是本土法与移植法的融合产物。

20世纪80年代以来,随着经济全球化和国际民商事交往的日益频繁,国际民商事规则呈现出统一化趋势,世界各国国际私法在表现形式、立法方法等诸多方面实现融合。[4] 随着各国法律制度的相互影响日益加深,各国国际私法立法大量吸收了大陆法系和英美法系的一些规则,结合本国国情,合理借鉴和吸收他国法律制度的经验,体现出国际私法立法国际化和本土化的特点。日本国际私法的发展立足于本国国情并广泛借鉴域外立法理念,同时兼顾国际化与本土化。我们在下面的论述中将会看到国际化和本土化的协调推动了日本国际私法的发

---

[1] 《中德章程》规定:"如有华女嫁德人者,应归其夫治管辖,惟德员应将华女嫁德之事知照该地方官";"中国人娶德国妇人,亦应援女嫁从夫之例,归其夫治管辖"。http://larats.chinalaw.org.cn/portal/article/index/id/541.html,访问日期:2018年12月30日

[2] 中意两国就中意人民互相嫁娶归夫治管辖互换了照会,同样确立了中意两国人民之间通婚归夫治管辖原则。

[3] 1918年《法律适用条例》第10条第1项规定:"婚姻之效力,依夫之本国法。"第10条第2项规定:"夫妻财产制,依婚姻成立时夫之本国法。"参见陈卫佐:《中国国际私法立法现代化——兼评〈中华人民共和国涉外民事关系法律适用法〉的得与失》,载《清华法学》2011年第2期。

[4] 参见刘晓红:《中国国际私法立法四十年:制度、理念与方向》,载《法学》2018年第10期。

展,而这种现代化立法进程可以为我国国际私法立法的完善提供有益的经验和借鉴。

第一节　日本国际私法立法的国际化

日本学术界与实务界一直以来坚持学习、吸收和转化外国国际私法先进理论与制度,这是日本国际私法立法国际化的体现。此外,在日本国际私法学术发展中关于"普遍主义"与"特殊主义"、"冲突正义"与"实质正义"等争鸣引发的广泛讨论,也深刻影响着日本国际私法立法的国际化进程。

一、特殊主义和普遍主义对日本国际私法的影响

19世纪的欧美国际私法学界兴起了两种国际私法思潮:特殊主义和普遍主义。[①] 特殊主义支持者认为,国际私法属于国内法,各国的国际私法规则可以根据国家主权原则自主决定,并对内国法与外国法在

[①] 特殊主义,又被称作国家主义,持该主张的学者被称作"特殊主义-国家主义学派"。该学派的代表人物有德国的沃尔夫,法国的巴丹(Étienne Bartin)、尼波耶(Jean-Paulin Niboyet),英国的戴雪、切希尔(Geoffrey Chevalier Cheshire),美国的库克(Walter Wheeler Cook)、比尔(J. H. Beale)、里斯(W. L. M. Reese)等。普遍主义也被称作国际主义,持该主张的学者被称作"普遍主义-国际主义学派"。该学派的代表人物有德国的萨维尼、冯·巴尔,法国的魏斯,意大利的孟西尼,荷兰的吉塔(Daniel Josephus Jitta)等。李双元:《国际私法》,北京大学出版社2006年,第25—26页。

适用上采取不平等态度。[①] 普遍主义支持者以先验的国际私法理论解决法律冲突,从自然法演绎出国际私法原则,认为原本就有一个统一适用于世界各国的国际私法体系。[②] 普遍主义支持者认为法律选择规则应体现普遍主义精神,各国可以适用统一的冲突规范。但是,在冲突法的发展进程中,各国的冲突法规定了不同甚至是相互矛盾的规则,影响了冲突法解决各国民商事法律冲突的功能。所以,有学者认为应该努力追求冲突法最初设立的最高价值,而冲突法只有坚持普遍主义理论才能实现这种价值。[③] 在孟西尼等人的倡导下,欧洲大陆兴起了统一冲突法的运动。

特殊主义和普遍主义之间存在着明显的分歧和冲突,但两种理论的支持者也在互相妥协的过程中不断追求平衡。特殊主义支持者虽然主张国际私法只是国内法,但他们也看到如果不寻求适当的协调,法律冲突就始终得不到真正的解决。所以,他们中的许多人认为国际私法应致力于协调不同国家的法律制度,而这种协调的基础,就是各国在确定自己管辖权的时候,要照顾别国的管辖权,兼顾别国的法律。这样一来,特殊主义也具有了普遍主义的因素。[④] 普遍主义支持者发现其主张与国际交往实践不符,普遍一致地解决所有法律冲突是不可能的。普遍主义支持者也认为各国有权通过公共秩序保留来排除冲突规范指定的本应该适用的法律。这样一来,普遍主义就有了特

[①] 参见李双元:《中国国际私法研究的方向问题》,载《法制与社会发展》1996年第1期,第61页。

[②] 参见李双元:《中国国际私法研究的方向问题》,载《法制与社会发展》1996年第1期,第62页。

[③] 参见沈娟:《冲突法及其价值导向》(修订本),中国政法大学出版社2002年版,第78页。

[④] 徐冬根:《国际私法趋势论》,北京大学出版社2005年版,第284—285页。

殊主义的因素。①

特殊主义和普遍主义理论同样影响着日本国际私法立法。日本国际私法学界绝大多数学者赞成日本国际私法应当以普遍主义为基本理念,强调国际私法的意义就是保护和促进国际间民商事交往的发展。②在这种学术思潮的引领下,日本国际私法立法也进行了相应的调整。例如,《通则法》比《法例》更能体现内外国法平等的国际私法理念。《法例》第3条第2款的规定是一种单边的交易保护条款,保护对象仅限于在日本实施的交易,这种只保护内国交易的规定与内外国法平等的国际私法理念不符。相比之下,《通则法》第4条第2款规定:"法律行为当事人依其本国法虽为限制行为能力人,但依其行为地法应为完全行为能力人时,限于该法律行为当时所有的当事人都处于同一法律所在地,该法律行为当事人则不受前款规定限制,将被视为完全行为能力人。"因此,《通则法》将其修改为双边的交易保护条款,即不管行为地在哪里,只要当事人在实施相关法律行为时在同一个国家或地区,且依该行为地法律当事人为完全行为能力人,则当事人就被视为完全行为能力人。这些规定既保护了未成年人,又使交易行为免受交易主体的主观影响。双边化的交易保护条款更能体现内外国法律平等,更符合国际私法的基本理念,这是日本国际私法现代化的理论前提。

---

① 李双元:《中国与国际私法统一化进程》,武汉大学出版社1993年版,第148页。
② 参见 Keisuke Takeshita, Sadajiro Atobe and Kotaro Tanaka, "The Universal Private International Law School of Thought in Japan", *Japanese Yearbook of International Law*, Vol. 56 (2013), p. 238。

二、冲突正义与实质正义之争对日本国际私法的影响

随着涉外民商事纠纷的类型日益复杂化和多元化,冲突规范的灵活化趋势成为各国国际私法学界与实务界的共识,而灵活性是冲突规范从传统迈向现代的一个特征。① 国际私法传统理论注重"冲突正义"的实现,即平等地适用内外国法,其特点是法院根据本国冲突规范的指引,将某个国家的法律作为准据法直接用于涉外民商事纠纷,不在法律适用时考虑准据法的具体内容。可见,冲突规范通过这种方式选择的不是法律,而是法域(国家)。所以这种"冲突正义"并不能保证案件从实质上得到公平合理的解决。但是,现代冲突法理论注重"实质正义",强调设置灵活的冲突规范,这就克服了传统冲突规范的僵硬、机械等不足,可以更好地实现个案正义。

正是在现代冲突法理论注重灵活性、个案正义等价值理念的影响下,日本国际私法立法迎来了一次又一次的革新。毫不夸张地说,《通则法》就是当代日本在法律现代化和国际化的背景下制定出来的一部最新的国际私法立法。②《通则法》以双边冲突规范为基础构建法律适用体系,并为冲突规范注入更多的灵活性,对其进行"软化处理",从而获得了更大的发展潜力和旺盛生命力,释放出巨大的法律适应性活力。具体表现为采纳了选择性连结点和连结点的软化方法。

---

① 徐崇利教授在《冲突规则的回归》一文里将现代灵活的法律冲突解决方法定型化而总结出的一些比较固定的法律选择规则称为"现代冲突规则"。参见徐崇利:《冲突规则的回归——美国现代冲突法理论与实践的一大发展趋向》,载《法学评论》2000 年第 5 期。

② 李旺:《关于日本新国际私法的立法——日本〈法律适用通则法〉介评》,载《环球法律评论》2007 年第 5 期。

(一) 选择性连结点

美国西蒙尼德斯(Symeon C. Symeonides)教授根据国际私法规则的内容将国际私法的变迁分为两代,即大陆法系受美国"冲突法革命"的影响之前的国际私法称为第一代国际私法立法,受其影响进行修改的国际私法称为第二代国际私法立法。[①] 第一代国际私法的特征是过度依赖指向一点的单一连结点,如合同缔结地、侵权行为地,因而法官对于准据法的确定完全没有自由裁量的余地。第一代国际私法向第二代国际私法迈进的第一步就是采纳选择性连结点,即法官可以在特定的案件中考虑多个连结点。[②] 根据这个规则,合同缔结方式的准据法不只是依据合同缔结地法,法官还可以根据当事人共同居所地、共同经常居所地或营业地法律等更大范围地选择准据法,这样就提高了合同成立的可能性,进而也保护了当事人的利益。对于涉外侵权纠纷,侵权行为地法不再是唯一的连结点,为了保护受害者的利益,法官可以选择适用侵权行为地法或损害结果发生地法。可见,选择性连结不仅有利于一定法律关系的成立,还可以保护当事人利益。

1961年的《遗嘱处分方式法律冲突公约》采用了选择性连结点,日本加入并批准了该公约。此后,国内法关于遗嘱的法律适用就采用选择性连接的冲突规范,即立遗嘱地、立遗嘱当时或立遗嘱者死亡时立遗嘱者的国籍、住所、经常居所地的法律均有效。日本制定《通

[①] 参见 Symeon C. Symeonides, "Codification and Flexibility in Private International Law", in Karen B. Brown and David V. Snyder (eds.), *General Reports of the XVIIIth Congress of the International Academy of Comparative Law*, 2012, p. 167。

[②] 参见 Symeon C. Symeonides, "Codification and Flexibility in Private International Law", in Karen B. Brown and David V. Snyder (eds.), *General Reports of the XVIIIth Congress of the International Academy of Comparative Law*, 2012, p. 174。

则法》时,选择性连结点还被广泛地用于遗嘱之外的法律关系中,包括行为能力、准正、亲子关系的成立、收养、婚姻等。例如,《通则法》第30条规定了准正的法律适用:"当子女的准正要件齐备时,子女依据父亲或母亲或子女的本国法取得婚生子女的身份。"日本有学者认为这种改革是一个划时代的冲突规范改革动向。[①] 这表明日本国际私法立法顺应了世界各国的主要立法趋势,体现了日本国际私法国际化的最新成果。

(二) 连结点的软化

传统的冲突规范往往只给某一类法律关系(如侵权行为)规定一个连结点,用这种单一且僵硬的连结点来确定准据法,已经不能满足目前法律关系日益复杂的需求。因此,国际上就出现了对传统冲突规范连结点进行"软化处理"的趋势。例如,通过增加冲突规范中连结点数目和复数连结点类型,一个冲突规范中可以有很多个连结点,而且还可以将一个法律关系划分为不同部分,对不同的部分分别适用不同的连结点。

最密切联系原则和意思自治原则是软化冲突规范的主要手段,两个原则使得连结点由僵硬向灵活的方向发展,打破了传统的依据行为地、结果发生地、国籍和住所地等固定连结点连接准据法的方法,在解决案件时有了更多灵活、妥当的选择。最密切联系原则以法律关系中的诸多构成因素与该法律关系的联系程度作为出发点,将选择法律的自由权赋予法官,要求法官"在审理涉外民商事案件时,舍弃原来单一、机械的连结因素来决定使用法律的做法,考量并权衡各种与该案当

---

① 多喜寛『ドイツ国際私法理論における一つの動向:価値中立的国際私法理論から価値促進的国際私法理論へ』『法政理論』10巻1号(1977年)。

事人具有联系的因素,综合分析与该法律关系有关的各种因素,从质和量两方面对主客观连接因素进行衡量,寻找并确定一个国家或法域与案件的事实和当事人有最直接、最本质、最真实的联系"。[①] 意思自治原则允许当事人自由选择法律关系适用的准据法,更加注重当事人的意愿和实质公正,大大提升了整个涉外民事关系中准据法选择的灵活性。

连结点的软化处理被称作"当代国际私法发展的一个主要特征"。[②]《通则法》保留了平成十一年《法例》第 16 条关于离婚的法律适用规定,不仅体现了现代国际私法两性平等的理念,而且阶梯式连结方式增强了法律适用的灵活性,更符合国际民商事关系的实践。冲突规范中关于经常居所地法及最密切联系地法的采用,顺应了现代国际私法发展的总趋势。《通则法》在合同法律适用问题上放弃了"行为地"这种僵化的客观连结点,引入了最密切联系原则和特征履行理论,使得合同法律适用的灵活性与可预测性得到较好的统一。《通则法》在侵权领域尤其是无因管理、不当得利的法律适用上,引入了最密切联系原则和意思自治原则,并对侵权法律适用规则的客观连结点进行了软化处理,在价值取向方面,既追求保护受害人的客观效果,又考虑了侵权人和受害人之间利益的平衡。由此可知,日本国际私法在连结点软化处理方面吸取了其他国家和国际上的私法立法经验,体现了国际私法立法规则的趋同化。

综上所述,日本国际私法学界与实务界一直以来都重视吸收外国学术与立法中的最新研究成果,换言之,日本国际私法始终处在"国际

[①] 杜新丽:《从住所、国籍到经常居所地——我国属人法立法变革研究》,载《政法论坛》2011 年第 3 期。

[②] Kahn-Freund, *General Problems of Private International Law*, Recueildes cours (1974), 140.

化"的进程中。通过国际化,日本国际私法的理论研究与立法技术能够与国际接轨,与时俱进,通过对各国最新的研究成果进行学习、吸收并用于指导本国立法,保证《通则法》具有较高的立法水准,能够很好地保护日本的涉外民商事交往。

第二节 日本国际私法立法的本土化

　　法律是一个民族文化的重要部分,不同国家的法具有不同的特质。从法的意识到法的制度,无不打上民族的烙印,呈现各种鲜明的个性,这就是法的本土性。① 后起国家的法治化莫不沿袭法律移植的道路,广泛吸纳他国先进的制度和理论,然后根植于本国国情将其本土化,走出一条独特的法治化道路。② 日本国际私法立法的本土化历程充分体现了这一发展轨迹。日本法学家在比较西方发达国家的国际私法立法和实践的过程中,结合本国的国情民俗,实现了法律移植与本土化相结合,融入了日本元素,这使日本的国际私法既有本国特色,又体现了当代国际私法的发展趋势。

一、理论先导,实践检验

　　日本国际私法研究始于明治时代,历经大正、昭和、平成几个

---

① 参见陈柳裕:《论法的本土性》,载《政治与法律》2000年第2期。
② 许庆坤:《论美国传统冲突法的本土化及其对中国的启示》,载《山东大学学报》(哲学社会科学版)2007年第3期。

历史阶段的发展,不断丰富、完善、体系化、精细化。随着国际和国内形势的发展变化,日本国际私法借鉴了发达国家的国际私法立法模式与经验,不断完善日本的国际私法规则并用于指导司法实践。

(一) 理论先导

明治时代,日本放宽了对外国人的活动和贸易的限制,使得涉外法律纠纷的数量有所增加,因而需要对以贸易或身份关系为中心的私法上的法律关系进行规制。日本国际私法学者早期的研究深受意大利、法国、德国等欧洲大陆法系国家的国际私法学说的影响,例如德国学者萨维尼的普遍主义理论和荷兰学者吉塔的思想。① 此外,这一时期日本国际私法研究与本国民法研究密不可分。由于日本自然法学派和历史法学派的对立,引起了日本历史上著名的"民法典论争",而这导致了《法例》与其他法典的延期实施。② 从总体上来说,明治时代的日本国际私法虽有发展,但尚处于萌芽状态。

大正时代、昭和时代和平成时代是日本国际私法研究迅速发展的阶段。大正时代则与明治时代不同,国际私法学者的研究目标是以已制定好的《法例》为中心,努力建立一个适应日本国情的国际私法体系。因此,日本国际私法学者的研究必然以旧《法例》为对象,主要是参照意大利、法国、德国等欧洲大陆法系国家的国际私法理论发展本国学说,几乎不关注英美国际私法理论。"二战"前,几乎所有的日本国

---

① 吉塔认为国际私法是普遍人类的私法,他用"人类普遍法律共同体"取代萨维尼的"国际法律共同体",试图提出一些调整法律冲突的普遍适用的冲突规范,而且还试图提出一整套适应人类共同体及人类生活国际化需要的实体规范。木棚照一、松岡博、渡辺惺之『國際私法概論』(有斐閣ブックス,2005年)17—18頁。

② 参见川上太郎『日本国における国際私法の生成発展』(有斐閣,1967年)62頁。

际私法学者不仅都继承了前一时期的特殊主义和普遍主义的理论,而且深受德国学者提倡的比较法学研究方法的影响。① 例如,日本学者山田三良教授通过对诸国法律的比较研究,糅合了留学欧洲时的指导老师冯·巴尔教授、法国著名国际私法学者魏斯教授和牛津大学戴雪教授等人的学说,提出了主权是国际私法研究的核心要素,应采取灵活而不偏颇的立场处理涉外民商事纠纷的学术观点。

"二战"后,日本的国际私法学获得了新的发展,国际私法研究克服了战前国家主义的消极影响,开始成为一门科学、合理的法律学科。日本学者对欧美的国际私法理论进行分析研究,日本国际私法学界在比较法领域也取得了许多重要成果。美国著名冲突法学家柯里(Brainerd Currie)的"政府利益分析说"、法国学者弗朗西斯卡基斯(Phocion Francescakis)的"直接适用的法"理论、德国学者克格尔(Gerhard Kegel)的利益法学说等先进的国际私法理论对日本国际私法研究产生了很大的影响。19世纪末开始到20世纪全面发展的国际私法统一化运动对日本国际私法立法现代化也产生了很大影响。平成时代,日本学者分别对本国国际私法立法、其他各国及国际组织的相关立法进行了比较研究,为日本国际私法立法的完善做出了重大的贡献。

(二) 实践检验

随着经济全球化不断地深入,日本企业在世界各地迅猛发展的同时也加剧了日本国民生活的国际化。日本的国际私法研究随着社会需求的多样化也日益繁荣起来,日本法院也碰到了许多复杂的涉外民商事案件。日本国际私法学界一方面主动地吸收欧美国际私法发展的最

---

① 转引自川上太郎『日本国における国際私法の生成発展』(有斐閣,1967年)116頁注(2)Rabel, Das Problem der Qualifikation, 5(1931), 241-288。

新经验,另一方面也对本国的涉外民商事纠纷进行实证分析。因此,"二战"后日本国际私法的研究普遍重视以国内外判例为依据,进行经验主义的归纳性研究。

"二战"前,日本国际私法判例数量很少,通过判例来研究国际私法问题的研究成果并不多。"二战"后,由于朝鲜以及中国台湾地区脱离了日本的殖民统治,美军占领了日本本土,美国、朝鲜、中国台湾等地之间存在着错综复杂的政治和经济关系,从而使得战后日本的涉外民商事纠纷非常复杂。在国际私法的立法和司法实践中,外务省与法务省都发布了不少含糊其词的法规、训令,法院也做出了许多自相矛盾的判例。随着战后日本国际私法判例数量的急剧增加,国际私法判例中包含的大量需要解释和廓清的法律问题摆在了国际私法学者的面前,这有力地推动了战后日本国际私法学界对判例研究工作的开展。随着判例研究的深入,日本国际民商事交往的现实需求更加明确化,日本学者对《法例》中冲突规范的立法理念和立法缘由的思考也更加全面,判例研究促进了日本冲突规范的完善,也填补了不少国际私法理论与立法方面的缺陷。

日本在侵权行为冲突规范的制定上也能体现理论与实践的辩证关系。侵权行为适用侵权行为地法是传统的侵权之债的冲突规范,但当实施行为地和结果发生地位于不同法域时,侵权行为地就会不明确,关于侵权行为地内涵的问题争议不断。《法例》对此没有做出明确规定,在实践中也产生了不少争议,典型的案例有日本最高法院平成十四年9月26日的一起涉外专利权侵权案例。① 对此,《通则法》第17条将侵权行为地的认定更加明确化,将"依加害行为的结果发生地法"作为

---

① 桜田嘉章、道垣内正人『国際私法判例百選(新法対応補正版)(別冊ジュリスト)No.185』(有斐閣,2007年)74頁;『最高裁判所民事判例集』56巻7号(2000年)1551頁。

原则性规定,如果侵权双方对结果发生地缺乏预见可能性,则依据加害行为地法律。可见,《通则法》中有关侵权行为的冲突规范是立法者根据多年的司法实践解决本国国际私法中长期理论争议的一次有益尝试。

二、立足国情,继承传统

日本在明治维新之后进行了法律制度的改革,大量借鉴了西方发达国家的法律制度。在创建本国国际私法制度和理论的过程中,日本采用了"拿来主义",但没有照搬照抄,而是结合了本国国情。

(一) 立足国情

《通则法》的制定考虑了本国国情,主要体现在连结点的设定与本国实体法规定相兼容。例如,《通则法》第6条第1款关于宣告失踪的规定中使用了"住所"一词,而没有用"经常居所"这个表达,是因为与之相关的《民事诉讼法》等既存立法中都使用了"住所"这个表达。[①]

又如,在婚姻成立的形式要件方面,《通则法》第24条第3款仍然保留了"日本人例外条款"。这与日本的特殊户籍管理制度相关,因为日本人和外国人在日本结婚,其婚姻方式若根据外国人的本国法,只要没有提出结婚登记,该婚姻就不能在日本户籍上进行登记,这样日本人的身份关系就不能正确地反映在户籍上,这明显和日本的户籍管理制度不符。

再如,日本于平成六年制定了《产品责任法》,因此在制定《法例》

---

① 小出邦夫『逐条解説・法の適用に関する通則法』(商事法務,2009年)64頁。

时未对产品责任的法律适用进行规定。随着涉外产品责任案件的增多,为了更好地解决与世界各国不断发生的产品责任赔偿问题,同时也为了保护消费者以及国家权益,日本在《通则法》制定过程中参考世界各国国际私法的相关规定,结合本国国情,增设了产品责任准据法的特殊规定。这不仅完善了法律规定,也充分顺应了国际私法的发展趋势。

最后,双重可诉原则的保留。虽说这是日本国际私法保守的一面,但这也是日本国际私法立法立足国情的一个例证。明治二十三年制定的旧《法例》没有类似规定,在明治三十一年对旧《法例》进行修订时设定了在一定范围内重叠适用日本法的规定。这是日本立法者参考了英美法系的观点和德国《〈民法〉施行法》的规定才提出的,重叠适用日本法是出于保护日本国民的考虑。

(二) 继承传统

日本在制定《通则法》时,涉及很多法律用语的存废问题,这些词语有的容易产生混淆,有的与现代化语境不符合。但是,日本法制审议会没有采取一律废改的原则,而是在保留传统习惯的基础上进行修改。在保留传统用语方面,典型的是保留了"法律行为"一词。《通则法》和《法例》第 7 条都采用了"法律行为"这一概念。因为"法律行为"的概念容易混淆,日本法学界有学者曾主张应将"法律行为"的表述改成"契约"。[1] 就《法例》修订而言,法制审议会曾考虑将其更改,但《中间草案》仍然保持了《法例》第 7 条中的"法律行为"的

---

[1] 以《罗马公约》为首的近代的立法中也使用"合同"这一表达,详细情况见法例研究会『法例の見直しに関する諸問題(1)——契約・債権譲渡等の準拠法について』(商事法務,2003 年)10 页;中野俊一郎「法例 7 条をめぐる解釈論の現状と立法論の課題」『ジュリスト』1143 号(1998 年)。

表述。法制审议会认为,如果采用"契约"这个术语,则需要对包括单方民事法律行为、合同行为①等具体内容进行进一步规定,会导致争议。② 例如,对于赠与这一行为的认定,在实体法上不同国家的认定可能存在差异。最终,经过多次学术、实践商议和民意调查等程序,《中间草案》维持了《法例》第7条中的"法律行为"表述。在日本的法律实践中,继续使用"法律行为"这一表述没有出现特别的法律适用障碍。③

日本国际私法立法除了保留传统用语之外,在许多规则方面继承了传统。例如,在自然人能力的法律适用方面,日本《法例》第3条第1款规定采用了本国法主义,《通则法》也保持了本国法主义。这是因为在民事行为能力的法律适用方面,国籍作为连结点要比经常居所地更明确、更稳定。而且,"能力"一词在这里可以解释为含有民事行为能力。因此,采用本国法主义比经常居所地主义更为合适,且许多国家立法时也使用属人法来规定民事行为能力。又如,《通则法》第4条第3款继承了《法例》第3条第3款所谓前款规定不适用于应依亲属法或继承法规定的法律行为,也不适用于与行为地不同法域的有关不动产的法律行为的规定。日本将行为能力分为财产行为能力和民事行为能力,《法例》和《通则法》均没有排除民事行为能力的法律适用。因此,保留依亲属法或继承法规定不适用第2款交易保护规定是合理的。之所以不动产的相关法律关系不适用前款的规定,是因为通常情况下,不动产的买卖在不动产所在地国执行。如果当事人在不动产所在地以外

---

① "契约行为"指当事人意思表示一致而成立的行为。"合同行为"指由同一内容的多数意思表示的合致而成立的行为,与契约由双方互异而相对立的意思表示的合致不同。

② 参见「法適用通則法の成立をめぐって(座談会)」『ジュリスト』1325号(2006年)13—14頁。

③ 別冊NBL編集部『法の適用に関する通則法関係資料と解説』(商事法務,2006年)135頁。

的国家进行交易，当事人进行的不动产交易跨越国界时，即使适用交易地所在国家的法律，若该法律认定当事人没有行为能力的话，不动产交易也不能得到执行。这种情况下，一国保障交易有效性的法律和不动产所在地国法会产生激烈冲突，反而不利于保障交易的有效进行。再如，前所述在婚姻成立的形式要件方面，《通则法》第24条第3款仍然保留了"日本人例外条款"，这是基于日本国情的考量。《通则法》保留了《法例》第16条关于离婚的法律适用规定，不仅体现了现代国际私法两性平等的理念，而且阶梯式连结方式增强了法律适用的灵活性，更符合国际民商事关系的实践。此外，《通则法》保留了《法例》第31条关于人际冲突规范的规定。

综上所述，本书通过梳理，归纳出日本国际私法立法在多个方面做出了改进。第一，在合同法律适用方面，引入了最密切联系原则和特征履行理论，同时也为消费者合同和劳动合同规定了特别规定，以保护弱势群体。第二，在无因管理和不当得利的冲突规范中，引入了最密切联系原则和意思自治原则。第三，改进了侵权行为法律适用规则，使得在保护受害人的基础上，侵权人和受害人之间的利益也得到了考虑。第四，实现了婚姻法、亲子法方面的两性平等，并在婚姻效力、夫妻财产制和离婚等领域应用了"阶梯式连结"，更好地保护了当事人的权利。第五，简化了准据法的确定和身份关系的成立，并采用了选择性连结节点方法。第六，顺应国际私法的统一化趋势，引入国际公约中的重要概念和内容。这些改进体现了日本国际私法立法的合理性，并为其法律制度的不断完善提供了基础。

第三节 《通则法》对我国的启示

通过前文分析,可以看出日本在国际私法立法过程中往往会考虑国际化与本土化、趋同论与特色论、冲突正义与实质正义、灵活性与确定性等辩证关系。合理处理好这些关系也是我国国际私法立法在废、改、立中必须考虑的。本书提出以下建议。

一、注重本国国情——国际接轨与中国特色

日本国际私法立法过程中吸收了很多域外经验,但其并没有照搬照抄,而是注重域外经验在本国的实施效果,并择优予以吸收。日本《通则法》引入人际法律冲突规范就是一个典型的例证。

从各国的国际私法规定来看,对人际法律冲突进行专门规定的国家并不多见,人际法律冲突(interpersonal conflict of law)是指在一个国家内部,适用于不同的种族、宗教、阶级的民商事法律之间的冲突。① 而日本是设置人际冲突规范的少数国家之一。1989年以前,由于没有关于人际法律冲突规范的明文规定,在户籍相关的涉外纠纷中,日本法

---

① 人际法律冲突产生的一个重要条件就是在一国内不同的法律制度适用于不同集团的人。而这种适用于不同集团的人的法律制度的首要特点是其属人性,即其与特定集团的人有紧密联系,至于它们是否与特定的区域相联系,则无关紧要。黄进:《区际冲突法》,(中国台湾)永然文化出版社股份有限公司1996年版,第106页。

院大多是依据当事人本国法进行裁判的。① 也有极个别案例类推适用旧《法例》第 27 条第 3 款关于不同法域国家的法律适用的规定，即"当事人其国内各地法律不同时，依其所属地方法律"②。但有学者对此提出质疑，认为旧《法例》第 27 条第 3 款是为了解决国际法律冲突的规定，推定用于解决性质不同的人际法律冲突缺乏依据。在平成元年修订《法例》之际，立法者提出增设人际冲突规范的规定，通过模仿《抚养义务准据法法律》第 7 条③的规定新设了《法例》第 31 条"1. 当事人的国籍国规定法律因人而异时，以该国规则指定的法律为当事人的本国法。如无其规则时，则以与当事人关系最密切的法律为其本国法。2. 前款规定，准用于当事人的经常居所地的法律因人而异时的经常居所地法及与夫妻关系最密切地的法律因人而异时与夫妻关系最密切地的法律"。随后，在《通则法》修订之际，学术界与实务界都认为有必要保留人际冲突规范，于是就沿袭了《法例》第 31 条规定，只是将其改为现代语言表达方式，即"1. 当事人的国籍国实施人际私法的，该国的冲突法规则所指定的法律（若没有冲突法规则，则是与当事人有最密切联系的地区的法律）为该当事人的本国法。2. 根据本法第 25 条（包括

---

① 例如：『東京家審昭和』49・12・27、『家庭裁判月報』27・10・71（マレーシア）、『横浜地方裁判所裁判昭和』58・11・30、『判例時報』1117・154（インドネシア）、浦和地方裁判所裁判昭和』49・12・27、『家庭裁判月報』37・2・156（巴基斯坦）、『名古屋地方裁判所岡崎支部裁判昭和』62・12・23、『判例時報』1282・143（パキスタン）。木村芳昭「国際私法と人際法」『中央学院大学法学論叢』10 巻 1 号（1996 年）。

② 例如：『東京家審昭和』50・3・13、『家庭裁判月報』28・4・121（インド）、『東京家審昭和』58・4・25、『判例時報』1123・105（マレーシア）。

③ 1964 年，日本批准了 1961 年海牙国际会议制定的《遗嘱处分方式法律冲突公约》，并将其主要内容并入国内立法——《关于遗嘱处分方式的准据法》，只对法制不统一国家的不同法域做了规定。之后，于 1986 年批准加入 1973 年的《抚养义务准据法的公约》之际，结合本公约第 16 条规定，日本政府制定了《抚养义务准据法法律》（昭和六十一年法律第 84 号），第一次将人际法制不统一国家的规定明文规定。参见烁塲準一「扶養義務の準拠法に関する法律の制定と今後の課題」『ジュリ』865 号（1986 年）；澤木敬郎「扶養義務の準拠法に関する法律の制定」『法学教室』72 号（1986 年）。

第 26 条第 1 款及第 27 条规定的准用场合）、第 26 条第 2 款第 2 项、第 32 条或第 38 条第 2 款的规定，当事人的经常居所地属于实施人际私法的地区或国家时的经常居所在地法，以及与夫妻有最密切联系地属于实施人际私法的国家时的夫妻的最密切联系地法，适用前款的规定"①。

《法例》与《通则法》都规定人际冲突规范体现了日本国际私法立足本国国情的立法理念，这与日本昭和五十五年（1980 年）以来大力发展外向型经济与积极融入世界贸易体系的历史背景相契合。在此期间，大量移民、劳工涌入日本定居或工作，这加剧了涉外民商事纠纷的复杂程度，多国籍人、无国籍人或是长期旅居人员的普遍存在，导致基于国籍这一客观连结点进行法律适用的做法变得僵硬机械，法律适用的结果难以兼顾当事人的民族传统和宗教信仰。相较之下，人际冲突规范对连结点进行了软化，增加了最密切联系地这一灵活连结点，使得法院在处理涉外民商事纠纷中可以考虑当事人的民族传统与宗教信仰等因素，对维护当事人的合理期待具有积极意义。如果不同宗教信仰的人因继承等法律关系发生诉讼，法院通过适用相应的人际冲突规范，可以从尊重宗教和民俗的角度确定准据法，更好地解决不同民族、不同宗教之间发生的民事纠纷，从而维护社会安定，保障个人利益。

我国也是一个多民族、多宗教的国家，随着"一带一路"倡议的不断推进，中国对外开放的层次与水平不断加深，在华工作和生活的外国人也大幅增加，中国也面临着日益复杂的人际法律冲突。我国在制定《中华人民共和国涉外民事关系法律适用法》（以下简称《法律适用

---

① 小出邦夫『逐条解説・法の適用に関する通則法』（商事法務，2009 年）57 頁。

法》)时也吸收了国外先进经验,用"经常居所地"替代国籍地或住所地作为属人法的基本连结点,这一变化考虑了居住地与当事人之间的密切联系,一定程度上弥补了国籍地在解决人际法律冲突时灵活性不足的缺陷。然而,经常居所地的设置并未充分考虑我国多民族、多宗教的基本国情与在华定居外国人日益增多的现实状况,难以兼顾宗教信仰、民族风俗对当事人法律行为的影响,而忽视宗教、民俗对当事人法律行为的影响很可能导致裁判结果不尽合理或有失公允。这不仅会影响到在华外国人对中国涉外审判的接受与认同,也会增加跨境承认与执行的难度,对我国正在倡导的"一带一路"倡议和推进高水平开放政策带来负面影响。

综上,建议在修订《法律适用法》时应"立足于国情"的修法理念,努力在涉外民商事立法中及时反映国家最新的政策理念,彰显中国特色。此外,应考虑到我国面临的人际法律冲突日趋复杂,多元化社会中宗教与民俗的影响力依然巨大,在修订《法律适用法》时以合适的方式引入人际冲突法规范,或是采纳最密切联系原则对属人法的连结点做进一步软化处理,学习日本法的做法,从尊重宗教和民俗的角度确定准据法,更好地解决不同民族、不同宗教之间发生的民事纠纷,维护社会安定,保障公民的合法利益。

二、追求正义结果——兼顾形式正义和实质正义

冲突正义与实质正义来自不同法律传统下在制度与理念等方面的差异。随着法律的相互借鉴与融合,冲突正义与实质正义也在各自的

基础上取长补短，和合共生。① 冲突正义主要体现为坚持正确的义利观。其一，坚持正确的义利观要求内外国法律平等适用。正义因具有抽象性，其在不同法域便具有不同的内涵和外延，很难有统一的标准。随着国际私法的趋同化，世界各国对正义的理解也将逐渐趋同，并在具体的冲突规范中体现出来。其二，坚持正确的义利观要求标准统一，不能搞双重标准。美国冲突法学家西蒙尼德斯教授说，实质正义是指为了实现个案实体结果的正义而超越冲突法，从而使这类案件和纯国内、无冲突的案件一样获得正义的结果。② 兼顾冲突正义与实质正义就是在平等适用法律时实现个案实体结果的正义。具体而言，这不仅体现在根据冲突规范可以平等适用各国私法，也表现为在个案中为追求公平正义的结果而赋予他国公法以域外效力，即法院在处理涉外民商事纠纷时适用外国准据法所属国的强制性规范或第三国强制性规范，以实现个案公正，体现实质正义。

例如，我国《法律适用法》第 4 条明确规定："中华人民共和国法律对涉外民事关系有强制性规定的，直接适用该强制性规定。"这是我国国际私法立法首次就强制性规范做出明文规定，标志着强制性规范进入中国国际私法多元选法体系。③ 强制性规范概念的引入，为我国在涉外民商事纠纷中维护本国利益提供了一条便捷路径。然而，司法实践也暴露出这一条款在适用过程中存在的若干问题。

其一，法条上的"强制性规定"与国际私法上的强制性规范并不切合。在我国，"强制性规定"在法学理论和实在法中都是早已存在的概

---

① 参见张丽珍：《国际私法中冲突正义与实质正义衍进之多维观照》，载《社科纵横》2018 年第 2 期。
② 参见 Symeno C. Symeonides, the American Choice-of-Law Revolution: Past, Present and Future (Martinus Nijhoff Publishers, Boston, 2006), p. 404。
③ 肖永平、龙威狄：《论中国国际私法中的强制性规范》，载《中国社会科学》2012 年第 10 期。

念,《法律适用法》第 4 条和 2012 年发布的《最高人民法院关于适用〈中华人民共和国涉外民事法律关系适用法〉若干问题解释(一)》(以下简称《司法解释(一)》)第 10 条在国际私法中再次使用此概念,在界定上易与此概念现有的含义发生混淆,而概念的模糊会导致司法上的错用或混淆,过度扩大强制性规范的直接适用范围也会压缩冲突规范的调整空间,加重本国法院在法律适用上的"归家趋势"(homeward trend)[①],破坏了国际私法体系所追求的冲突正义。

其二,《法律适用法》中的强制性规定仅仅指我国法律的规定,在法理上无法包括强制性规范的法律体系。一个完整的强制性规范法律体系包括法院地国强制性规范的适用、外国准据法所属国强制性规范的适用和第三国强制性规范的适用。而《司法解释(一)》在界定强制性规范时,仅局限于《法律适用法》第 4 条提及的我国强制性规范,未能从国际私法意义上的强制性规范理论进行定义。从立法技术上看,《法律适用法》第 4 条未给第三国强制性规范在我国的适用留下任何空间。而各国的司法实践已证明,在一定条件下承认第三国强制性规范的效力,能够通过处理涉外民商事纠纷来实现文物保护、环境保护与外汇管制等领域内的互惠共赢。

与《法律适用法》相似,日本《通则法》同样引进了强制性规范的概念。例如,其第 11 条第 1 款规定,对于消费者合同的成立和效力,如果当事人没有选择消费者经常居所地法作为准据法,只要消费者向企业表示了应适用其经常居所地法中强制性规范的意思,该强制性规范应

---

① 也有学者将其翻译为"回家去的趋势"。1932 年亚瑟·努斯鲍姆(Arthur Nussbaum)出版的《德国国际私法》第一次提出了"归家趋势",它是指在一些冲突法的规则或原则中出现的优先适用法院地法的倾向。参见 Th. M. De Boer. "Facultative Choice of Law: The Procedural Status of Choice of Law Rules and Foreign Law (Vol. 257)", Hague Academy of International Law (1996), pp.391-392。转引自何其生、许威:《浅析我国涉外民事法律适用中"回家去的趋势"》,载《武汉大学学报》(哲学社会科学版)2011 年第 2 期。

予以适用。第11条第3款规定,消费者合同的成立,即使在依本法第7条的规定选择消费者经常居所地法以外的法的情形下,如果消费者对经营者表示该消费者合同的形式要件应适用其经常居所地法的强制性规定的,则不受第10条第1、2和4款规定的限制,该消费者合同的形式要件有强行性规定的事项,适用该强行性规定。第12条第1款规定劳动合同的成立及效力,即使依第7条或第9条的规定选择或变更合意适用的法并非与该劳动合同有最密切联系地法时,如果劳动者对雇佣者表示了应该适用该劳动合同最密切联系地法中的强制性规定的意思的,则该劳动合同的成立及效力有相关强制性规定之事项应适用其强制性规定。可见,日本《通则法》的表述更加完整地体现了国际私法上的强制性规范这一概念。此外,与我国《法律适用法》第4条对强制性规范进行统一规定的立法模式不同,《通则法》分别在第11条消费者保护与第12条劳动者保护中以特例条款或例外条款的形式引入了强制性规范,并认可了最密切联系地所属国强制性规范的效力,这为外国准据法所属国强制性规范与第三国强制性规范的引入留下了空间。而分开立法的模式也有效地限缩了强制性规范的适用范围,最大限度地保证了多元选法体系的稳定。

综上,日本《通则法》在强制性规范上的开放态度值得我国借鉴。随着经济全球化的持续推进,各国之间的共同利益不断增多,不仅是在传统民商事领域存在共同利益,在强制性规范规制的部分公法领域也会形成共同利益。在一定条件下适用外国强制性规范,承认其保护的外国公共利益,有助于外国法院基于互惠原则对我国的公共利益进行保护,从而实现两国的互惠共赢。反之,假如我国法院在处理国际文物买卖合同纠纷时刻板地拒绝适用外国文物保护法中的强制性规范,可能会放纵外国文物的非法买卖,这既与我国打击文物非法买卖的立法理念相冲突,也会打击外国法院在保护中国文物方面的热情。可见,一概否定外国强制性规范的效力很可能在文物保护等多个领域带来"双输"的局面。从构建人类命运共同体的角度出发,这样的"双输"局面应当极力避免。因此,我国在修订《法律适用法》时应当进一步厘清强制性规范的概念,细化直接适用的领域,并为外国强制性规范,特别是第三国强制性规范的适用留下一定的空间。

三、注重灵活有度——限制司法实践中的自由裁量

冲突规范的灵活性和确定性是一对永恒的矛盾,各国在国际私法立法中都在努力寻求二者的平衡。日本在国际私法立法中引入最密切联系原则时,非常重视对其灵活性的限制。最密切联系原则最大的优势在于能够改变传统冲突规范的机械性和僵硬性,实现法律适用上的弹性,满足人们对于个案审理公正性的要求。但是,随着最密切联系原则在各个领域的推广,人们发现对其尺度的把握难以统一,法官的自由裁量也很难控制,这就会使弹性规则失控,个案判决因人而异,实质正义难以实现。

我们知道,最密切联系原则也是我国《法律适用法》中一项非常重要的原则,它不仅适用于具体调整区际冲突、债权以及有价证券等涉外民商事法律纠纷,还被设置为整部法律的兜底规则,[①]具体表现为第2条第2款的规定:"本法和其他法律对涉外民事关系法律适用没有规定

---

① 翁杰:《最密切联系原则的司法适用——以〈涉外民事关系法律适用法〉第2条为中心》,载《法律科学》(西北政法大学学报)2017年第6期。

的,适用与该涉外民事关系有最密切联系的法律。"将最密切联系原则设定为兜底条款能够有效地增强整部法律的灵活性,填补冲突规范的调整盲区,为涉外民商事纠纷的解决提供了很大的空间。然而,最密切联系原则在赋予法官灵活性的同时也对他们提出了更高的要求,如果法官对"最密切联系地"的界定存在偏见或误解,很容易造成实践中最密切联系原则的滥用。我国司法实践表明,法官在适用该原则确定准据法时存在一种比较普遍的现象,即"在司法实践中,中国法院一般是通过计算连结点的数量确定最密切联系地的,而且法官首先看案件是否与中国有最密切联系,这与寻求最密切联系州的美国模式大相径庭。因此,中国法院一般只列出与中国的连结因素,并不比较与其他国家连结点的数量,更不用说衡量每个连结点的重要程度"[1]。如果一味强调涉外民商事纠纷与中国存在最密切联系,无疑将大幅提升中国法这一法院地法的适用范围,这将有损《法律适用法》确立的多元选法体系和公平正义的价值观。

相比较之下,日本《通则法》并未将最密切联系原则设定为整部法律的兜底原则,该原则散见在《通则法》第8条(当事人不选择准据法的情形)、第12条(劳动合同的例外)、第15条(无因管理与不当得利的法律适用中存在明显有更密切联系地时的例外)、第20条(侵权行为的法律适用中明显有其他更为密切联系地时的例外)、第25条(婚姻的效力)、第27条(离婚)、第38条(本国法)、第40条(实施人际私法的国家或地区法)。从条款设计上看,《通则法》十分注重对最密切联系原则"灵活性"的控制。一是很少直接使用"最密切联系地"这一笼统的表述,而是根据涉外民商事纠纷的性质直接推定出最密切联系

---

[1] 肖永平:《法理学视野下的冲突法》,高等教育出版社2008年版,第466页。

地。例如,《通则法》第 12 条第 2 款和第 3 款均采用了推定规定,即"2. 适用前款时,该劳动合同约定的劳务提供地法(难以确定劳务提供地的,适用雇佣该劳动者的营业所所在地法,下同),推定为与该劳动合同有最密切联系地的法。3. 劳动合同的成立及效力,未依本法第 7 条的规定做出选择时,不受本法第 8 条第 2 款的规定的限制,推定该劳动合同劳务提供地法为最密切联系地法"。二是将最密切联系地置于例外条款中。例如,《通则法》第 20 条规定"虽有前面三条的规定,但与当事人实施侵权行为时在同一法域有经常居所地,或违反当事人之间所订立的合同之义务而实施的侵权行为等其他情况相比,如明显有比前三条规定的地点更为密切联系地时,由侵权行为产生的债权的成立及效力,则适用该密切联系地法"。通过上述方式,《通则法》限缩了法官在适用最密切联系原则上的自由裁量权,为法官认定最密切联系地提出了明确的指引,降低了日本法官滥用最密切联系原则适用本国法的可能性。值得注意的是,除了引入最密切联系原则外,《通则法》的"灵活"还体现在双边冲突规范、当事人意思自治与最密切联系原则的巧妙结合。就消费者保护而言,《通则法》比《法律适用法》更加灵活有效。

我们再来比较一下。我国《法律适用法》第 42 条规定:"消费者合同,适用消费者经常居所地法律;消费者选择适用商品、服务提供地法律或者经营者在消费者经常居所地没有从事相关经营活动的,适用商品、服务提供地法律。"上述条款在立法中规定了单方意思自治,赋予明显处于弱势地位的消费者以法律选择权,使正义的天平向消费者一方适度倾斜。但是,单方面的法律选择权具有一定的局限性。结合条文来看,第 42 条直接赋予消费者的法律选择权仅仅是"商品、服务提供地法律",即使和消费者合同有关的其他地方的法律对消费者的权益保护更为有利,消费者也不能选择适用,这似乎又剥夺了消费者获取最优保护的机会。此外,在网络跨国交易如此发达的今天,同一次服务可能涉及多个服务提供地,而第42条仅规定用消费者经常居所地或是商品服务提供地的法律处理涉外消费者合同,这无疑增加了法律适用的不可预知性,剥夺了经营者的合理期待。不公平地对待经营者同样会抑制跨国贸易的发展,对我国的经济发展也会带来消极影响。

相较之下,《通则法》对消费者合同进行了详尽的规定,第11条共有六部分内容。① 具体而言,第1、2、3款体现出《通则法》对经营者与消费者间意思自治的尊重,通过引入当事人意思自治有效地保障了交

---

① 《通则法》第11条内容如下:
1. 个人消费者(企业或代表企业的合同当事人除外,下同)与经营者(作为法人及其他社团、财团、企业或者代表企业的合同当事人情况下的个人,下同)之间缔结的合同(劳动合同除外,本条中均称"消费者合同")的成立和效力,即使依本法第7条和第9条的规定,选择或变更合意适用的法律为消费者经常居所地以外的法的情形时,如果消费者对经营者表示应适用其经常居所地法中的强制性规定时,则该消费者合同的成立和效力,适用该强制性规定。
2. 消费者合同的成立和效力,未依本法第7条的规定做出选择时,不受本法第8条规定的限制,适用消费者经常居所地法。
3. 消费者合同的成立,尽管依本法第7条的规定选择消费者经常居所地法以外的法的情形下,如果消费者对经营者表示该消费者合同的形式要件应适用其经常居所地法的强制性规定的,则不受本法第10条第1款、第2款和第4款规定的限制,该消费者合同的形式要件有强行性规定的事项,适用该强行性规定。
4. 消费者合同的成立,依本法第7条的规定选择消费者经常居所地法的情况,如果消费者对经营者表示该消费者合同的形式要件适用消费者经常居所地法的,则不受本法第10条第1款及第4款规定所限,适用消费者经常居所地法。
5. 消费者合同的成立,未依据本法第7条规定做出选择时,不受第10条第1款、第2款及第4款规定所限,该消费者合同的形式要件适用消费者经常居所地法。
6. 本条的各项规定,符合下列情形之一的,不予适用:(1)在经营者的营业所签订的消费者合同,且该经营者的营业所与消费者经常居所地在不同法域,消费者到与该营业所所在地处于同一法域的地方签订消费者合同的情况。但消费者在其经常居所地受到经营者的要约,在与经营者营业所所在地处于同一法域的地方签订消费者合同的情况除外。(2)在经营者的营业所签订的消费者合同,且该经营者的营业所与消费者经常居所地在不同法域,消费者在与该营业所所在地处于同一法域的地方领受了或被认为受领了履行消费者合同的全部债务的情况。但消费者在其经常居所地受到经营者的要约,在与经营者营业所所在地处于同一法域的地方领受履行消费者合同全部债务的情况除外。(3)签订消费者合同时,经营者不知道且有充分理由证明其不知道消费者惯常住所地。(4)签订消费者合同时,经营者误认为且有充分理由证明是误认为对方非消费者本人。

易双方对法律适用的合理期待。此外,出于对消费者弱势地位的担心和关注,《通则法》专门对当事人意思自治的适用设置了例外条款,即消费者有权根据其经常居住地的消费者保护立法中的强制性规范维护自身的合法权益,这体现了日本国际私法对消费者等弱势群体的人文关怀与真切保障。为提升法律适用的可预见性,第11条第4、5款针对合同的成立设置了消费者经常居住地这一客观连结点。此外,为尊重经营者的合理期待,第11条第6款设置了适用消费者经常居所地法的例外情形,当消费者在经营者营业地签署消费合同,或是经营者营业地既是合同缔结地又是合同履行地时,抑或是经营者不知道消费者经常居所地时,法院可以不适用消费者经常居住地法处理涉外合同纠纷。可见,《通则法》不只是为消费者提供保护,而且是在以保护消费者利益为前提的情况下,兼顾经营者的合理期待,借助当事人意思自治原则、消费者经常居所地以及强制性规范等途径,实现了交易双方利益的再平衡。

  日本法的精细表述和立法技巧值得我们借鉴。我国正处于中国特色社会主义新时代,高水平的对外开放必然会带来更多的投资、贸易和服务,也会出现更多的涉外民商事纠纷。这就要求我们不断完善涉外法律体系,尤其是完善具有中国特色的国际私法体系。在修订《法律适用法》时吸收日本法的经验,既能体现中国特色,又能顺应国际私法的发展趋势。

结　语

本书通过日本《法例》到《通则法》的修订，全面梳理了日本国际私法走向现代化的过程。这一过程体现出日本国际私法立法的成熟和完善。通过研究日本国际私法的理论和实践，笔者得出以下两方面结论：一是经验，二是启示。

先说经验。总结日本国际私法的修法经验，笔者归纳了三个方面。

第一，在立法理念上，日本国际私法的理论与实践密切结合，这种良性循环推动了日本国际私法的现代化进程，顺应了当代国际私法的发展趋势。在这方面日本国际私法学家的理论探索做出了重要贡献。例如，大正时代、昭和时代与平成时代是日本国际私法研究迅速发展的阶段。这一阶段主要参照了意大利、法国、德国等欧洲大陆法系国家的国际私法理论；以后日本学者又对欧美的国际私法理论进行分析研究，吸收了英美法系的一些理论，如美国著名冲突法学家柯里的"政府利益分析说"、法国学者弗朗西斯卡基斯的"直接适用的法"、德国学者克格尔的利益法学说等先进的国际私法理论。可见，日本国际私法学界与实务界一直以来都重视吸收外国学术与立法中的最新研究成果，把日本国际私法始终置于"国际化"的进程中。通过国际化，日本国际私法的理论研究与立法技术能够与国际接轨，与时俱进，这保证了《通则法》具有较高的立法水准，在先进的法治理念下适度包容了传统观念，既有时代特征，又有国情特色。

第二,在立法模式上,日本国际私法的修订保持了原有的法律体系和制度框架,并使《通则法》成为法律适用通则的一般规定,保持了法律体系的稳定性。在内容方面,日本法融合国际化与本土化,实现了以下六个方面的进步:1. 合同法律适用问题上,放弃了"行为地",引入了最密切联系原则和特征履行理论,平衡了灵活性与可预测性。同时,对消费者和劳动合同的法律适用做出了特别规定。2. 将最密切联系原则和意思自治原则引入无因管理、不当得利的冲突规范中。3. 在侵权领域,优化了侵权行为法律适用规则的客观连结点,追求保护受害人的客观效果,实现侵权人和受害人之间的利益平衡。4. 实现了婚姻法、亲子法方面的两性平等,并将"阶梯式连结"应用于婚姻效力、夫妻财产制以及离婚等领域,更合理地保护当事人双方的权利。5. 实现准据法确定的简易化以及身份关系成立的简易化,对分割适用主义进行部分修改,采用了选择性连结点方法,保护当事人利益。6. 将国际公约中的重要概念与内容引入《通则法》,顺应国际私法统一化趋势。

第三,在法律名称上,《通则法》在名称、体例、表述等方面进行了全面的现代化。① 将《法例》改为《通则法》是日本国际私法现代化的一个首要特征。之所以调整立法名称,是因为《法例》的称谓比较晦涩、难懂,未能反映出这部法律的特征。《通则法》全称为《法律适用通则法》,"通则"一词表示这部法律是国际私法的基本法,这一名称从字面上就能够反映出这部法律的本质特征,兼具总则、分则内容。《通则法》的称谓通俗易懂,便于理解,方便记忆,有利于施行。另外,名称修改能够让本国立法大体上与其他国家涉外民商事立法的名称保持一致。

---

① 樱田嘉章、道垣内正人『注释国际私法(第 2 卷)』(有斐阁,2011 年)i 页。

再来看启示。正如前文分析，我们可以看出日本在国际私法立法过程中比较好地处理了国际化与本土化、趋同论与特色论、冲突正义与实质正义、灵活性与确定性等辩证关系，并且体现在具体条文的修订中。每一条重要的修订或保留都能够体现出这些辩证关系。我国国际私法立法也处在废、改、立的关键阶段，我们不妨从日本国际私法的发展中吸取经验和教训。为此，笔者在前面研究的基础上提出以下三点有针对性的建议：

第一，建议我国在修订《法律适用法》时更全面地考虑多元化社会的现实情况，引入适当的人际冲突法规范，并结合日本法的最密切联系原则，软化属人法的连结点，从尊重宗教和民俗的角度出发，更好地解决不同民族和宗教之间发生的民事纠纷，从而维护社会的安定和公民的合法权益。我国的《法律适用法》将"经常居所地"作为属人法的标准，而这并未充分考虑到我国多元化和多宗教的现实情况，忽略了宗教和民俗对当事人法律行为的影响，很可能导致裁判结果不合理或有失公允。参考日本的《通则法》，引入人际冲突法规范可以更好地解决不同民族和宗教之间的民事纠纷，帮助我们科学地确定准据法，使法律适用更合理化，提高法律效率，维护社会秩序和公民的合法权益。

第二，建议在未来修订我国《法律适用法》时，能够进一步厘清强制性规范的概念，细化直接适用的领域，并为外国强制性规范，特别是第三国强制性规范的适用留下一定的空间。我国《法律适用法》对强制性规范的立法引发了多方争论，这个问题至今未有定论，从而为司法实践留下了不确定因素。其一，法条上的"强制性规定"与国际私法中的强制性规范并不切合；其二，《法律适用法》中的强制性规定仅仅指我国法律的规定，在法理上无法包括强制性规范理论的法律体系。相较之下，日本《通则法》的表述更加完整地体现了国际私法上的强制性规范这一概念。为了便于解决司法实践中的实际问题,可采用分散立法的模式来限缩强制性规范的适用范围,以保证法律适用体系的稳定性和可预测性。

第三,鉴于最密切联系原则在涉外民商事法律纠纷中的重要性和灵活性,建议我国修订《法律适用法》时进一步明确"最密切联系原则"的概念,规定其适用范围,并加强对法官的引导和指引,避免司法实践中的滥用和误解,确保在最密切联系原则的适用过程中实现司法公正。参考日本《通则法》的相关条款,建议在我国的法律中采用将最密切联系地置于例外条款中的方式,通过设定涉外法律纠纷性质推定最密切联系地,限制法官个人的裁量权,确保最密切联系原则的正确运用。鼓励我国最高人民法院和各级法院对最密切联系原则进行更加深入的研究和实践,推广法官培训和知识普及,提高法官在涉外民商事纠纷中运用最密切联系原则的水平与能力。坚持兼容、平衡的立法理念,灵活有度地使用最密切联系原则,并在发展中国家的特定背景下审慎规范立法,兼顾我国基本国情和国际私法的平衡发展。

在亚洲国家的相关立法中,日本的国际私法典是一部比较现代化的法律。明治维新以后,日本在"脱亚入欧"思想的指导下,在法律领域全面继受了德国法和法国法。"二战"后日本在宪法等多个领域又继受了美国法。近代以来,日本法又大量继受了欧美各国先进的法律思想,逐渐形成了独具特色的现代化法律体系。日本国际私法立法所走过的路可以印证日本法的这种独特性。而这种独特性正是我们需要学习和借鉴的,这对完善我国国际私法立法具有重要的现实意义和理论价值。

附 录

附录1 日本《法例》修改对照表

明治二十三年法律第97号(旧法例)	明治三十一年	昭和十七年(一改)	昭和二十二年(二改)	昭和三十九年法律第100号(三改)	昭和六十一年法律第84号(四改)	平成元年法律第27号(五改)	平成十一年法律第151号(六改)
第1条 法律自公布之日起,届满二十天施行之,但以法律规定了与此不同的施行时间者,不在此限。		第1条 法律的施行日期 1. 法律自公布之日起,届满二十天施行之,但以法律规定了与此不同的施行时间者,不在此限。 2. ……北海道、冲绳县及其他岛屿等,可依诏书规定特别施行日期。	同左	同左	同左	第1条 法律的施行日期 法律自公布之日起,届满二十天施行之,但以法律规定了施行时间者,不在此限。 (删除2) (注:划线部分为修改部分,下同)	同左
第2条 习惯有溯及既往的效力。		第2条 习惯法 不违反公序良俗的习惯,限于依法令规定被认许者或法令中无规定的事项者,具有法律同等效力。	同左	同左	同左	同左	同左

(续表)

明治二十三年法律第97号（旧《法例》）	明治三十一年	昭和十七年（一改）	昭和二十二年（二改）	昭和三十九年法律第100号（三改）	昭和六十一年法律第84号（四改）	平成元年法律第27号（五改）	平成十一年法律第151号（六改）
第3条 人之身份及能力依其本国法。亲属之关系及由该关系产生的权利义务也依其本国法。	第3条 行为能力 1. 人之能力，依其本国法而定。 2. 外国人在日本实施的法律行为，虽依照该本国法为无能力者，但依照日本法为有能力者时，则不适用前款规定，仍视为有能力者。 3. 依亲属法规定的法律行为，或有关不动产的法律行为，均不适用前款规定。	同左	同左	同左	同左	同左	第3条 行为能力 1. 同左。 2. 外国人在日本实施的法律行为，虽依照该外国人的本国法为能力受限者，但依照日本法为有能力者时，则不适用前款规定，仍视为有能力者。 3. 同左。

(续表)

明治二十三年法律第97号(旧《法例》)	明治三十一年	昭和十七年(一改)	昭和二十二年(二改)	昭和三十九年法律第100号(三改)	昭和六十一年法律第84号(四改)	平成元年法律第27号(五改)	平成十一年法律第151号(六改)
第4条 动产及不动产依其所在地法律。但继承及遗赠则依被继承人及遗赠者之本国法。	第4条 禁治产 1. 禁治产的原因,依禁治产人的本国法;其宣告的效力,依宣告国的法律。 2. 在日本有住所或居所的外国人,依其本国法有禁治产的原因时,法院可以对其实行禁治产宣告。但日本法律不认许其原因时,不在此限。	同左	同左	同左	同左	同左	第4条 成人监护 1. 禁治产宣告的原因,依成年被监护人的本国法;其宣告效力,依宣告国法。 2. 在日本有住所或居所的外国人,依其本国法有禁治产的原因时,法院可以对其实行禁治产宣告。但其原因时,日本法律不认许此限。

（续表）

明治二十三年法律第97号（旧《法例》）	明治三十一年	昭和十七年（一改）	昭和二十二年（二改）	昭和三十九年法律第100号（三改）	昭和六十一年法律第84号（四改）	平成元年法律第27号（五改）	平成十一年法律第151号（六改）
第5条 在外国法达成的协议，依当事人明示或默示的意思来决定应适用哪个国家的法律；当事人意思不明的情况下，同属一个国家时，适用其基本国法，不属于同一国家时，适用与协议有最大实际关系地的法律。	第5条 准禁治产 前条规定，准用于准禁治产。	同左	同左	同左	同左	同左	第5条 保佐及辅助 前条规定，准用于保佐及辅助开始的宣告。

(续表)

明治二十三年法律第97号（旧《法例》）	昭和十七年(一改)	昭和二十二年(二改)	昭和三十九年法律第100号(三改)	昭和六十一年法律第84号(四改)	平成元年法律第27号(五改)	平成十一年法律第151号(六改)
第6条 宣告失踪 外国人在日本与日本人协议时，法院可以按日本法律只对其在日本的财产及应适用日本法的法律关系，实行宣告失踪。		同左	同左	同左	同左	同左
第7条 法律行为的成立及效力 1.关于法律行为的成立及效力，当事人的意思，定应依何国的法律。 2.当事人意思不明时，依行为地法。	同左		同左	同左	同左	同左
第8条 不当得利，非法侵害以及法律上的管理，依其原因发生地法。						

(续表)

明治二十三年法律第97号（旧《法例》）	明治三十一年	昭和十七年（一改）	昭和二十二年（二改）	昭和三十九年法律第100号（三改）	昭和六十一年法律第84号（四改）	平成元年法律第27号（五改）	平成十一年法律第151号（六改）
第8条 应适用本国法的各种情况，无国籍人或法律冲突（或国际法律冲突）的统一法不能决定该行为效力的法律。不知其住所时，依其居所地法。有日本人和外国人身份之人，依日本法。有两个以上外国公民身份的人，依取得其最后身份国的法律。	第8条 法律行为的方式 1. 法律行为的方式，依规定该行为效力的法律。 2. 依行为地法的方式，则不拘前款规定，为有效。但关于设定或处分物权及其他登记权利的法律行为，不在此限。	同左	同左	同左	同左	同左	同左

(续表)

明治二十三年法律第97号（旧《法例》）	明治三十一年（一改）	昭和十七年（一改）	昭和二十二年（二改）	昭和三十九年法律第100号（三改）	昭和六十一年法律第84号（四改）	平成元年法律第27号（五改）	平成十一年法律第151号（六改）
	第9条 不同法律地域当事人间的法律行为 1. 对不同法律地域进行的意思表示，将发其通知地视为行为地。公证书证与私文书证依文书证制作国法。不过，一人或同一国家几个人制作的私文书证，可依其本国法。	同左					
	2. 关于合同的成立及效力，将发要约通知地视为行为地。如果承诺当时不知要约发出地，则将要约人的住所地视为行为地。	同左	同左	同左	同左	同左	同左

（续表）

明治二十三年法律第97号（旧《法例》）	明治三十一年	昭和十七年(一改)	昭和二十二年(二改)	昭和三十九年法律第100号(三改)	昭和六十一年法律第84号(四改)	平成元年法律第27号(五改)	平成十一年法律第151号(六改)
第10条 即使是要求格式的协议或实施该行为的国家的手续，形式上有效。但故意摆脱日本法律的，不在此限。	第10条 物权及其他应登记的权利 1. 关于动产及不动产物权以及其他应登记的权利，依其物标的所在地法。 2. 前款所载权利的取得或丧失，依其原因事实完成当时的物的标的所在地法。	同左	同左	同左	同左	同左	

（续表）

明治二十三年法律第97号（旧《法例》）	明治三十一年明治《法例》	昭和十七年（一改）	昭和二十二年（二改）	昭和三十九年法律第100号（三改）	昭和六十一年法律第84号（四改）	平成元年法律第27号（五改）	平成十一年法律第151号（六改）
第11条 根据外国的方式在外国制作的书证，涉及迁移不动产物件时，该不动产所在地的地方法院院长与涉及其他行为时，当事人住所或居住的地方法院，若对该书证的合法性不做检验，性不做检验，无法使其在日本产生效用。	第11条 法定债权的成立及反效力 1. 因无因管理、不当得利或侵权行为而发生债权的成立及反效力，依其原因事实发生地的法律。 2. 侵权行为发生在外国，依日本法律不属于侵权行为的，不适用前款规定。 3. 在外国发生的事实，虽依日本法律为侵权行为，但若不是日本法律认许的损害赔偿或其他处分的话，受害人不得请求之。	同左	同左	同左	同左	同左	

（续表）

明治二十三年法律第97号（旧《法例》）	明治三十一年	昭和十七年（一改）	昭和二十二年（二改）	昭和三十九年法律第100号（三改）	昭和六十一年法律第84号（四改）	平成元年法律第27号（五改）	平成十一年法律第151号（六改）
第12条 为第三者的利益而设定的公示的方式，涉及不动产时，依其所在地法律，其他情况，依其原因发生地法律。	第12条 债权转让 债权转让对第三人的效力，依债务人住所地法。	同左					同左
第13条 诉讼手续依其诉讼国之法律。判决及协议的执行方法依其执行国之法律。	第13条 婚姻成立要件 1. 结婚条件，依各当事人本国法而定。但结婚方式，依婚姻举行地的法律。 2. 前款规定，不妨碍《民法》第777条的适用。	同左	第13条 婚姻成立要件 1. 同左。 2. 前款规定，不妨碍《民法》第741条的适用。	同左	同左	第13条 婚姻成立要件 1. 结婚条件，依各当事人本国法而定。 2. 结婚方式，依婚姻举行地的法律。 3. 在依当事者一方的本国法时，其方式不受前款规定所限视为有效。但在日本举行婚姻且当事人一方是日本人时不受此限。	同左

(续表)

明治二十三年法律第97号（旧《法例》）	明治三十一年	昭和十七年（一改）	昭和二十二年（二改）	昭和三十九年法律第100号（三改）	昭和六十一年法律第84号（四改）	平成元年法律第27号（五改）	平成十一年法律第151号（六改）
第14条 关于刑罚法及其他公法上的事项以及公序良俗，不管行为地、当事人的国民身份如何，婚姻成为日本人童养婿的，婚姻的效力的性质如何，均不适用日本法。	第14条 婚姻的效力 1. 婚姻的效力，依丈夫的本国法。 2. 外国人和女户主构成人赘婚姻，或成为日本人童养婿的，婚姻的效力依日本法。	同左	第14条 婚姻的效力 婚姻的效力，依丈夫的本国法。	同左	同左	第14条 婚姻的效力 婚姻的效力，夫妻的本国法相同时，依该法律；无该法律时，夫妻经常居所地法律相同时，依该法律；无前述任何一种法律时，依与夫妻有最密切关系地的法律。	同左
第15条 规定与公序良俗相关法律冲突，或欲避免该适用的协议的行为不成立。	第15条 夫妻财产制 1. 夫妻财产制，依结婚当时丈夫的本国法。 2. 外国人和女户主构成人赘婚姻，或成为日本人童养婿的情况，夫妻财产制依日本法律。	同左	第15条 夫妻财产制 1. 夫妻财产制，依结婚当时丈夫的本国法。	同左	同左	第15条 夫妻财产制，保护国内交易 1. 前条的规定，准用于夫妻财产制，但夫妻以具有共同签名日有确定日期的书面协议决定应适用下列所列举的哪种法律时，夫妻财产制就适用所定法律：(1)夫妻一方国籍所属法律；(2)夫妻一方常居所所在地的法律；(3)涉及夫妻财产中	同左

（续表）

明治二十三年法律第97号（旧《法例》）	明治三十一年	昭和十七年(一改)	昭和二十二年(二改)	昭和三十九年法律第100号(三改)	昭和六十一年法律第84号(四改)	平成元年法律第27号(五改)	平成十一年法律第151号(六改)
						的不动产时,该不动产的所在地法律。 2. 依外国法所实施的夫妻财产制,对于在日本所实施的财产,不得对抗善意的第三人。于此情形,不能依据日本的第三人的关系上,夫妻财产制依日本法律。 3. 依外国法所签订的夫妻财产契约,在日本登记后,不受前款规定,可以对抗第三人。	
第16条 规定能避免身份的能力的法律或协议或实行的协议的法律为无效。	第16条 离婚 离婚依其原因发生时丈夫的本国法,但除非依日本法律也承认其原因的,其原因的,法院才能宣告离婚。	同左	同左	同左	同左	第16条 离婚 第14条的规定准用于离婚。但夫妻一方为在日本有经常居所地的日本人时,离婚依日本法律。	同左

（续表）

明治二十三年法律第97号（旧《法例》）	明治三十一年	昭和十七年（一改）	昭和二十二年（二改）	昭和三十九年法律第100号（三改）	昭和六十一年法律第84号（四改）	平成元年法律第27号（五改）	平成十一年法律第151号（六改）
第17条 法官不得以法律不明，不备或欠缺为由拒绝判决。	第17条 婚生子 子为嫡出与否，依其出生时母之夫本国法，如母之夫在子出生前死亡，依其最后所属国法律。	同左	同左	同左	同左	第17条 婚生关系的成立 1. 依子女出生时父亲或母亲的本国法，子在婚内出生时，为婚生子女。丈夫于子女出生前死亡时，其死亡当时的本国法视为前款当时的本国法。	同左
	第18条 认领 1. 私生子女的认领要件对其父或母，依认领时父或母的本国法，对其子女，依认领时子女的本国法。 2. 认领的效力，依认领父或母的本国法。	第18条 认领 1. 非婚生子女的认领要件对其父或母，依认领时父或母的本国法，对其子女，依认领时子女的本国法。 2. 同左。	同左	同左	同左	第18条 非婚生亲子关系的成立、认领 1. 非婚生亲子关系，关于父的亲子关系，依子女出生当时父亲的本国法，与母的亲子关系，依出生当时母亲的本国法。关于亲子关系因认领而成立的，认领当时子女的本国法规定以子女或第三人的承诺或同意为认领要件时，则应具备该要件。 2. 除前款所定法律外，子	同左

附　录　241

（续表）

明治二十三年法律第97号（旧《法例》）	明治三十一年	昭和十七年（一改）	昭和二十二年（二改）	昭和三十九年法律第100号（三改）	昭和六十一年法律第84号（四改）	平成元年法律第27号（五改）	平成十一年法律第151号（六改）
						女的认领依认领当时的认领人或依认领人的本国法。于此情形,依认领人的本国法时,准用前款后段的规定。 3. 父子子女出生前死亡时,将其死亡当时的本国法视为第1款父认领时的本国法。前款所载人于认领前死亡时,将其死亡当时的本国法视为前款所载人的本国法。	
						第19条　准正 1. 子女在准正要件事实完成,依父、母或子女的本国法成立准正时,取得婚生子女的身份。 2. 前款所载者在准正要件事实完成前死亡时,将其死亡当时的本国法视为前款规定的本国法。	同左

（续表）

明治二十三年法律第97号（旧《法例》）	明治三十一年	昭和十七年（一改）	昭和二十二年（二改）	昭和三十九年法律第100号（三改）	昭和六十一年法律第84号（四改）	平成元年法律第27号（五改）	平成十一年法律第151号（六改）
	第19条 收养及终止 收养的要件，依各当事人的本国法。收养的效力及收养的终止，依收养父母亲的本国法。	同左		同左		第20条 收养 1. 收养关系依收养时养父母的本国法。如果养子女或成立收养关系，收养子女或第三人的承诺或经其他处理条件时，则须具备其他处理条件。 2. 养子女与生父母方血亲关系的终止及收养关系的解除，依前款前段所定法律。	同左
	第20条 亲子间法律关系 亲子间法律关系，依父亲的本国法，或父亲不在时依母亲的本国法。	同左		同左		第21条 亲子间的法律关系 亲子间法律关系，子女的本国法与父母或父母的一方的本国法相同，或父母的本国法不在与另一方的本国法相同时，依子女的本国法。其他情况则依子女经常居所地法。	同左

附　录　243

（续表）

明治二十三年法律第97号（旧《法例》）	明治三十一年	昭和十七年（一改）	昭和二十二年（二改）	昭和三十九年法律第100号（三改）	昭和六十一年法律第84号（四改）	平成元年法律第27号（五改）	平成十一年法律第151号（六改）
	第21条　扶养义务 抚养的义务，依扶养义务人本国法。	同左	同左	同左	删除	第22条　身份法律行为的方式 第14条至前条所指的亲属关系的法律行为方式，依确定其行为成立时的法律，但不妨碍依据行为地法律。	同左
	第22条　亲属关系 前九条所规定之外的亲属关系及因此而产生的权利义务，依当事人本国法而定之。	同左	同左	同左		第23条　亲属关系 第13条至第21条所指亲属之外的亲属关系以及因之而发生的亲属权利义务，依当事人本国法定之。	同左

（续表）

明治二十三年法律第97号（旧《法例》）	明治三十一年	昭和十七年(一改)	昭和二十二年(二改)	昭和三十九年法律第100号(三改)	昭和六十一年法律第84号(四改)	平成元年法律第27号(五改)	平成十一年法律第151号(六改)
	第23条 监护 1. 监护，依被监护人本国法。 2. 在日本有住所或居所的外国人的监护，限于虽依其本国法有开始监护原因，却无行使监护事务者，以及于日本有禁治产宣告的，依日本法律。	同左	同左	同左	同左	同左	第24条 监护 1. 同左。 2. 在日本有住所或居所的外国人的监护，限于虽依其本国法有开始监护原因，但无行使监护事务者，以及于日本有禁治产宣告的情形，依<u>日本法律</u>。
	第24条 保佐 前条规定，准用于保佐。	同左	同左	同左	同左	同左	第25条 保佐及辅助 前条规定，准用于保佐及辅助。
	第25条 继承 继承，依被继承人的本国法。	同左	同左	同左	同左	第26条 继承 （同左）	同左

附录 245

（续表）

明治二十三年法律第97号（旧《法例》）	明治三十一年	昭和十七年（一改）	昭和二十二年（二改）	昭和三十九年法律第100号（三改）	昭和六十一年法律第84号（四改）	平成元年法律第27号（五改）	平成十一年法律第151号（六改）
第26条 遗嘱 1. 遗嘱的成立及效力，依成立当时遗嘱人本国法。 2. 遗嘱撤销当依撤销时遗嘱人本国法。 3. 前两款规定妨碍遗言方式依行为地法。	同左		同左	第26条 遗嘱 1. 遗嘱的成立及效力，依其成立时遗嘱人的本国法。 2. 遗嘱的撤销，依撤销时立遗嘱人的本国法。	同左	第27条 遗嘱 （同左）	同左

（续表）

明治二十三年法律第97号（旧《法例》）	昭和十七年（一改）	昭和二十二年（二改）	昭和三十九年法律第100号（三改）	昭和六十一年法律第84号（四改）	平成元年法律第27号（五改）	平成十一年法律第151号（六改）
第27条 本国法 1. 应依当事人本国法时，如当事人有两个以上国籍，依其最后取得国籍为其本国法，但其中之一为日本国籍时，依日本法。 2. 无国籍人，以其住所地法为其本国法；不知其住所地时，依其居所地法。 3. 当事人其国内各地法律不同时，依其所属地方法律。	同左	同左	同左	同左	第28条 本国法 1. 当事人有两个以上的国籍，其于国籍国中有常居所时，则以该国为其本国法。如果于国籍国无常居所，但与当事人关系最密切的国的法律为其本国法。但其中一国国籍为日本国籍时，则以日本法律为其本国法。 2. 应依当事人本国法。当事人无国籍时，依其经常居所地法，但适用第14条（含第15条第1款及第16条中准用情形）或第21条的规定则不在此限。 3. 当事人国籍国的法律因地方而异时，以该国规则指定的法律为当事人的本国法，无其指定规则时，则以与当事人关系最密切地法律为其本国法。	同左

（续表）

明治二十三年法律第97号（旧《法例》）	明治三十一年	昭和十七年（一改）	昭和二十二年（二改）	昭和三十九年法律第100号（三改）	昭和六十一年法律第84号（四改）	平成元年法律第27号（五改）	平成十一年法律第151号（六改）
	第28条 住所地法 1. 应依当事人住所地法，其住所不明时，依其居所地法。 2. 前条第1款、第3款之规定，准用于应依当事人住所地法的场合。	同左	同左	同左	同左	第29条 住所地法 1. 应依当事人住所地法，其住所不明时，依其居所地法。 2. 当事人有两个以上住所时，以其住所地中与当事人关系最密切的地方的法律为其住所地法。	同左
						第30条 经常居所地法 应依当事人经常居所地法，其经常居所地不明时，依其居所地法，但适用第14条（含第15条第1款及第16条中准用第1款的情形）的规定时，不在此限。	同左

（续表）

明治二十三年法律第97号（旧《法例》）	明治三十一年	昭和十七年(一改)	昭和二十二年(二改)	昭和三十九年法律第100号(三改)	昭和六十一年法律第84号(四改)	平成元年法律第27号(五改)	平成十一年法律第151号(六改)
						第31条 人际法 1. 当事人的国籍国规定法律因人而异时，以该国规则指定的法律为当事人的本国法。如无其最密切的法律规则时，则以与当事人关系最密切的法律为其本国法。 2. 前款规定，准用于当事人的经常居所地的法律及夫妻关系最密切地的法律因人而异时与夫妻关系最密切地的法律。	同左
第29条 反致 应依当事人本国法时，如依其国法，法律应依日本法，则应依日本法。	同左	同左	同左	同左	第32条 反致 应依当事人本国法，而按该国法律应依日本法时，则依日本的法律。但依第14条（含第15条第1款及第16条中准用情形）规定，应依当事人本国法时，不在此限。	同左

（续表）

明治二十三年法律第97号（旧《法例》）	明治三十一年	昭和十七年（一改）	昭和二十二年（二改）	昭和三十九年法律第100号（三改）	昭和六十一年法律第84号（四改）	平成元年法律第27号（五改）	平成十一年法律第151号（六改）
	第30条 公序 应依外国法时，如其规定违反公序良俗的，则不予适用。	同左				第33条 公序 应依外国法时，如其规定违反公序良俗的，则不予适用。	同左
				第31条 扶养、遗嘱的方式 本法不适用于遗嘱的方式，但第27条及第28条第2款及第1款规定不在此限。	第31条 扶养、遗嘱的方式 1. 本法不适用于因夫妻、亲子及其他亲属关系而产生的扶养义务。 2. 本法不适用于遗嘱的方式，但第27条第2款及第28条第1款规定不在此限。	第34条 共养、遗嘱的方式 1. 本法不适用于因夫妻、亲子及其他亲属关系而产生的扶养义务，但第30条的规定不在此限。 2. 本法不适用于遗嘱的方式，但第28条第2款及第29条第1款、第30条及第31条的规定，不在此限。	同左

（续表）

明治二十三年法律第97号（旧《法例》）	明治三十一年	昭和十七年(一改)	昭和二十二年(二改)	昭和三十九年法律第100号(三改)	昭和六十一年法律第84号(四改)	平成元年法律第27号（五改）	平成十一年法律第151号（六改）
						附则 （实施日期） 1. 该法律自公布之日起在一年之内由政令决定日期开始实施。 （临时措施） 2. 该法实施前发生的事项，仍依前例。但该法律实施时实际继续的法律关系，仅限于该法律实施后的法律关系，适用修改后的《法例》规定。	同左

附录2 日本《法例》与《通则法》对照表

《法例》(平成十一年法律第151号)	《通则法》(平成十八年法律第78号)
	目录 第1章　总则(第1条) 第2章　法律通则(第2条、第3条) 第3章　法律适用通则 　第1节　自然人(第4条—第6条) 　第2节　法律行为(第7条—第12条) 　第3节　物权等(第13条) 　第4节　债权(第14条—第23条) 　第5节　婚姻家庭(第24条—第35条) 　第6节　继承(第36条、第37条) 　第7节　补充条例(第38条—第43条) 附则
	第1章　总则 第1条　本法属于法律适用通则的一般规定。
	第2章　法律通则
第1条　法律的施行日期 法律自公布之日起,届满二十天施行之,但以法律规定了与此不同的施行时间者,不在此限。	(法律的施行日期) 第2条　法律自公布之日起二十日后施行。但法律规定了与此不同施行时间者,不在此限。
第2条　习惯法 不违反公序良俗的习惯,限于依法令规定被认许者或有关法令中无规定的事项者,具有法律同等效力。	(与法律有同等效力的习惯) 第3条　不违反公共秩序及善良风俗的习惯,限于依法令规定被认许者或有关法令中无规定的事项者,与法律有同等效力。

(续表)

《法例》(平成十一年法律第151号)	《通则法》(平成十八年法律第78号)
	第3章 准据法通则 第1节 自然人
第3条 行为能力 1. 人之能力,依其本国法而定。 2. 外国人在日本实施的法律行为,虽依照该外国人的本国法为能力受限者,但依照日本法为有能力者时,则不适用前款规定,仍视为有能力者。 3. 依亲属法或继承法规定的法律行为,或有关在外国的不动产的法律行为,均不适用前款规定。	(自然人的行为能力) 第4条 1. 自然人之行为能力,依其本国法而定。 2. 法律行为当事人依其本国法虽为限制行为能力人,但依其行为地法应为完全行为能力人时,限于该法律行为当时所有的当事人都处于同一法律所在地,该法律行为当事人则不受前款规定限制,将被视为完全行为能力人。 3. 前款规定,不适用于应依亲属法或继承法规定的法律行为,也不适用于与行为地不同法域的有关不动产的法律行为。
第4条 成人监护 1. 禁治产宣告的原因,依成年被监护人的本国法;其宣告效力,依宣告国法。 2. 在日本有住所或居所的外国人,依其本国法有禁治产宣告的原因时,法院可以对其实行禁治产宣告。但日本法律不认许其原因时,不在此限。	(民事行为能力的宣告) 第5条 法院可以依据日本法管辖在日本有住所或居所,或有日本国籍的成年被监护人、受保佐或受辅助之人的行为能力宣告(以下统称为"民事行为能力宣告")。
第5条 保佐及辅助 前条规定,准用于保佐及辅助开始的宣告。	(删除)
第6条 宣告失踪 外国人生死不明时,法院可以按日本法律只对其在日本的财产及应受日本法律调整的法律关系,实施宣告失踪。	(宣告失踪) 第6条 1. 法院可以在最后确认失踪者尚存之时,对在日本有住所或有日本国籍的失踪者,依日本法宣告其失踪。

(续表)

《法例》(平成十一年法律第151号)	《通则法》(平成十八年法律第78号)
	2. 即使不符合前款规定,但符合下列条件之一的,法院仍然可以依日本法律宣告其失踪:失踪者在日本有财产的;与失踪者有关之法律关系受日本法律调整的,或对照法律关系的性质、失踪者的住所或国籍以及其他情况与日本有关系的。
	第2节 法律行为
第7条 法律行为的成立及效力 1. 关于法律行为的成立及效力,按当事人的意思,确定应依何国的法律。 2. 当事人意思不明时,依行为地法。	(由当事人选择准据法) 第7条 法律行为的成立及效力,适用实施法律行为时当事人选择的法律。 (当事人不选择准据法的情形) 第8条 1. 当事人之间没有做出本法第7条规定的法律适用的选择时,法律行为的成立及效力,适用行为时与该行为有最密切联系地的法律。 2. 符合前款的法律行为中,仅一方当事人实施特征性给付时,实施该给付的当事人的经常居所地法被推定为最密切联系地法(该当事人有与该法律行为有联系的营业所时,为该营业地法;该当事人有两处以上与该法律行为有联系的营业所,且在不同法域时,为主营业地法)。 3. 在第1款中,以不动产为标的物的法律行为与前款规定无关,推定不动产所在地法为该法律行为的最密切联系地法。
	(由当事人变更准据法) 第9条 当事人可以变更适用于法律行为成立及效力的法律。但此约定有损害第三人权利时,则该变更不得对抗第三人。

(续表)

《法例》(平成十一年法律第151号)	《通则法》(平成十八年法律第78号)
第8条 法律行为的形式 1. 法律行为的形式,依规定该行为效力的法律。 2. 依行为地法的法律行为形式,则不受前款规定,为有效。但关于设定或处分物权及其他应登记权利的法律行为,不在此限。	(法律行为的形式) 第10条 1. 法律行为的形式,适用该法律行为成立应适用的法律(该法律行为成立后实施第9条规定变更,则适用变更前的法律)。 2. 不受前款规定所限,适合行为地法的法律行为形式,亦为有效。 3. 对于分处不同法域的当事人的意思表示,若需适用前款规定,则视通知发出地为行为地。 4. 前两款的规定不适用于分处不同法域的当事人之间缔结合同的方式。该情况下,不受第1款规定所限,符合要约地法或承诺地法两者之一的合同方式,均视为有效。 5. 前三款规定不适用于设定或处分动产或不动产等物权及其他应该登记的权利的法律行为形式。
第9条 不同法域当事人间的法律行为 1. 对不同法域当事人进行的意思表示,将其发出通知地视为行为地。 2. 关于合同的成立及效力,将发出要约通知地视为行为地。如果受要约者于承诺当时不知道要约发出地,则要约人的住所地将被视为行为地。	(删除)
	(消费者合同的特例) 第11条 1. 个人消费者(企业或代表企业的合同当事人除外,下同)与经营者(作为法人及其他社团、财团、企业或者代表企业的合同当事人情况下的个人,下同)之间缔结的合同(劳动合同除外,本条中均称"消费者合同")的

(续表)

《法例》(平成十一年法律第151号)	《通则法》(平成十八年法律第78号)
	成立和效力,即使依本法第7条和第9条的规定,选择或变更合意适用的法律为消费者经常居所地以外的法的情形时,如果消费者对经营者表示应适用其经营居所地法中的强制性规定时,则该消费者合同的成立和效力,适用该强制性规定。 2. 消费者合同的成立和效力,未依本法第7条的规定做出选择时,不受本法第8条规定的限制,适用消费者经常居所地法。 3. 消费者合同的成立,尽管依本法第7条的规定选择消费者经常居所地法以外的法的情形下,如果消费者对经营者表示该消费者合同的形式要件应适用其经常居所地法的强制性规定的,则不受本法第10条第1款、第2款和第4款规定的限制,该消费者合同的形式要件有强行性规定的事项,适用该强行性规定。 4. 消费者合同的成立,依本法第7条的规定选择消费者经常居所地法的情况,如果消费者对经营者表示该消费者合同的形式要件适用消费者经常居所地法的,则不受本法第10条第1款及第4款规定所限,适用消费者经常居所地法。 5. 消费者合同的成立,未依据本法第7条规定做出选择时,不受第10条第1款、第2款及第4款规定所限,该消费者合同的形式要件适用消费者经常居所地法。 6. 本条的各项规定,符合下列情形之一的,不予适用。 (1)在经营者的营业所签订的消费者合同,且该经营者的营业所与消费者经常居所地在不同法域,消费者到与该营业所所在地处于同一法域的地方签订消费者合同的情况。

(续表)

《法例》(平成十一年法律第 151 号)	《通则法》(平成十八年法律第 78 号)
	但消费者在其经常居所地受到经营者的要约,在与经营者营业所所在地处于同一法域的地方签订消费者合同的情况除外。 (2) 在经营者的营业所签订的消费者合同,且该经营者的营业所与消费者经常居所地在不同法域,消费者在与该营业所所在地处于同一法域的地方受领了或被认为受领了履行消费者合同的全部债务的情况。但消费者在其经常居所地受到经营者的要约,在与经营者营业所所在地处于同一法域的地方领受履行消费者合同全部债务的情况除外。 (3) 签订消费者合同时,经营者不知道且有充分理由证明其不知道消费者惯常住所地。 (4) 签订消费者合同时,经营者误认为且有充分理由证明是误认为对方非消费者本人。
	(劳动合同的例外) 第 12 条 1. 劳动合同的成立及效力,即使依本法第 7 条或第 9 条的规定选择或变更合意适用的法并非与该劳动合同有最密切联系地法时,劳动者对雇佣者表示了应该适用该劳动合同最密切联系地法中的强制性规定的意思的,该劳动合同的成立及效力有相关强制性规定之事项,应适用其强制性规定。 2. 适用前款时,该劳动合同约定的劳务提供地法(难以确定劳务提供地的,适用雇佣该劳动者的营业所所在地法,下同),推定为与该劳动合同有最密切联系地的法。 3. 劳动合同的成立及效力,未依本法第 7 条的规定做出选择时,不受本法第 8 条第 2 款的规定的限制,推定该劳动合同劳务提供地法为最密切联系地法。
	第 3 节　物权等

(续表)

《法例》(平成十一年法律第151号)	《通则法》(平成十八年法律第78号)
第10条 物权及其他应登记的权利 1. 关于动产及不动产物权以及其他应登记的权利,依其标的物所在地法。 2. 前款所载权利的取得或丧失,依其原因事实完成当时的标的物所在地法。	(物权及其他须登记的权利) 第13条 1. 动产或不动产相关的物权及其他须登记的权利,依标的物所在地法。 2. 不受前款规定所限,前款规定的权利的得失,依原因之事实完成时标的物所在地法。
	第4节 债权
第11条 法定之债的成立及效力 1. 因无因管理、不当得利或侵权行为而发生债权的成立及效力,依其原因事实发生地的法律。	(无因管理与不当得利) 第14条 无因管理或不当得利而产生的债权成立及效力,依其原因事实发生地法。
	(存在明显有更密切联系地时的例外) 第15条 除前条规定外,因无因管理或者不当得利而产生的债权的成立及其效力,在该原因事实发生时,如果存在当事人在同一法域有经常居所,或者基于当事人间已有的合同关系而产生无因管理或不当得利等情况,则将这些情况进行对比,与原因事实发生地相比,如果存在一个与案件明显有更密切联系之地,则适用该更密切联系地法。
	(由当事人变更准据法) 第16条 无因管理或不当得利的当事人,在原因事实发生后,因无因管理或不当得利而产生的债权成立及效力,可以变更适用法。但如果此变更有损害第三人权利的,则不得对抗该第三人。
	(侵权行为) 第17条 侵权行为产生的债权成立及效力,依加害行为的结果发生地法。但其行为结果发生地通常无法预见的,则依加害行为地法。

(续表)

《法例》(平成十一年法律第151号)	《通则法》(平成十八年法律第78号)
	(产品责任的特例) 第18条 不受第17条的规定所限,针对产品(生产或加工的物品,下同)交付后因该产品的瑕疵给他人的生命、身体或财产造成非法侵害的生产者(产品的生产者、加工者、进口商、出口商、批发或零售商,下同)或那些在产品上表明他们可以被认可为生产者的人(以下统称"生产者等")所引发的债权之成立及效力,依受害者受让产品所在地法。但通常认知能力不能预见产品交付地的,则依生产者等主营业地法(生产者等无营业所的,则依其经常居所地法)。
	(名誉或信用毁损的特例) 第19条 不受第17条规定所限,毁损他人名誉或信用的侵权行为引起的债权成立及效力,依受害人经常居所地法(受害人为法人或其他社团、财团时,依其主营业地法)。 (明显有其他更为密切联系地时的例外) 第20条 虽有前面三条的规定,但与当事人实施侵权行为时在同一法域有经常居所地,或违反当事人之间所订立的合同之义务而实施的侵权行为等其他情况相比,如明显有比前三条规定的地点更为密切联系地时,由侵权行为产生的债权的成立及效力,则适用该密切联系地法。
	(由当事人变更准据法) 第21条 侵权行为的当事人在侵权行为发生后,可以变更因侵权行为所引起债权的成立及效力应适用的准据法。但当该变更损害第三人权利时,其变更不能对抗第三人。

(续表)

《法例》(平成十一年法律第151号)	《通则法》(平成十八年法律第78号)
2. 侵权行为发生在外国,依日本法律不属于侵权行为的,不适用前款规定。 3. 在外国发生的事实,虽依日本法律为侵权行为,但若不是日本法律认许的损害赔偿或其他处分的话,受害人不得请求之。	(侵权行为受公共秩序的限制) 第22条 1. 侵权行为所应适用的准据法为外国法时,如果该行为依日本法不构成侵权,则不得基于该外国法提出损害赔偿及其他处分请求。 2. 侵权行为所应适用的准据法为外国法时,即使该外国法及日本法皆认定该应适用外国法的事实是侵权行为,受害人也只能对日本法所承认的损害赔偿及其他处分提出请求。
第12条 债权转让 债权转让对第三人的效力,依债务人住所地法。	(债权转让) 第23条 债权转让对债务人及第三人的效力,依转让债权应适用的法。
	第5节 婚姻家庭
第13条 婚姻的成立要件 1. 结婚条件,依各当事人本国法而定。 2. 结婚方式,依婚姻举行地的法律。 3. 在依当事者一方的本国法时,结婚方式不受前款规定所限视为有效。但在日本举行婚姻且当事人一方是日本人时不受此限。	(婚姻成立及形式) 第24条 1. 结婚条件,依各当事人的本国法。 2. 结婚方式,依婚姻举行地法。 3. 不受前款规定所限,当结婚方式符合当事人一方的本国法时,即有效。但婚姻在日本举行时,且当事人一方是日本人的不受此限。
第14条 婚姻的效力 婚姻的效力,夫妻的本国法相同时,依该法律;无其法律时,夫妻经常居所地法律相同时,依该法律;无前述任何一种法律时,依与夫妻有最密切联系地的法律。	(婚姻的效力) 第25条 当夫妻同一国籍时,婚姻的效力适用同一本国法;夫妻双方非同一国籍时,适用夫妻同一经常居所地法。前述两个连结点都不存在时,适用与该夫妻有最密切联系地法。

(续表)

《法例》(平成十一年法律第151号)	《通则法》(平成十八年法律第78号)
第15条 夫妻财产制,保护国内交易 1. 前条的规定,准用于夫妻财产制,但夫妻以具有共同签名且有确定日期的书面协定,决定应适用下列所列举的哪种法律时,夫妻财产制就适用其所定法律:(1) 夫妻一方国籍国的法律;(2) 夫妻一方经常居所法律;(3) 涉及夫妻财产中的不动产时,该不动产的所在地法律。 2. 依外国法的夫妻财产制,对于在日本所实施的法律行为及在日本的财产,不得对抗善意的第三人。于此情形,不能依夫妻财产制时,在与第三人的关系上,夫妻财产制依日本法律。 3. 依外国法所签订的夫妻财产契约,在日本登记后,不受前款规定,可以对抗第三人。	(夫妻财产制) 第26条 1. 本法第25条的规定亦适用于夫妻财产制。 2. 不受前款规定所限,夫妻以具有共同签名且有确定日期的书面协定,决定应适用下列所列举的哪种法律时,夫妻财产制就适用其所定法律。该情况下此规定只适用于签订协议后的夫妻财产制。 (1) 夫妻一方的本国法; (2) 夫妻一方的经常居所地法; (3) 涉及夫妻财产中的不动产时,该不动产的所在地法律。 3. 依前两款规定应适用外国法的夫妻财产制,在日本所实施的法律行为,以及在日本的财产,不得对抗善意的第三人。于此情形,在与第三人的关系上,夫妻财产制依日本法。 4. 不受前款规定所限,根据第1款和第2款的规定,应适用外国法的夫妻财产合同,在日本登记后,可以对抗第三人。
第16条 离婚 第14条的规定准用于离婚。但夫妻一方为在日本有经常居所地的日本人时,离婚依日本法律。	(离婚) 第27条 本法第25条的规定亦适用于离婚。但夫妻一方为在日本有经常居所地的日本人时,离婚适用日本法。
第17条 婚生关系的成立 1. 依子女出生时夫妻一方的本国法,子女在婚内出生时,为婚生子女。 2. 丈夫于子女出生前死亡时,其死亡当时的本国法视为前款丈夫的本国法。	(嫡出亲子关系的成立) 第28条 1. 子女出生时,依夫妻一方的本国法该子女为婚生的,视为婚生。 2. 丈夫在子女出生前死亡的,丈夫死亡时的本国法视为前款中丈夫的本国法。

(续表)

《法例》(平成十一年法律第 151 号)	《通则法》(平成十八年法律第 78 号)
第 18 条　非婚生关系的成立、认领 1. 非婚生亲子关系的成立,与父的亲子关系,依子女出生当时父的本国法,与母的亲子关系,依出生当时的母的本国法。关于因认领子女而成立的亲子关系,认领当时子女的本国法规定以子女或第三人的承诺或同意为认领要件时,则应具备该要件。 2. 除前款前段所定法律外,子女的认领依认领当时的认领人或子女的本国法。于此情形,依认领人的本国法时,准用前款后段的规定。 3. 父于子女出生前死亡时,将其死亡当时的本国法视为第 1 款父的本国法。前款所载人于认领前死亡时,将其死亡当时的本国法视为前款所载人的本国法。	(非嫡出亲子关系的成立) 第 29 条 1. 子女为非婚生时,父亲与子女的人身关系的成立,适用子女出生时父亲的本国法,母亲与子女的人身关系的成立,适用子女出生时母亲的本国法。于此情形,关于因认领子女而成立的亲子关系,根据认领时子女的本国法需要子女或第三人的承诺或同意作为认领要件的,则应具备该要件。 2. 除前款前段所指法律之外,子女的认领适用认领当时认领者或子女的本国法。于此情形,适用认领者的本国法时,准用前款后段的规定。 3. 父亲在子女出生前死亡的,父亲死亡时父亲的本国法,视为第 1 款中父亲的本国法。前款规定的人在认领前死亡时,将其死亡时的本国法视为前款规定的人的本国法。
第 19 条　准正 1. 子女在准正要件事实完成,依父、母或子女的本国法成立准正时,取得婚生子女身份。 2. 前款所载者在准正要件事实完成前死亡时,将其死亡当时的本国法视为前款规定的本国法。	(准正) 第 30 条 1. 当子女的准正要件齐备时,子女依据父亲或母亲的本国法取得婚生子女的身份。 2. 前款规定的人在准正要件齐备前死亡的,其死亡时的本国法视为前款规定的死者的本国法。
第 20 条　收养 1. 收养关系依收养时养父母的本国法。如果养子女的本国法规定,收养关系的成立须经养子女或第三人的承诺或同意,或须官方机构的许可及其他处理条件时,则须具备其要件。	(收养) 第 31 条 1. 收养适用收养时养父母的本国法。于此情形,根据养子女的本国法,收养关系成立以养子女或第三人的承诺或同意、官方机构的许可或其他处理办法作为收养成立的要件时,则应具备该要件。

(续表)

《法例》(平成十一年法律第151号)	《通则法》(平成十八年法律第78号)
2. 养子女与生父母方血亲的亲属关系的终止及收养关系的解除,依前款前段所定法律。	2. 养子女与生父母一方的血亲亲属关系的终止及收养的终止,适用前款前段规定的法律。
第21条 亲子间的法律关系 亲子间法律关系,子女的本国法与父或母的本国法相同,或父母的一方不在与另一方的本国法相同时,依子女的本国法。其他情况则依子女经常居所地法。	(亲子间的法律关系) 第32条 亲子间的法律关系,子女的本国法与父或母的本国法(父母的一方死亡或国籍不明时,与另一方的本国法)相同时,依子女的本国法。其他情况则依子女经常居所地法。
第22条 身份法律行为的方式 第14条至前条所指的亲属关系的法律行为方式,依确定其行为成立时的法律,但不妨碍依据行为地法律。	(删除)
第23条 亲属关系 第13条至第21条所指亲属之外的亲属关系以及因之而发生的权利义务,依当事人本国法定之。	(其他亲属关系等) 第33条 24条至前一条所指亲属之外的亲属关系及因之而发生的权利义务,依当事人本国法而定
	(亲属关系的法律行为形式等) 第34条 1. 第25条至第33条所规定的有关亲属关系的法律行为的形式要件,适用该法律行为成立时法律行为应适用的法。 2. 不受前款规定所限,符合行为地法的形式要件有效。
第24条 监护 1. 监护,依被监护人本国法。 2. 在日本有住所或居所的外国人的监护,限于虽依其本国法有监护开始原因,但无行使监护事务者,以及于日本有禁治产宣告的情形,依日本法律。	(监护等) 第35条 1. 监护、保佐或者辅助(以下总称"监护等")适用被监护人、被保佐人或被辅助人(以下总称"被监护人等")的本国法。 2. 不受前款规定所限,当被监护人等是外国人时,如有以下情形,监护人、保佐人或辅助人选任以及其他监护相关的宣告,皆适用日本法。

(续表)

《法例》(平成十一年法律第151号)	《通则法》(平成十八年法律第78号)
	① 该外国人虽依其本国法存在被监护的原因时,而在日本国内无人行使监护的。 ② 在日本进行有关该外国人的行为能力宣告的判决。
第25条 保佐及辅助 前条规定,准用于保佐及辅助。	(删除)
	第6节 继承
第26条 继承 继承,依被继承人的本国法。	(继承) 第36条 继承适用被继承人的本国法。
第27条 遗嘱 1. 遗嘱的成立及效力,依其成立时立遗嘱人的本国法。 2. 遗嘱的撤销,依撤销时立遗嘱人的本国法。	(遗嘱) 第37条 1. 遗嘱的成立及其效力,适用遗嘱成立时立遗嘱人的本国法。 2. 遗嘱的撤销,适用撤销时立遗嘱人的本国法。
	第7节 补充条例
第28条 本国法 1. 当事人有两个以上的国籍,其于国籍国中有经常居所时,则以该国为其本国法。如果于国籍国无经常居所,则以与当事人关系最密切的国家的法律为其本国法。但其中一国籍为日本国籍时,则以日本法律为其本国法。 2. 应依当事人本国法,当事人无国籍时,依其经常居所地法,但适用第14条(含第15条第1款及第16条中准用情形)或第21条的规定时,不在此限。	(本国法) 第38条 1. 当事人同时拥有两个及以上国籍时,当事人经常居所地所在的国家的法律视为本国法;在国籍国中没有当事人经常居所地所在的国家时,则将有最密切联系的国家的法律视为本国法。但如果在诸国籍中有日本国籍时,以日本法作为当事人的本国法。 2. 须适用当事人本国法时,当事人为无国籍人的,适用其经常居所地法。但本法第25条(包括第26条第1款及第27条中规定的准用场合)和第32条规定不在此限。

(续表)

《法例》(平成十一年法律第151号)	《通则法》(平成十八年法律第78号)
3. 当事人国籍国的法律因地方而异时,以该国规则指定地的法律为当事人的本国法,无其指定规则时,则以与当事人关系最密切地法律为其本国法。	3. 当事人的国籍国是多法域国家的,该国的冲突规则所指定的法(若没有冲突规则,则是与当事人有最密切联系的地区的法律)为当事人的本国法。
第29条 住所地法 1. 应依当事人住所地法,其住所不明时,依其居所地法。 2. 当事人有两个以上住所时,以其住所地中与当事人关系最密切的地方的法律为其住所地法。	(删除)
第30条 经常居所地法 应依当事人经常居所地法律,其经常居所地不明时,依其居所地法,但适用第14条(含第15条第1款及第16条中准用情形)的规定时,不在此限。	(经常居所地法) 第39条 须适用当事人经常居所地法时,经常居所地不明确的,则适用其居所地法。但第25条(包括第26条第1款及第27条中规定的准用场合)的规定不在此限。
第31条 人际法 1. 当事人的国籍国规定法律因人而异时,以该国规则指定的法律为当事人的本国法。如无其规则时,则以与当事人关系最密切的法律为其本国法。 2. 前款规定,准用于当事人的经常居所地的法律因人而异时的经常居所地法及与夫妻关系最密切地的法律因人而异时与夫妻关系最密切地的法律。	(实施人际私法的国家或地区法) 第40条 1. 当事人的国籍国实施人际私法的,该国的冲突法规则所指定的法律(若没有冲突法规则,则是与当事人有最密切联系的地区的法律)为该当事人的本国法。 2. 根据本法第25条(包括第26条第1款及第27条规定的准用场合)、第26条第2款第2项、第32条或第38条第2款的规定,当事人的经常居所地属于实施人际私法的地区或国家时的经常居所在地法,以及与夫妻有最密切联系地属于实施人际私法的国家时的夫妻的最密切联系地法,适用前款的规定。

(续表)

《法例》(平成十一年法律第151号)	《通则法》(平成十八年法律第78号)
第32条　反致 应依当事人本国法,而按该国法律应依日本法时,则依日本的法律。但依第十四条(含第15条第1款及第16条中准用情形)规定,应依当事人本国法时,不在此限。	(反致) 第41条　须适用当事人本国法的场合,如该国冲突法规定应适用日本法时则适用日本法。但第25条(包括第26条第1款及第27条准用场合)或第32条规定应适用当事人本国法的,不受此限。
第33条　公序 应依外国法时,如其规定的适用违反公序良俗的,则不予适用。	(公序良俗) 第42条　须适用外国法时,如果适用其规定违反公序良俗的,则不予适用。
第34条　扶养、遗嘱的方式 1. 本法不适用于因夫妻、亲子及其他亲属关系而产生的扶养义务,但第30条的规定,不在此限。 2. 本法不适用于遗嘱方式,但第28条第2款、第29条第1款、第30条及第31条的规定,不在此限。	(适用的例外) 第43条 1. 本章的规定不适用于因夫妻、父母孩子及其他亲属关系产生的扶养义务。但本法第39条本文规定的适用不受此限。 2. 本章的规定不适用于遗嘱的形式要件。但第38条第2款、第39条及第40条规定适用不受此限。
附则 (实施日期) 1. 该法律自公布之日起在一年之内由政令决定日期开始实施。 (临时措施) 2. 该法律实施前发生的事项,仍依前例。但该法律实施时实际继续的法律关系,仅限于该法律实施后的法律关系,适用修改后的法例规定。	附则 (实施日期) 第1条　本法自公布之日起一年之内由政令决定实施日期。 (过渡措施) 第2条　修订后的《法律适用通则法》(以下称"新法"),除本附则第3条规定的以外,自本法实施日(以下称为"实施日")起,溯及既往。 第3条 1. 实施日以前做出的法律行为的当事人的能力,不受新法第4条规定的限制,适用前《法例》。 2. 实施日以前提出申请的行为能力宣告以及失踪宣告,不受新法第5条、第6条规定的限制,适用前《法例》。

(续表)

《法例》(平成十一年法律第151号)	《通则法》(平成十八年法律第78号)
	3. 实施日以前做出的法律行为的成立、效力以及形式要件,不受本法第8条至第12条规定的限制,适用前《法例》。 4. 实施日以前造成无因管理或不当得利或产生侵害的侵权行为所生之债的成立及效力,不受新法第15条至第21条规定的限制,适用前《法例》。 5. 实施日以前做出的债权转让行为对债务人及第三人的效力,不受新法第23条规定的限制,适用前《法例》。 6. 实施日以前做出的有关亲属关系的法律行为的形式要件,不受新法第34条规定的限制,适用前《法例》。 7. 实施日以前提出申请的有关监护人、准禁治产人的照管人、扶养人的选任及其他有关监护事项的裁判,不受新法第35条第2款规定的限制,适用前《法例》。

附录3　关于遗嘱处分方式的准据法

（昭和三十九年6月10日法律第100号）

第1条　（目的）

本法律旨在规定有关遗嘱方式的准据法的必要事项。

第2条　（准据法）

遗嘱方式符合下列法律之一者,均为有效:

(1) 行为地法。

(2) 遗嘱人在遗嘱成立或死亡当时国籍国的法律。

(3) 遗嘱人在遗嘱成立或死亡当时住所地的法律。

(4) 遗嘱人在遗嘱成立或死亡当时惯常居所地的法律。

(5) 关于不动产的遗嘱,依不动产所在地的法律。

第3条　关于撤销遗嘱的遗嘱,除根据前条规定外,其方式如符合前遗嘱依同条规定有效的法律之一,其方式也有效。

第4条　（共同遗嘱）

两人或两人以上用同一证书的遗嘱方式,适用前两条的规定。

第5条　（方式的范围）

因遗嘱人的年龄、国籍及其他人的资格对遗嘱方式的限制,应属于遗嘱方式的范围。这一点也应适用于遗嘱生效所需的证人资格。

第6条　（本国法）

如果遗嘱人是一个国家的公民,而这个国家的法律因地区不同而不同,则适用第2条第2款规定,依该国规定,应适用遗嘱人所属地区的法律,若没有可以适用的规则时,与遗嘱人有最密切联系的地区的法律应是遗嘱人国籍国的法律。

第7条 （住所地法）

1. 关于第2条第3款规定的适用,遗嘱人是否具有特定的住所应由该地法律进行规定。

2. 关于第2条第3款规定的适用,如果无法确定遗嘱成立或死亡时遗嘱人的住所,则应按照遗嘱人当时所在地的法律来处理。

第8条 （公共秩序）

应适用外国法时,如适用其规定明显违反公共秩序者,不适用该法律。

【附则】

1.（施行日期）

本法自《遗嘱处分方式法律冲突公约》在日本国生效之日起施行。

2.（过渡性条款）

在本法生效前成立的遗嘱仍适用本法,但遗嘱人在本法施行前死亡,则适用先前规定处理其遗嘱。

参考文献

一、中文著作及译著类

陈荣传:《国际私法各论集》,(中国台湾)五南图书出版公司1998年版。

陈卫佐:《瑞士国际私法法典研究》,法律出版社2005年版。

陈卫佐:《比较国际私法——涉外民事关系法律适用法的立法、规则和原理的比较研究》,法律出版社2012年版。

杜涛:《国际私法的现代化进程——中外国际私法改革比较研究》,上海人民出版社2007年版。

杜涛:《国际私法原理》,复旦大学出版社2014年版。

杜涛:《国际私法原理》(第二版),复旦大学出版社2018年版。

顾海波:《国际私法学新论》,东北大学出版社2019年版。

韩德培:《韩德培文集》,武汉大学出版社2012年版。

韩德培、韩健:《美国国际私法(冲突法)导论》,法律出版社1994年版。

华夏、赵立新、真田芳宪:《日本的法律继受与法律文化变迁》,中国政法大学出版社2005年版。

黄进:《区际冲突法》,(中国台湾)永然文化出版社股份有限公司1996年版。

黄进、杜焕芳等:《中国国际私法司法实践研究(2001—2010)》,法律出版社2014年版。

李双元、徐国建:《国际民商新秩序的理论建构:国际私法的重新定位与功能转换》,武汉大学出版社2016年版。

刘铁铮、陈荣传:《国际私法论》,(中国台湾)三民出版社2010年版。

卢乐山:《中国女性百科全书:婚姻家庭卷》,东北大学出版社1995年版。
沈娟:《冲突法及其价值导向》(修订本),中国政法大学出版社2002年版。
唐表明:《比较国际私法》,中山大学出版社1987年版。
肖永平:《国际私法原理》,法律出版社2007年版。
肖永平:《法理学视野下的冲突法》,高等教育出版社2008年版。
徐冬根:《国际私法趋势论》,北京大学出版社2005年版。
许凯:《侵权冲突法研究》,法律出版社2013年版。
邹国勇:《外国国际私法立法精选》,中国政法大学出版社2011年版。
邹国勇:《外国国际私法立法选译》,武汉大学出版社2017年版。

二、中文编著类

丁伟:《国际私法学》(第三版),上海人民出版社2013年版。
杜新丽:《国际私法实务中的法律问题》,中信出版社2005年版。
郭玉军、车英:《中国国际私法学会2003年年会综述》,载《中国国际私法与比较法年刊》(第7卷),法律出版社2005年版。
郭玉军、车英:《中国国际私法学会2004年年会综述》,载《中国国际私法与比较法年刊》(第8卷),法律出版社2006年版。
韩德培:《国际私法新论》,武汉大学出版社2003年版。
韩德培:《国际私法》(第三版),高等教育出版社2014年版。
黄进:《国际私法》,法律出版社2005年版。
霍政欣:《国际私法》,中国政法大学出版社2017年版。
李双元:《中国与国际私法统一化进程》,武汉大学出版社1993年版。
李双元:《国际私法》,北京大学出版社2006年版。
李双元:《中国与国际私法统一化进程》(修订版),武汉大学出版社2016年版。
李双元、欧福永:《国际私法》(第五版),北京大学出版社2018年版。

刘仁山:《国际私法学》(第六版),中国法制出版社2019年版。
屈广清:《国际私法导论》,法律出版社2003年版。
屈广清:《新编国际私法通论》,中国民主法制出版社2006版。
屈广清:《国际私法》(第三版),厦门大学出版社2012年版。
沈娟:《国际私法学的新发展》,中国社会科学出版社2015年版。
张光杰:《中国法律概论》,复旦大学出版社2005版。
《中国大百科全书》总编辑委员会编:《中国大百科全书》(法学卷),中国大百科全书出版社1984年版。
中国国际私法学会、武汉大学国际私法研究所编:《中国国际私法与比较法年刊》(第15卷),北京大学出版社2012年版。

三、中文论文类

岑雅衍:《日本国际私法的新发展——1989年〈法例〉修正案述评》,载《宁波大学学报》(人文科学版)1993年第6卷第2期。
陈柳裕:《论法的本土性》,载《政治与法律》2000年第2期。
陈卫佐:《日本国际私法的最新改革》,载《法律适用》2009年第2期。
陈卫佐:《涉外民事法律适用法的立法思考》,载《清华法学》2010年第3期。
陈卫佐:《德国民法典编纂的组织方式》,载《比较法研究》2015年第3期。
陈卫佐:《欧盟国际私法的最新发展:关于遗产继承的〈罗马Ⅳ规则〉》,载《国际法研究》2015年第2期。
陈卫佐:《当代国际私法上的一般性例外条款》,载《法学研究》2015年第5期。
陈小云等:《日本国际私法发展历程研究》,载《大连海事大学学报》(社会科学版)2005年第4卷第2期。
陈小云等:《日本国际私法发展的最新动向研究》,载《河北法学》2005年第23卷第11期。

丁伟:《世纪之交中国国际私法立法回顾与展望》,载《政法论坛》2001年第3期。

丁伟:《中国国际私法法典化的再思考——纪念〈中华人民共和国国际私法示范法〉制定十周年》,载《武汉大学学报》(哲学社会科学版)2009年第6期。

丁伟:《当代中国国际私法理论研究的倾向性问题》,载《华东政法大学学报》2010年第3期。

杜新丽:《从住所、国籍到经常居所地——我国属人法立法变革研究》,载《政法论坛》2011年第3期。

郭玉军:《中国国际私法的立法反思及其完善》,载《清华法学》2011年第3期。

何其生:《中国国际私法学三十年(1978—2008年)》,载《武大国际法评论》2009年第3期。

黄列:《美国严格产品责任的形成及现状》,载《法学研究》1991年第6期。

李久红:《国际私法思想的革新与拓展——李双元先生国际私法思想整理与述评》,载《时代法学》2016年第2期。

李适时:《新时代立法工作的新成就、新特点》,载《中国人大》2018年第2期。

李双元:《中国国际私法研究的方向问题》,载《法制与社会发展》1996年第1期。

李双元、李赞:《构建国际和谐社会的法学新视野——全球化进程中的国际社会本位理念论析》,载《法制与社会发展》2005年第5期。

李旺:《关于日本新国际私法的立法——日本〈法律适用通则法〉介评》,载《环球法律评论》2007年第5期。

刘卫翔:《美洲国家关于国际合同法律适用的公约》,载《外国法译评》1995年第2期。

刘晓红:《中国国际私法立法四十年:制度、理念与方向》,载《法学》2018年第10期。

齐湘泉:《日本2007年〈法律适用通则法〉评介》,载《中国国际私法与比较法年刊》2008年第11卷。

田洪鋆:《俄罗斯国际私法立法之"变"与"不变"——兼论对我国国际私法立法思路的启示》,载《当代法学》2018年第1期。

汪金兰:《从拿来主义到本土化——中国国际私法发展之路》,载《法制与社会发展》2002年第4期。

向在胜:《日本国际私法现代化的最新进展——从〈法例〉到〈法律适用通则法〉》,载《时代法学》2009年第7卷第1期。

肖永平、龙威狄:《论中国国际私法中的强制性规范》,载《中国社会科学》2012年第10期。

徐崇利:《冲突规则的回归——美国现代冲突法理论与实践的一大发展趋向》,载《法学评论》2000年第5期。

许凯:《中国侵权冲突立法评述与展望——以〈涉外民事关系法律适用法〉为中心》,载《中国国际私法与比较法年刊》2017年第2期。

许庆坤:《论美国传统冲突法的本土化及其对中国的启示》,载《山东大学学报》(哲学社会科学版)2007年第3期。

张丽珍:《国际私法中冲突正义与实质正义衍进之多维观照》,载《社科纵横》2018年第2期。

张钰:《民法典编纂背景下有关国际私法法典化的思考》,载《法大研究生》2015年第2辑。

四、中文网站类

《伯尔尼保护文学和艺术作品公约》,https://wipolex.wipo.int/zh/text/283696,访问日期:2019年3月29日。

《产品责任法律适用公约》,http://pkulaw.cn/%28S%28pvgj1x45wuwnwm5555df4e55%29%29/fulltext_form.aspx?Gid=100669529&Db=eagn,访问日期:2019年3月6日。

《海牙结婚仪式和承认婚姻有效性公约》,http://pkulaw.cn/(S(pvgj1x45wuwnwm5555df4e55))/fulltext_form.aspx? Db=alftwotitle&Gid=04506f0043de75b847541291f3eb4538bdfb,访问日期:2018年2月21日。

《欧盟非合同义务法律适用条例》,http://www.rzfanyi.com/7589.html,访问日期:2019年1月30日。

法国《民法典国际私法法规(第二草案)》(1959年)民法典前加编之三,http://www.law-walker.net/gjsf/Articleshow.asp?id=84,访问日期:2018年12月29日。

法制审议会国际私法(现代化关系)部会第十次会议,http://www.moj.go.jp/shingi1/shingi_040217-1.html,访问日期:2017年11月16日。

韩国《国际私法》(节录),http://pkulaw.cn/fulltext_form.aspx? Db=iel&Gid=1737eb9d0b444ce989514c3a19560f8cbdfb&keyword=&EncodingName=big5%%27&Search_Mode=&Search_IsTitle=0,访问日期:2019年3月20日。

荷兰《国际私法:2001年侵权冲突法》,http://article.chinalawinfo.com/ArticleFullText.aspx? ArticleId=25290&li-stType=0,访问日期:2019年3月20日。

瑞士《联邦国际私法法典》,http://www.law-walker.net/gjsf/Articleshow.asp?id=17,访问日期:2018年12月23日。

孙健:《论我国国际私法法律适用的确定性与灵活性》,http://article.chinalawinfo.com/ArticleHtml/Article_71793.shtml,访问日期:2016年9月13日。

意大利《国际私法制度改革法》,http://www.law-walker.net/gjsf/Articleshow.asp?id=64,访问日期:2019年2月10日。

五、外文著作类

池原季雄『国際私法(総論)』(有斐閣,1973年)。

川上太郎『日本国における国際私法の生成発展』(有斐閣,1967年)。

道垣内正人『ポイント国際私法(各論)』(有斐閣,2000年)。
国友明彦『交際私法上の当事者利益による性質決定』(有斐閣,2002年)。
横山潤『国際家族法の研究』(有斐閣,1997年)。
横山潤『国際私法』(三省堂,2012年)。
江川英文『国際私法(改訂版)〔有斐閣全書〕』(有斐閣,1957年)。
江川英文『国際私法(改訂版)』(弘文堂,1990年)。
江川英文『国際私法(新版)』(有斐閣,2005年)。
久保岩太郎『国際私法論』(三省堂,1935年)。
久保岩太郎『国際私法概論(改訂版)』(岩松堂,1949年)。
溜池良夫『国際私法講義』(有斐閣,1993年)。
溜池良夫『国際私法講義(第2版)』(有斐閣,1999年)。
溜池良夫『国際私法講義(第3版)』(有斐閣,2005年)。
迷津孝司『国際労働契約法の研究』(尚学社,1997年)。
木棚照一、松岡博『基本法コンメンタール国際私法』(日本評論社,1994年)。
木棚照一『国際私法概論(第3版)』(有斐閣,2005年)。
木棚照一『国際私法概論(第3版補訂版)』(有斐閣,2001年)。
木棚照一『国際私法概論(第4版)』(有斐閣,2005年)。
木棚照一『国際相続法の研究』(有斐閣,1995年)。
南敏文『改正法例の解説』(法曹会,1992年)。
山川隆一『国際労働関係の法理』(信山社,1999年)。
山田鐐一、澤木敬郎『国際私法演習』(有斐閣,1973年)。
山田鐐一『国際私法(第3版)』(有斐閣,2004年)。
山田鐐一『国際私法(現代法学全集)』(筑摩書房,1982年)。
山田鐐一『国際私法(新版)』(有斐閣,2003年)。
山田三良『国際私法』(有斐閣,1934年)。
神前禎『解説 法の適用に関する通則法——新しい国際私法』(弘文堂,2006年)。

神前禎等『国際私法(第 2 版)』(有斐閣,2006 年)。
神前禎等『国際私法(第 3 版)』(有斐閣,2004 年)。
神前禎等『国際私法(第 4 版)』(有斐閣,2019 年)。
石黒一憲『国際私法の危機』(信山社,2004 年)。
石黒一憲『金融取引と国際訴訟』(有斐閣,1983 年)。
実方正雄『国際私法概論(再訂版)』(有斐閣,1953 年)。
松岡博『国際関係私法入門』(有斐閣,2019 年)。
松岡博『国際家族法の理論』(大阪大学出版会,2002 年)。
松岡博『国際取引と国際私法』(晃洋書房,1993 年)。
松岡博『現代国際取引法講義』(法律文化社,1996 年)。
松岡博『現代国際私法講義(改題補訂版)』(法律文化社,2015 年)。
松岡博『現代国際私法講義』(法律文化社,2008 年)。
五十嵐清『人格権概説』(有斐閣,2003 年)。
伊藤真『国際私法』(弘文堂,2013 年)。
桜田嘉章『国際私法(第 3 版)』(有斐閣,2000 年)。
桜田嘉章『国際私法(第 4 版)』(有斐閣,2005 年)。
桜田嘉章『国際私法(第 5 版)』(有斐閣,2006 年)。
桜田嘉章『国際私法(第 6 版)』(有斐閣,2012 年)。
澤木敬郎、道垣内正人『国際私法入門(第 6 版)』(有斐閣,2006 年)。
澤木敬郎、道垣内正人『国際私法入門(第 4 版再訂版)』(有斐閣,2000 年)。
澤木敬郎、道垣内正人『国際私法入門(第 8 版)』(有斐閣双書,2018 年)。
折茂豊『当事者自治の原則――近代国際私法の発展』(創文社,1970 年)。
折茂豊『国際私法〔各論〕〔新版〕〔法律学全集〕』(有斐閣,1972 年)。
中西康等『国際私法(第 2 版)』(有斐閣,2018 年)。
Kahn-Freund, *General Problems of Private International Law*, Recueildes cours (1974).

六、外文译著及译文类

Charles Brocher(光妙寺三郎訳)『国際私法講義』(司法省,1889 年)。

Dagma Kester-Balchen(床谷文雄訳)「ヨーロッパにおける同性婚の導入と養子法の問題」『法政論集』281 号(2019 年)。

Michael Kester(渡辺惺之訳)「ハーグ子奪取条約における子の外国への連れ去りの違法性」『法政論集』281 号(2019 年)。

Neuhaus(桜田嘉章訳)『国際私法の基礎理論』(成文堂,2000 年)。

Paul Heinrich Neuhaus(桑田三郎訳)「ヨーロッパ国際私法上新な道は存在するか」『法学新報』81 巻 9 号(1974 年)。

七、外文编著类

別冊 NBL 編集部『法の適用に関する通則法関係資料と解説』(商事法務,2006 年)。

道垣内正人『ポイント国際私法　各論(第 2 版)』(有斐閣,2014 年)。

法例研究会『法例の見直しに関する諸問題(1)——契約・債権譲渡等の準拠法について——』(商事法務,2003 年)。

法例研究会『法例の見直しに関する諸問題(2)——不法行為・物権等の準拠法について——』(商事法務,2003 年)。

法例研究会『法例の見直しに関する諸問題(3)——能力、法人、相続等の準拠法について』(商事法務,2004 年)。

法例研究会『法例の見直しに関する諸問題(4)——代理、信託、親族関係等の準拠法及び総則規定について』(商事法務,2004 年)。

法務省民事局内法務研究会『改正法例下における渉外戸籍の理論と実務』

（テイハン,1989 年）。

岡垣学、野田愛子『講座・実務家事審判法(5)——渉外事件関係』(日本評論社,1990 年)。

国際法学会『交際私法講座 II 巻』(有斐閣,1955 年)。

江川英文「locus regit actum の原則の我が国際私法上に於ける適用」『山田教授還暦祝賀論文集』(有斐閣,1930 年)。

溜池良夫「嫡出決定の準拠法について」『国際私法の基本問題：久保岩太郎先生還暦記念論文集』(有信堂,1962 年)。

溜池良夫「渉外人事非訟事件の諸相」『国際家族法研究』(有斐閣,1985 年)。

木棚照一『国際私法(プライマリ法学双書)』(成文堂,2016 年)。

青木清「相続」『日本と国際法の100 年(第 5 巻)』(三省堂,2001 年)。

三浦正人「国際私法における事務管理」『谷口知平教授還暦記念・不当利得・事務管理の研究(3)』(有斐閣,1972 年)。

松岡博「契約準拠法の事後的変更」『国際私法の争点(新版)』(有斐閣,1996 年)。

松岡博『国際関係私法入門(第 3 版)——国際私法・国際民事手続法・国際取引法』(有斐閣,2012 年)。

田村精一「渉外禁治産・準禁治産の裁判管轄及び準拠法、外国禁治産宣告の効力」『講座・実務家事審判法(5)——渉外事件関係』(日本評論社,1990 年)。

西賢「当事者自治の原則と比較的動向」『較国際私法の動向』(晃洋書房,2002 年)。

小出邦夫『一問一答　新しい国際私法—法の適用に関する通則法の解説』(商事法務,2006 年)。

小出邦夫『逐条解説・法の適用に関する通則法』(商事法務,2009 年)。

小出邦夫『逐条解説・法の適用に関する通則法(増補版)』(商事法務,2015 年)。

岩澤雄司『国際条約』(有斐閣,2019 年)。
桜田嘉章、道垣内正人『注釈国際私法(第 1 巻)』(有斐閣コンメンタール,2011 年)。
桜田嘉章、道垣内正人『注釈国際私法(第 2 巻)』(有斐閣,2011 年)。
桜田嘉章、佐野寛、神前禎『演習国際私法 CASE30』(有斐閣,2016 年)。
澤木敬郎、南敏文『新しい国際私法——改正法例と基本通達』(日本加除出版,1990 年)。
澤木敬郎「渉外相続事件をめぐる問題点」『講座・現代家族法第 5 巻』(日本評論社,1992 年)。
斎藤武生「事務管理、不当利得、不法行為」『国際私法講座(第 II 巻)』(有斐閣,1955 年)。

八、外文论文类

奥田安弘「1987 年のスイス連邦国際私法(四)」『戸籍時報』377 号(1989 年)。
奥田安弘「我が国の判例における契約準拠法の決定——契約類型毎の考察」『北大法学論集』45 巻 5 号(1994 年)。
白井伸明「国際私法にける公序判断の基準時」『国際私法年報』17 号(2015 年)。
北坂尚洋「外国で成立した養子縁組の承認」『阪大法学』51 巻 1 号(2001 年)。
北坂尚洋「離婚と親権者指定の同時解決——国際裁判管轄権の観点から」『国際私法年報』19 号(2017 年)。
北田真理「ハーグ子奪取条約「重大な危険」の制限的解釈に関する一考察——その限界と新たな可能性」『国際私法年報』19 号(2017 年)。
北澤安紀「能力、親族、総則」『ジュリスト』1292 号(2005 年)。

長田真里「相続の準拠法をめぐる立法論的課題」『民商法雑誌』135巻6号（2007年）。

陳一「国際的労働関係の適用法規の決定に関する一考察（1）（2完）」『法学協会雑誌』111巻9号（1994年）。

池田綾子「国際扶養をめぐる実務的諸問題」『国際私法年報』20号（2018年）。

池原季雄「わが国際私法における本国法主義」『法学協会雑誌』79巻（1963年）。

出口耕自「国際私法上における消費者契約（2完）」『民商法雑誌』92巻5号（1985年）。

出口耕自「アメリカ抵触法における名誉毀損」『上智法学論集』38巻3号（1995年）。

川上太郎「ドイツ国際私法における本国法主義思想の推移」『神戸法学雑誌』13巻13号（1963年）。

川上太郎「現時におけるわが国国際私法の課題」『神戸法学雑誌』14巻3号（1965年）。

村上正子「扶養義務に関する審判事件の国際裁判管轄」『国際私法年報』20号（2018年）。

嶋拓哉「不正競争行為を巡る国際的な法の適用関係」『ジュリスト』1534号（2019年）。

道垣内正人「ハーグ裁判管轄外国判決条約案の修正作業—外交会議の延期と打開策の模索」『ジュリスト』1194号（2001年）。

道垣内正人「ハーグ国際私法会議『専属的合意管轄に関する条約案』——2005年の外交会議に向けて」『国際商事法務』32巻9号（2004年）。

多喜寛「ドイツ国際私法理論における一つの動向：価値中立的国際私法理論から価値促進的国際私法理論へ」『法政理論』10巻1号（1977年）。

多喜寛「能力問題に関する法例の諸規定の現状と課題」『ジュリスト』1143号（1998年）。

岡本善八「国際契約における方式概念（２）」『同志社会法学』35巻2号（1983年）。

岡本善八「国際私法における法定債権」『同志社法学』42巻1号（1990年）。

高取芳宏「国際私法における当事者自治について――仲裁実務を含めて、クロスボーダー実務的視点から」『国際私法年報』15号（2013年）。

高杉直「法適用通則法における不法行為の準拠法――22条の制限的な解釈試論」『ジュリスト』1325号（2006年）。

国際私法立法研究会「契約、不法行為等の準拠法に関する法律試案（一）」『民商法雑誌』112巻2号（1995年）。

河野俊行「法適用通則法における自然人の能力」『ジュリスト』1325号（2006年）。

横溝大「債権譲渡」『ジュリスト』1325号（2006年）。

横山潤「不法行為地法主義の限界とその例外」『国際私法年報』2号（2000年）。

横山潤「扶養義務の準拠法に関する法律再考」『国際私法年報』20号（2018年）。

跡部定次郎「法例第3条の規定について」『法学論叢』19巻4号（1928年）。

江川英文、池原季雄等「渉外遺言の方式――ヘーグ条約への加盟と国内法の制定〔座談会〕」『ジュリ』296号（1964年）。

金子堅太郎「講演」『法曹会雑誌』11巻1号（1933年）。

久保岩太郎「隔地的法律行為の方式の準拠法――並びに法例第8条の位置について」『青山文学』1巻（1959年）。

久保岩太郎「法例――制定から今日まで」『法律時報（資料版）』14号（1960年）。

笠原俊宏「国際私法立法の現代化と抵触規則の柔軟化について」『大東ロージャーナル』17号（2015年）。

林貴美「EU国際私法における承認原則」『国際私法年報』18号（2016年）。

木棚照一「法例26条、27条の改正に関する一考察」『ジュリスト』1143号

（1998 年）。

鳥居淳子「我が国の渉外離婚事件と両性平等（一）（二）」『国際法外交雑誌』75 巻 1 号、5 号（1976 年）。

鳥居淳子「法例 23 条 2 項の属地的後見」『ジュリスト（増刊）』（1980 年）。

鳥居淳子「国際私法と両性平等」『ジュリスト（増刊）』（1980 年）。

平良「アメリカにおける名誉侵害不法行為の準拠法」『法学研究』35 巻 4 号（1962 年）。

炃場準一等「法例改正をめぐる諸問題と今後の課題」『ジュリスト』934 号（1989 年）。

桑田三郎「権利能力、失踪宣告」『国際私法講座（第 2 巻）』（有斐閣、1955 年）。

砂川恵伸「多数州際的名誉棄損の抵触法問題」『国際私法外交雑誌』64 巻 6 号（1966 年）。

山口弘一「権利能力の準拠法」『国際外交雑誌』12 巻 6 号（1914 年）。

山口弘一「能力の準拠法」『法学新報』48 巻 2 号（1938 年）。

山田鐐一「法例改正要綱試案（親子の部）解説」『民商法雑誌』72 巻 2 号（1975 年）。

山田鐐一、早田芳郎「法例改正について」『法学教室』112 号（1990 年）

神前禎「失踪宣告の国際効力――例外管轄の場合の間接的効果に関する覚書」『学習院大学法学会雑誌』33 巻 2 号（1998 年）。

石井良助「民法典の編纂」『国家学会雑誌』58 巻 2（1944 年）。

手塚豊「御国民法――城井国綱本」『法学研究』385 巻 7 号（1965 年）。

松岡博「国際契約と適用法規――当事者による明示の法選択のある場合を中心に」『坂大法学』39 巻 3、4（合刊）号（1990 年）。

我妻栄「ヘーグ国際私法会議について政府及び国際私法学界に要望する」『法曹時報』7 巻 5 号（1955 年）。

西岡和晃「競争制限行為の準拠法――EU 及びスイスにおける議論からの示唆」『国際私法年報』17 号（2015 年）。

西谷祐子「新国際私法における不法行為の準拠法決定ルールについて」
『NBL』813号(2005年)。

西谷祐子「当事者自治の現代的意義――『国際商事契約の準拠法選択に関するハーグ原則』をめぐって」『国際私法年報』17号(2015年)。

小池未来「国際家族法における当事者自治」『国際私法年報』18号(2016年)。

小出邦夫「法の適用に関する通則法の成立に至るまでの背景とその概要」『法律のひろば』59巻9号(2006年)。

岩本学「外国扶養裁判承認執行制度の現状と課題」『国際私法年報』20号(2018年)。

野田良子「明治初年におけるフランス法の研究」『日法法学』1号(1961年)。

桜田嘉章「契約の準拠法」『国際私法年報』2号(2000年)。

油納健一「不当利得法における公平説の衰退と類型論の台頭(二完)――ローマ法から現在に至るまでの学説を中心に」『広島法学』42巻1号(2018年)。

羽賀由利子「著作者人格権侵害の準拠法に関する考察」『国際私法年報』16号(2014年)。

早川真一郎「国際的な局面における相続」『国際私法年報』1号(1999年)。

折茂豊「国際私法の統一性」『法経学会雑誌』21号(1957年)。

折茂豊「労働契約の準拠法について(2完)」『法学』30巻4号(1967年)。

中西康「出版物による名誉毀損事件の国際裁判管轄に関する欧州司法裁判所1995年3月7日判決について」『法学論叢』142巻5、6号(1998年)。

中西康「法適用通則法における不法行為――解釈論上の若干の問題について」『国際私法年報』9号(2007年)。

中野俊一郎「不法行為に関する準拠法選択の合意」『民商法雑誌』102巻6号(1990年)。

中野俊一郎「法例7条をめぐる解釈論の現状と立法論的課題」『ジュリス

ト』1143 号(1998 年)。

佐藤やよひ「契約——法適用通則法適用に当たっての問題点」『ジュリスト』1325 号(2006 年)。

佐野寛「生産物責任の法選択に関する一考察(3 完)」『名古屋大学法正論集』99 号(1984 年)。

Kegel/Schurig, Internationales Privatrecht, 8. Aufl. (2000).

Kropholler, Internationales Privatrecht, 4. Aufl. (2001).

Palandt/Heldrich, Bürgerliches Gesetzbuch, 6. Aufl., Art 12 EGBGB, (2005).

Staudinger/Hausmann, 13. Aufl., Art 12 EGBGB (1999).

Symeon C. Symeonides, *The American Choice-of-Law Revolution: Past, Present and Future* (Martinus Nijhoff Publishers, Boston, 2006).

Symeon C. Symeonides, "Codification and Flexibility in Private International Law", in Karen B. Brown and David V. Snyder (eds.), *General Reports of the XVIIIth Congress of the International Academy of Comparative Law* (2012).

九、外文网站类

《大审院民(刑)事判例集》第 54 卷第 1 期第 1 页,http://www.courts.go.jp/app/hanrei_jp/detail2? id=52563,访问日期:2016 年 9 月 20 日。

《法例》(昭和十七年法律第 7 号修改),https://ja.wikisource.org/wiki/法例_(昭和 17 年法律第 7 号による改正),访问日期:2018 年 2 月 20 日。

十、外文案例类

池原季雄、早田芳郎『渉外判例百選(第 3 版)』(有斐閣,1995 年)。

川又良也『渉外判例百選(第3版)』(有斐閣, 1995年)。
『家庭裁判月報』15巻9号230頁。
『家庭裁判月報』16巻7号77頁。
『家庭裁判月報』38巻4号111頁。
『判例時報』1010号85頁。
桜田嘉章、道垣内正人『国際私法判例百選(新法対応補正版)』(有斐閣, 2007年)。
桜田嘉章、道垣内正人『交際私法判例百選(第2版)』(有斐閣, 2012年)。

图书在版编目(CIP)数据

日本国际私法研究/张广杰著.— 北京:商务印书馆,2023
(华东政法大学70周年校庆丛书)
ISBN 978-7-100-22645-5

Ⅰ.①日… Ⅱ.①张… Ⅲ.①国际私法-研究-日本 Ⅳ.① D997

中国国家版本馆CIP数据核字(2023)第116835号

权利保留,侵权必究。

华东政法大学70周年校庆丛书
日本国际私法研究
张广杰 著

商 务 印 书 馆 出 版
(北京王府井大街36号 邮政编码100710)
商 务 印 书 馆 发 行
南京新洲印刷有限公司印刷
ISBN 978-7-100-22645-5

2023年7月第1版	开本 880×1240 1/32
2023年7月第1次印刷	印张 9⅜

定价:58.00元